# 桂林市餐饮产业发展报告

2017—2020

谭兴勇　谢雨萍　主编

广西科学技术出版社
·南宁·

图书在版编目（CIP）数据

桂林市餐饮产业发展报告 . 2017—2020 / 谭兴勇，谢雨萍主编 . -- 南宁 : 广西科学技术出版社，2020.12

ISBN 978-7-5551-1341-6

Ⅰ . ①桂… Ⅱ . ①谭… ②谢… Ⅲ . ①饮食业－产业发展－研究报告－桂林－ 2017-2020 Ⅳ . ① F726.93

中国版本图书馆 CIP 数据核字 (2020) 第 244667 号

GUILIN SHI CANYIN CHANYE FAZHAN BAOGAO 2017—2020

**桂林市餐饮产业发展报告　2017—2020**

谭兴勇　谢雨萍　主编

责任编辑：池庆松　　助理编辑：邓　霞
责任校对：冯　靖　　美术编辑：梁　良
责任印制：韦文印

出 版 人：卢培钊　　出版发行：广西科学技术出版社
社　　址：广西南宁市东葛路 66 号　　邮政编码：530023
网　　址：http://www.gxkjs.com

印　　刷：广西民族印刷包装集团有限公司
开　　本：787mm × 1092mm　1/16
字　　数：335 千字　　印　　张：15.25
版　　次：2020 年 12 月第 1 版　　印　　次：2020 年 12 月第 1 次印刷
书　　号：ISBN 978-7-5551-1341-6
定　　价：75.00 元

# 序　一

党的十九大报告指出，中国特色社会主义进入新时代，我国社会主要矛盾已经转化为人民日益增长的美好生活需要和不平衡不充分的发展之间的矛盾。餐饮行业是改革开放以来较早走向市场的行业，餐饮企业是餐饮市场供给侧，消费者是餐饮市场需求侧，供需平衡、供求两旺才能促进餐饮行业的健康发展，满足人民日益增长的美好生活需要。研究不同层次消费者的需求、餐饮企业经营股权结构新方式、管理新手段和新措施、政策导向等方面的课题，了解和掌握餐饮市场发展状况，分析其变化并根据变化揭示发展趋势，能为当地政府部门制定政策提供有效信息，也能帮助餐饮企业了解行业发展动向、消费者消费行为的变化，从而制定与社会需求相适应的发展规划。

桂林市在广西恢复高考后首次招收了烹饪专业的学生。桂林旅游学院前身是桂林旅游专科学校，创办于1985年，1994年正式更名为桂林旅游高等专科学校，2015年升格为桂林旅游学院。学院创办之初开设有管理专业（餐饮方向），2003年开设餐饮服务专业（烹饪方向），2012年开设烹调工艺与营养、西餐工艺、餐饮服务与管理3个专业，2015年开设酒店管理本科专业，2017年开设烹饪与营养教育本科专业，2018年开设食品质量与安全本科专业。从上述专业发展轨迹可以看出，桂林市是广西培养餐饮产业高层次人才的重要城市。桂林旅游学院此次针对桂林市餐饮产业，联合桂林市餐饮烹饪协会，从餐饮产业市场端入手，通过社会调研、访谈、问卷调查、网络文本分析等方法，历经一年多时间编写了《桂林市餐饮产业发展报告 2017—2020》一书。全书系统阐述了2017年以来桂林市餐饮产业的发展态势，调查分析了桂林市市民与游客在餐饮消费方面的情况。除此之外，全书从供给侧的角度研究了餐饮企业厨具设备现状与发展状况、餐饮管理软件市场分析、HACCP在食品安全管理中的应用、艺术主题餐厅设计与开发等方面的内容；从需求侧的角度研究的内容分为消费者研究专题、行业热点专题等方面，为桂林市餐饮产业的发展提供理论支撑和有益的参考。继中国烹饪协会开始发布《中国餐饮产业发展报告》后，少数省份也开始发布该省的餐饮产业发展报告，但以地级市正式出版发布餐饮产业发展报告的非常少，这体现了桂林旅游学院倾力服务地方经济的责任担当。

《桂林市餐饮产业发展报告 2017—2020》的出版汇聚了桂林市餐饮行业工作者的集体智慧，汇集了他们辛勤劳动的成果，将为餐饮企业、餐饮行业监管部门、大中专院校餐饮相关专业师生及餐饮行业相关科研工作者等提供基础性、理论性的参考资料。因此，这本地方性餐饮报告的出版既是桂林市餐饮行业的一件大事，也是广西餐饮行业的喜事。

广西烹饪餐饮行业协会会长

2020年10月

# 序　二

桂林市是国际旅游名城、国家历史文化名城、生态山水名城。2012年11月，经国务院同意，国家发展和改革委员会批复了《桂林国际旅游胜地建设发展规划纲要》，桂林经济社会发展上升到国家战略。桂林国际旅游胜地建设的深入开展，必将推动餐饮产业向更高层次发展。

区域性的餐饮产业发展受到国家和地方宏观经济、突发公共事件等因素的影响，这次新型冠状病毒肺炎疫情公共事件给桂林市餐饮产业的发展带来了巨大的困难，但危机中也存在着机遇。自从疫情发生以来，一些桂林市餐饮企业抓住发展机遇，从危机中找到生机，不但恢复了生产经营，而且取得了良好业绩，有的还扩张了门店的数量。“得势者得天下”，桂林市餐饮产业的发展需要有经济活动的数据反映其客观的发展规律，在掌握规律的基础上把握桂林市餐饮产业的趋势，从而破解当前发展难题。基于此，桂林市餐饮烹饪协会提出编写《桂林市餐饮产业发展报告 2017—2020》一书。《桂林市餐饮产业发展报告 2017—2020》主要是通过经济活动的数据呈现餐饮产业的发展势态、发展结构、产业比重、消费行为和行业发展热点等方面的情况，并将这些整合上升为理论成果。这些研究成果将为桂林市建设国际旅游胜地提供旅游餐饮产业方面的数据支撑。

桂林市餐饮烹饪协会提出编写《桂林市餐饮产业发展报告 2017—2020》一书后，很快就得到了桂林旅游学院的响应。桂林旅游学院是广西餐饮人才培养的小高地，在本项目中承担了主要的项目任务，在此代表桂林市餐饮烹饪协会表示感谢！报告涉及行业发展宏观、中观和微观的多维度研究，要很好地完成该任务，还需得到政府、企业的支持。为此，协会还邀请了桂林市商务局、桂林市有关餐饮企业和餐饮供应链等相关企业共同参与，在此对参与本项目的各单位与企业表示衷心的感谢！

餐饮行业协会的宗旨是为行业服务。从2012年开始，桂林市餐饮烹饪协会承办了由桂林市地方美食评选指导委员会等主办的桂林市美食的评比、交流学习等各项活动。其中，协会与阳朔县政府策划的“阳朔啤酒鱼争霸赛”、与恭城县政府策划的“恭城油茶节”等活动，促进了阳朔啤酒鱼和恭城油茶餐饮产业的发展；阳朔县和恭城县积极参与的创建全域旅游县、标准化县和特色旅游名县等活动，极大地助推了阳朔啤酒鱼和恭城油茶餐饮产业的标准化、数字化和产业化的发展。实践证明，“政校行企”合作是为企业服务、促进行业发展的一种有效的合作方式。回顾以往的工作，本项目也正是落实国家倡导的开展“政校行企”合作教育模式的有力见证。

桂林市餐饮烹饪协会会长 沈林杰

2020年10月

# 前　言

民以食为天，在现代旅游活动中，美食已经成为一项重要的旅游资源，餐饮产业是旅游产业的重要发展基础和旅游文化的重要组成部分。餐饮产业与旅游产业的关系十分密切，桂林市是国际旅游胜地，是联合国世界旅游组织重点推荐的旅游目的地，每年有成千上万的游客来桂林市旅游。“吃”位于旅游六要素之首，推动餐饮产业的创新发展成为桂林市国际旅游胜地建设的重要内容。桂林市的饮食文化和丰厚的文化底蕴既与山水内涵密不可分，也与桂林人热爱生活、享受生活的态度有着重要联系。近年来，桂林市的餐饮产业飞速发展，涌现出一批菜系丰富、菜肴美味、环境幽雅、价格公道、管理完善的餐饮品牌，并具有越来越强的影响力。

开展桂林市餐饮产业发展分析、消费者行为调查以及餐饮产业热点探索是桂林市餐饮烹饪协会的重要职能。近年来，桂林市餐饮烹饪协会与桂林旅游学院协同配合，开展了桂林市餐饮产业发展调查分析，这些数据及相关研究成果对促进桂林市餐饮产业提质增效发挥了重要的作用。

中国烹饪协会一直以图书出版的形式发布综合性的中国餐饮产业发展报告，其内容涉及餐饮产业的总报告、产业、新业态、国际交流等。陕西省从2015年起出版综合性的陕西餐饮产业发展报告。另外，上海、广州、深圳等城市发布了单行本的餐饮产业发展报告。2018年，桂林旅游学院和桂林市餐饮烹饪协会启动了“桂林市餐饮产业发展报告”综合性项目的工作，并将资料整理编撰成本书。本书包括了桂林市近年来餐饮产业发展热点问题、发展瓶颈问题、消费者行为以及政策等方面的内容，主要分为六篇，分别是总报告篇、宏观篇、大数据篇、消费者研究专题篇、行业热点专题篇、特色专题篇。书末还附有2017年5月至2020年5月桂林市餐饮大事记内容。

本书中各篇文章由署名的作者撰写。为顺利完成本书的编撰工作，谭兴勇、谢雨萍任主编，周瑜、张彪、王欢任副主编，主要分工如下：周瑜负责前面第一部分的编修工作，张彪负责第二至第五部分的编修工作，王欢负责全书的图片制作工作，谢雨萍负责策划和协调工作，谭兴勇负责全书统稿。本书即将付梓印刷，在此对参与本书编写工作的所有人员表示衷心的感谢！他们在本书立项、编写和审稿的过程中做了非常多的工作。广西高校人文社会科学重点研究基地休闲养生旅游研究中心对本书的出版给予了大力支持，并提供了经费支持；广西师范大学王修志教授和桂林米粉股份有限公司梁定远，以及桂林市经济学学会的专家对本书的编写提出了宝贵的意见和建议，在此表示深深的敬意和感谢！另外，对参与调研的2018级烹饪与营养教育本科班学生黄嘉伟、梁发强、刘昆仑同学表示感谢！对广西餐饮烹饪协会曾大文会长能为本书作序表示衷心的感谢！由于编者水平有限，加之第一次编写餐饮产业报告，书中难免存在疏漏，恳请各位读者批评指正。

我们希望本书的出版能作为高校与行业、企业合作的新起点，为今后再次编写桂林市餐饮产业发展报告提供有益的经验，为政府决策、餐饮企业发展提供一定的帮助。

主编 谢雨萍

2020年9月

# 目　录

## 总报告篇



## 宏观篇



## 大数据篇



## 消费者研究专题篇

## 行业热点专题篇



## 特色专题篇

# 总报告篇

# 桂林市餐饮产业发展报告

周瑜　谢雨萍　谭兴勇

## 一、桂林市经济发展概况

### （一）桂林市地区生产总值增长概况

自2008年金融危机之后，桂林市经济发展速度有所减缓，但经济规模保持上升势态。2009—2013年，桂林市地区生产总值（以下统一用“GDP”表示）年平均增长率保持在11.0%以上。2014—2017年，桂林市GDP增长率持续下滑，其中，2017年GDP增长率下降到3.9%。

从GDP规模来看，桂林市2009年GDP为948.23亿元，2017年末达到2 045.18亿元，增长了1倍多。近年来，虽然桂林市经济总量保持上升势态，但是总体增量不够，有待进一步发展。2009—2017年桂林市GDP规模和增长率情况见图1。

图1　2009—2017年桂林市GDP规模和增长率情况

资料来源：历年《桂林经济社会统计年鉴》。

### （二）桂林市三次产业发展概况

伴随着桂林市经济的减速发展，三次产业结构有待进一步优化。从三次产业构成比例来看，第三产业在经济中所占的比例始终不高，2009—2017年其平均比重保持在36.83%。2009年和2016年第三产业的比例皆为37.8%，2017年第三产业的比例为42.6%，第三产业成为桂林市经济社会发展的主要推动力。2009—2017年桂林市三次产业比例变化概况见图2。

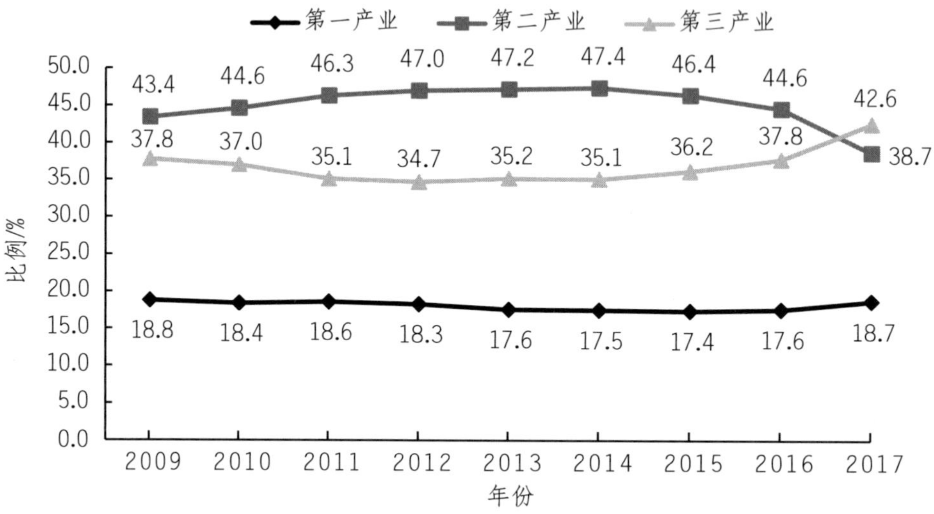


**图2 2009—2017年桂林市三次产业比例**

资料来源：历年《桂林经济社会统计年鉴》。

从桂林市三次产业对GDP的贡献率来看，第一产业对GDP增长的贡献率比较平稳，第二产业对GDP增长的贡献率逐渐下滑，第三产业对GDP增长的贡献率逐年上升。2016年第三产业对GDP增长的贡献率达到66.5%，成为桂林市经济社会发展的重要引擎，2009—2016年第三产业对GDP增长的平均贡献率为39.9%。2009—2016年桂林市三次产业对GDP的贡献率的具体情况见图3。

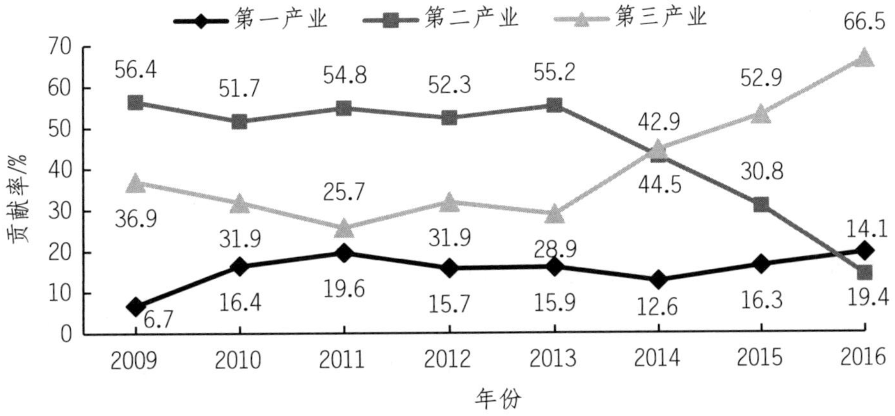


**图3 2009—2016年桂林市三次产业对GDP的贡献率**

资料来源：历年《桂林经济社会统计年鉴》。

从第三产业占GDP的构成比例和第三产业对GDP增长的贡献率来看，桂林市第三产业在其经济社会发展过程中具有重要作用。从第三产业的发展规模和发展速度来看，其发展态势都表现良好。从第三产业的增长率来看，2009—2017年第三产业的年平均增长率为11.68%，2017年第三产业的增长率达到12.2%；从第三产业的产值来看，从2009年的358.33亿元增长到2017年的871.41亿元，增长了近1.5倍。因此，不管是从第三产业的产值还是从第三产业的增长率来看，第三产业已成为桂林市经济社会发展的重要引擎。2009—2017年桂林市第三产业发展情况见图4。

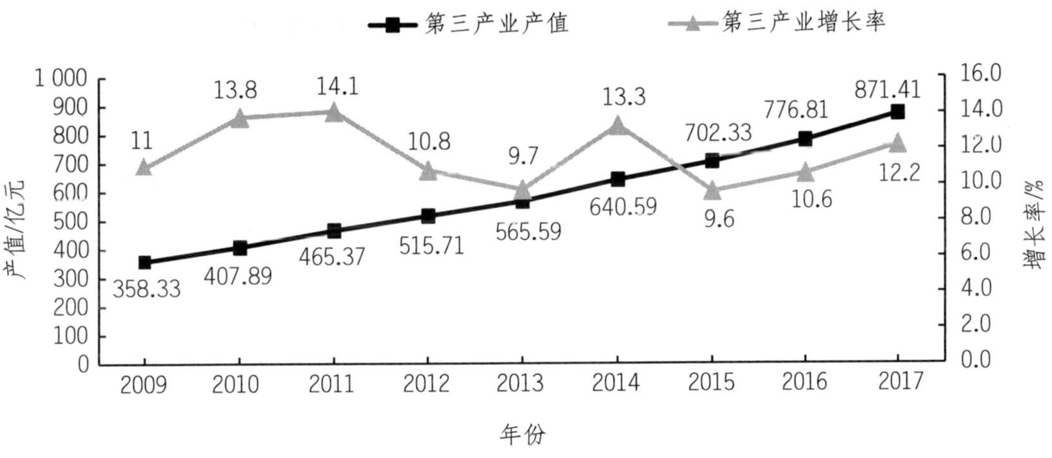


**图4 2009—2017年桂林市第三产业发展情况**

资料来源：历年《桂林经济社会统计年鉴》。

## （三）桂林市居民生活水平发展概况

虽然桂林市经济发展相对来说比较缓慢，但是全市城镇和农村居民收入依然稳步增长，这为桂林市餐饮产业的发展提供了良好的基础。2009—2017年桂林市人均GDP、城镇居民和农村居民人均可支配收入以及消费性支出水平的基本情况见图5至图6。从图中可以发现，桂林市整体人均GDP逐年提高，从2009年的18 594元提高到2017年的38 298元，增加了1倍多，位于广西前列。另外，从城镇居民和农村居民的人均可支配收入以及消费性支出来看，城镇居民在这两项指标方面都比农村居民高出很多。桂林市城镇居民和农村居民人均可支配收入的提高，以及城镇居民和农村居民人均消费性支出的提高，皆为桂林市创造了潜力较大的消费市场，其中也包括餐饮产业消费市场。

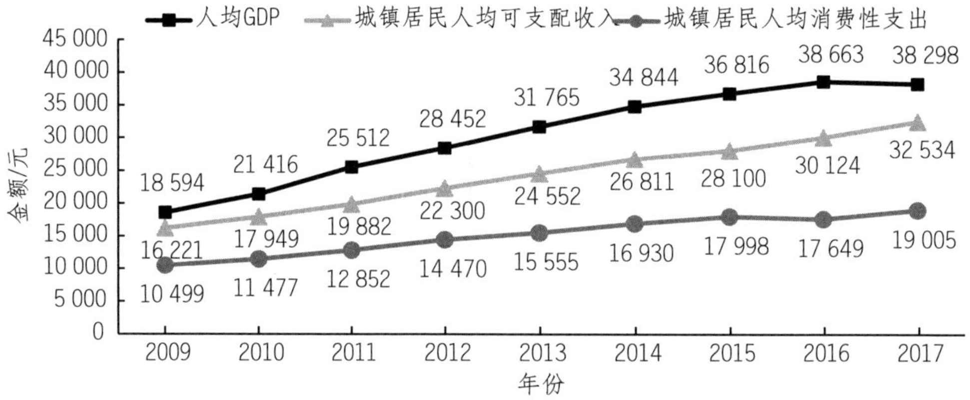


**图5 2009—2017年桂林市人均GDP、城镇居民人均可支配收入及人均消费性支出**

资料来源：历年《桂林经济社会统计年鉴》。

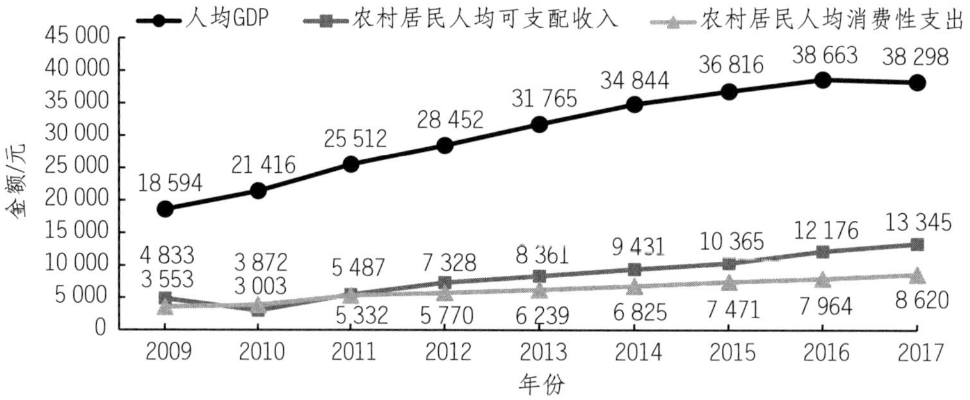


**图6 2009-2017年桂林市人均GDP、农村居民人均可支配收入及人均消费性支出**

资料来源：历年《桂林经济社会统计年鉴》。

## 二、桂林市餐饮产业发展概况

### （一）桂林市住宿与餐饮产业发展概况

桂林市经济的发展、三次产业结构的渐趋优化以及人民生活水平的稳步提高，推动了桂林市住宿与餐饮产业的快速发展。2009—2017年，桂林市住宿与餐饮产业零售额年平均增长率为22.29%，高于其GDP的年平均增长率（10.03%）。2009年，桂林市住宿与餐饮业零售额仅有55.52亿元，然而，2017年年末达到了225.50亿元，增长了约3倍。2009—2017年桂林市住宿与餐饮产业发展情况见图7。

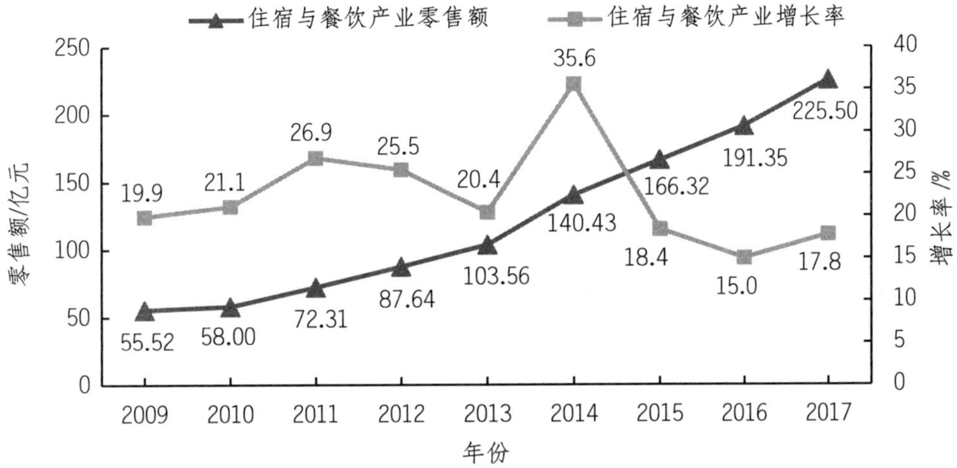


**图7　2009—2017年桂林市住宿与餐饮产业发展情况**

资料来源：历年《桂林经济社会统计年鉴》。

注：住宿与餐饮产业零售额增长率直接摘取于历年《桂林经济社会统计年鉴》中历年的桂林市国民经济和社会发展统计公报中相应的数据。

从广西住宿与餐饮产业零售额发展来看，2017年桂林市住宿与餐饮产业零售额位列广西第二位。2017年广西各市住宿与餐饮产业零售额见图8。

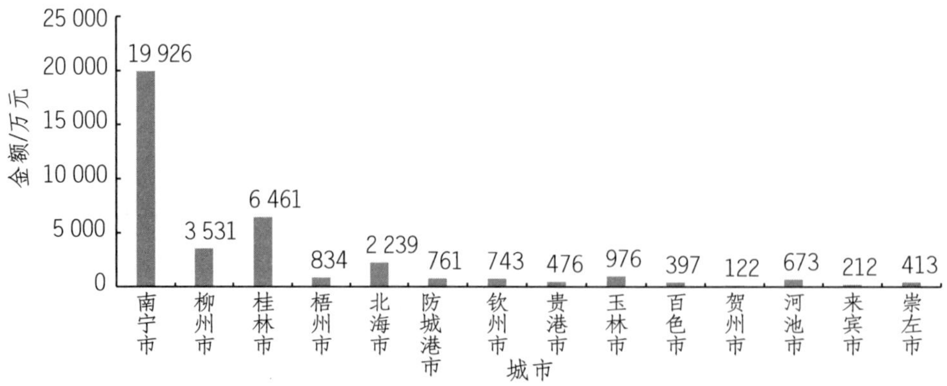


**图8　2017年广西各市住宿与餐饮产业零售额**

资料来源:《广西统计年鉴》。

## (二)桂林市住宿与餐饮产业对经济增长的拉动作用

住宿与餐饮产业在桂林市经济社会发展过程中具有举足轻重的作用和地位，并且住宿与餐饮产业以其自身的产业规模所带来的关联效应，对经济和社会的发展具有新的意义，具体表现为对桂林市第三产业和GDP的拉动作用、对社会消费品零售总额的拉动效应。

### 1.桂林市住宿与餐饮产业在第三产业和GDP中的比重

从住宿与餐饮产业在第三产业和GDP中的比重来看，桂林市住宿与餐饮产业对经济社会发展具有重要作用。图9是2009—2017年桂林市住宿与餐饮产业占GDP及第三产业比重的增长曲线图。2009—2017年桂林市住宿与餐饮产业占第三产业产值的比重平均值为19.63%，而占GDP的比重平均值为7.26%。

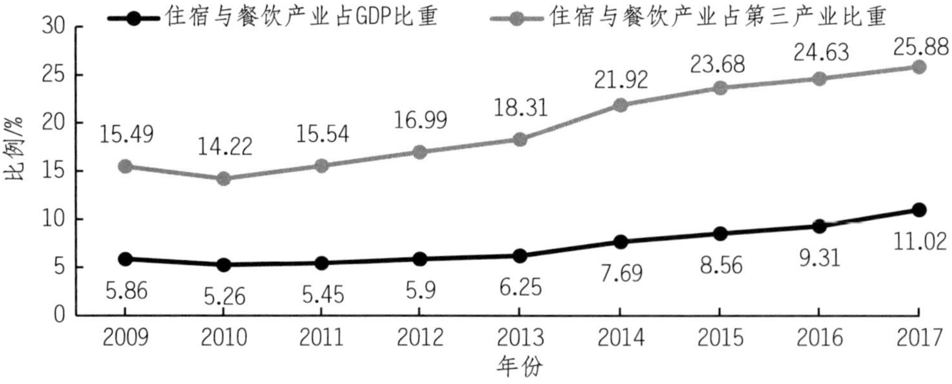


**图9　2009—2017年桂林市住宿与餐饮产业占GDP及第三产业比重**

资料来源：历年《桂林经济社会统计年鉴》。

### 2. 桂林市 GDP、第三产业产值以及住宿与餐饮产业增长率比较分析

2009—2017年桂林市GDP、第三产业产值以及住宿与餐饮产业增长率曲线见图10。2009—2017年，桂林市住宿与餐饮产业增长率波动性比较大，但是在此期间住宿与餐饮产业的增长率均高于桂林市GDP和第三产业的增长率。从年平均增长率来看，2009—2017年，桂林市住宿与餐饮产业年平均增长率为22.29%，高于桂林市GDP的年均增长率（10.03%）和第三产业产值的（11.68%）。因此，桂林市住宿与餐饮产业对其第三产业和GDP的增长具有显著影响。

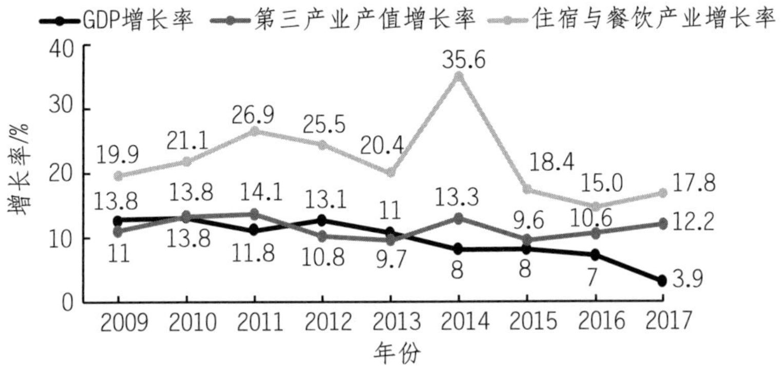


**图10 2009-2017年桂林市GDP、第三产业产值以及住宿与餐饮产业增长曲线**

资料来源：历年《桂林经济社会统计年鉴》。

### 3. 桂林市住宿与餐饮产业对GDP增长以及第三产业增加值的贡献率

2009—2017年桂林市住宿与餐饮产业对GDP增长及第三产业增加值的贡献率见图11。2009—2017年，桂林市住宿与餐饮产业对第三产业的平均贡献率为31.14%，2017年达到36.09%；住宿与餐饮产业对GDP的平均贡献率为11.88%。

**图11 2009—2017桂林市住宿与餐饮产业对GDP增长以及第三产业增加值的贡献率**

注：因统计口径或其他因素导致2017年桂林市GDP为2 045.18亿元，使得其增量为负数，实际上住宿与餐饮产业对GDP的贡献率应该为 −3.54%。

资料来源：历年《桂林经济社会统计年鉴》。

## （三）桂林市住宿与餐饮产业对桂林市消费市场的拉动作用

住宿与餐饮产业既属于居民消费市场的重要组成部分，又属于旅游产业中两个关键要素。即使在全球金融危机的大背景之下，扩大内需的发力点仍然是促进居民消费市场的增长，然而促进居民消费市场增长的关键点之一在于拉动住宿与餐饮产业的发展。对于桂林市来说，促进居民消费和扩大内需的关键点就是推动住宿与餐饮产业的发展。

### 1. 桂林市住宿与餐饮产业零售额占社会消费品零售总额的比重

2009—2017年桂林市住宿与餐饮产业及社会消费品零售总额增长情况见图12。从图12中可以看出，住宿与餐饮产业零售额增长率曲线位于社会消费品零售总额增长率曲线之上，表明住宿与餐饮产业零售额的增长率均高于社会消费品零售总额的增长。2009—2017年，社会消费品零售总额平均增长率为14.13%，住宿与餐饮产业零售额平均增长率为22.29%。住宿与餐饮产业零售额占社会消费品零售总额的平均比重为18.95%，占比将近20%的份额，这说明它是社会消费品零售总额的重要组成部分。

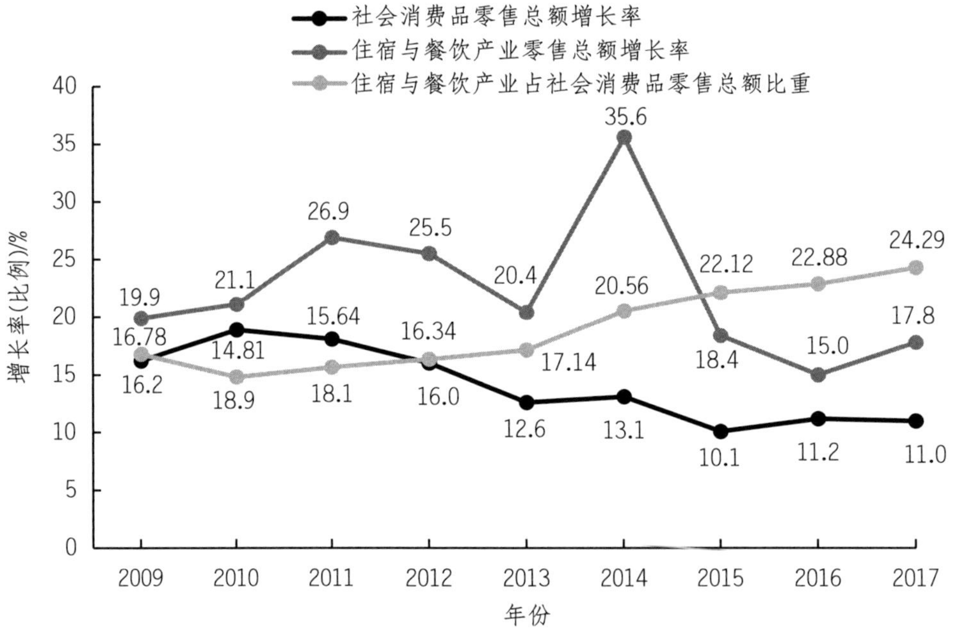


**图12　2009—2017年桂林市住宿与餐饮产业及社会消费品零售总额增长情况**

资料来源：历年《桂林经济社会统计年鉴》。

### 2. 桂林市住宿与餐饮产业对社会消费品零售总额增长的贡献率

通过比较分析住宿与餐饮产业零售额占社会消费品零售总额的比重，可以看出，住宿与餐饮产业对推动社会消费品零售总额的增长具有关键作用。2009—2017年桂林市住宿与餐饮产业对社会消费品零售总额增长的贡献率见图13。从图13中可以发现，除2010年外，桂林市住宿与餐饮产业零售额对社会消费品零售总额增长的贡献率均在20%以上，其中，2017年为37.25%。另外，2009—2017年桂林市住宿与餐饮产业零售额对社会消费品零售总额增长的平均贡献率达到22.59%，表明桂林市住宿与餐饮产业的发展对社会消费品零售总额的增长贡献较大。

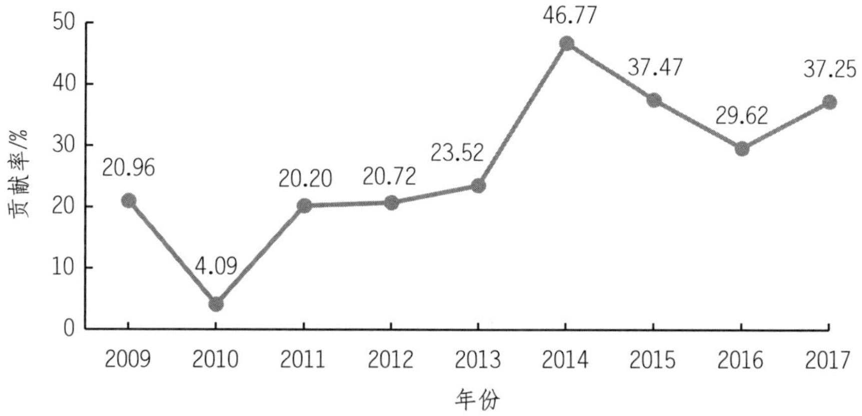


**图13　2009—2017年桂林市住宿与餐饮产业对社会消费品零售额贡献率**

资料来源：历年《桂林经济社会统计年鉴》。

## （四）桂林市住宿与餐饮产业对社会就业的拉动作用

### 1. 桂林市三次产业就业结构

产业结构在一定程度上与就业结构密切相关，产业结构的比例变化决定了就业结构的变化。桂林市经济社会发展相对缓慢，但是第三产业就业人数逐年上升，成为创造和吸纳就业人员的重要组成部分。2017年桂林市三次产业就业人数占社会从业人员的比重分别为1.1：36.9：62.0。第三产业从业人数比重达到62.0%，证实第三产业是吸纳社会就业人员的重要组成部分（图14至图15）。

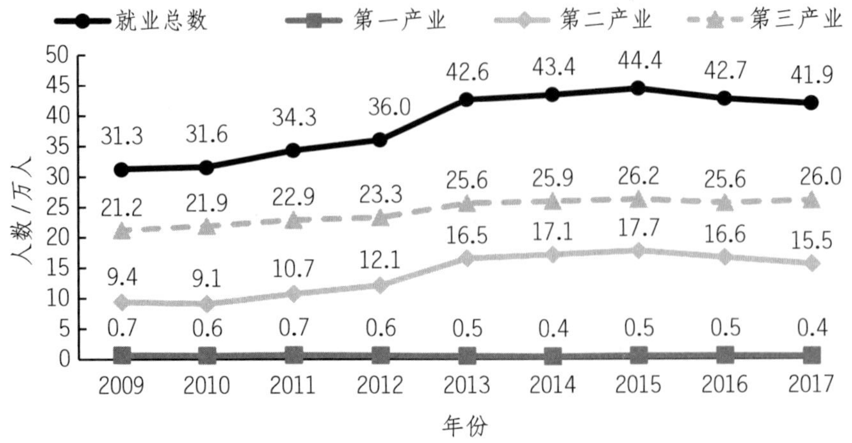


**图14 2009—2017年桂林市三次产业就业人数**

资料来源：历年《广西统计年鉴》。

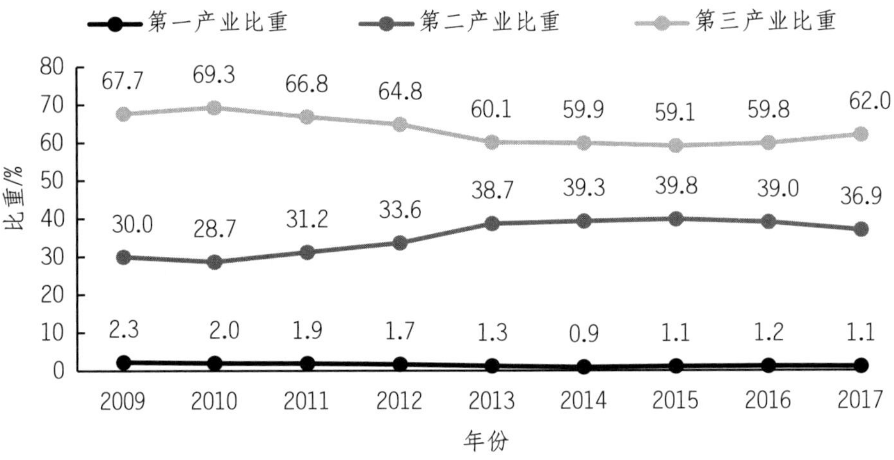


**图15 2009—2017年桂林市三次产业从业人数占社会总就业人数的比重**

资料来源：历年《广西统计年鉴》。

### 2. 桂林市住宿与餐饮产业从业人员发展概况

在桂林市经济社会发展相对缓慢的总趋势之下，尽管住宿与餐饮产业的产值逐年增加，但是住宿与餐饮产业就业人数增长率出现较大波动，这说明其受到全球金融危机的影响较为明显，同时也印证了住宿与餐饮产业是人员流动率较高的行业这一说法。从2009—2017年桂林市住宿与餐饮产业从业人数增长率和社会就业人数增长率的对比来看，社会就业总人数的增长比住宿与餐饮产业就业人数的增长更加稳定。

2009—2017年桂林市住宿与餐饮产业从业人数、增长率及社会就业总人数增长率的具体情况见图16。

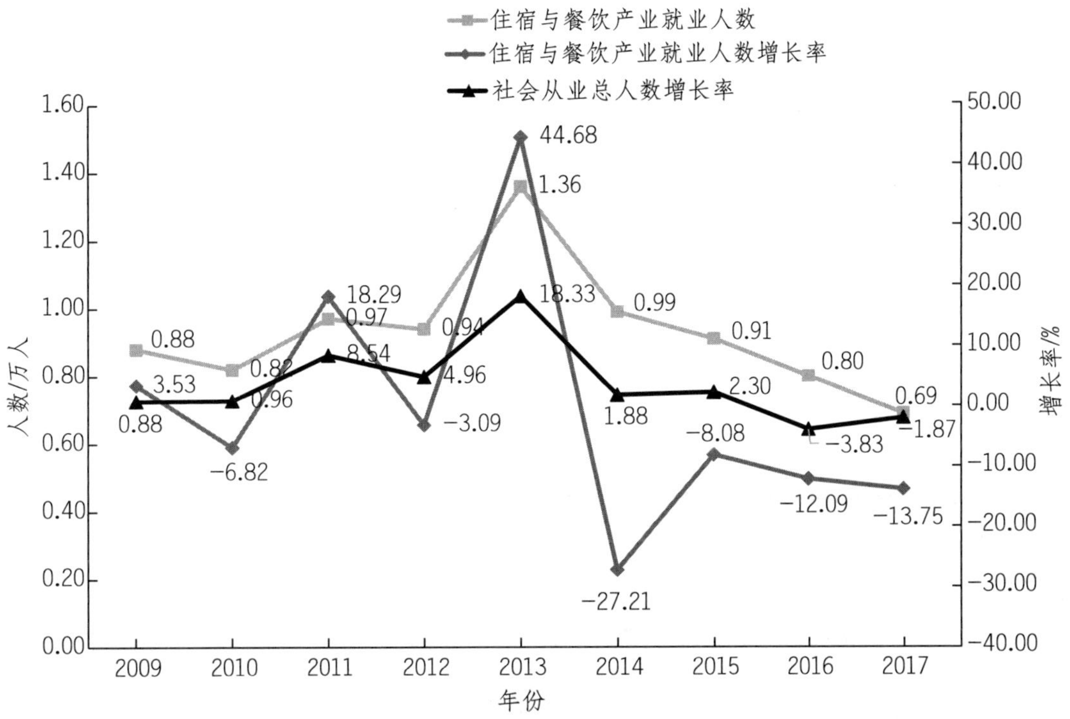


**图16 2009—2017年桂林市住宿与餐饮产业从业人数、增长率及社会就业总人数增长率**

资料来源：历年《广西统计年鉴》。

### 3. 桂林市住宿与餐饮产业从业人数占第三产业以及社会就业总人数的比重

住宿与餐饮产业是第三产业的重要组成部分，也是旅游产业的关键组成部分，因其自身产业的优势和劣势，具有从业人员就业门槛低和人员流动率高的特性，它是吸纳社会就业人员的重要产业。从图17可以得知，桂林市住宿与餐饮产业吸纳的社会就业人数占第三产业从业人数的平均比重为3.84%，而占社会就业总人数的平均比重为2.43%。因此，桂林市住宿与餐饮产业对于创造就业机会、促进就业人数增长具有积极作用。

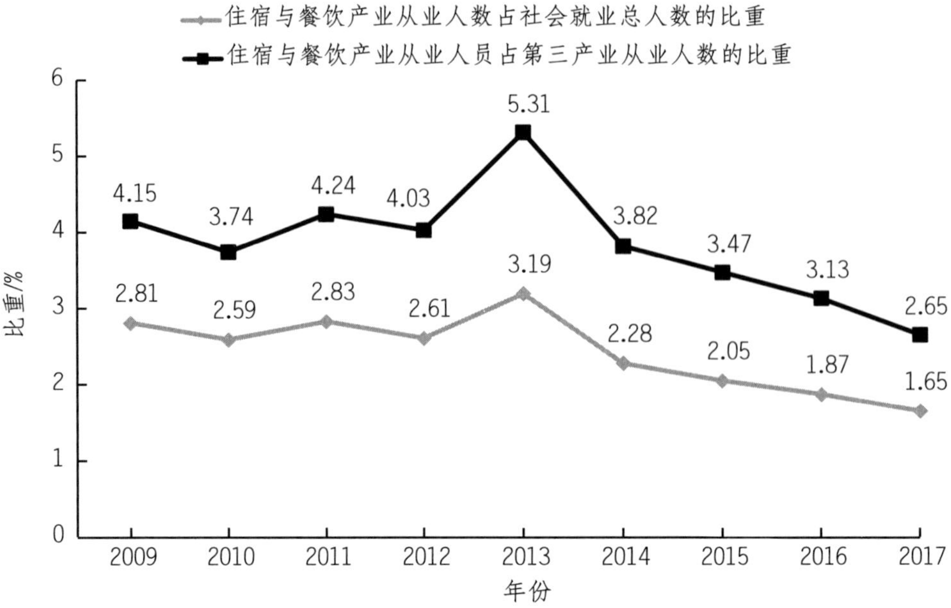


**图17　2009—2017年桂林市住宿与餐饮产业从业人数占第三产业和社会就业总人数的比重**

资料来源：历年《广西统计年鉴》。

### 4. 桂林市住宿与餐饮产业就业结构分析

（1）桂林市住宿与餐饮产业就业结构偏离度分析

结构偏离度是反映产业结构效益的量化指标，通过这一指标可以判断劳动力就业状况是否协调[1]。如果结构偏离度小于零，说明产业产值份额小于就业份额；如果结构偏离度等于零，说明两者达到均衡状态；如果结构偏离度大于零，说明产业产值大于就业份额[2]。

从图18可以看出，2009—2017年桂林市住宿与餐饮产业的就业结构偏离度皆为正，整体呈上升趋势，这表明桂林市住宿与餐饮产业的产值发展势头强劲。与此同时，从整体上来说，桂林市住宿与餐饮产业吸纳就业的人数占比有所下降，这与其就业结构偏离度所呈现的结果高度吻合。

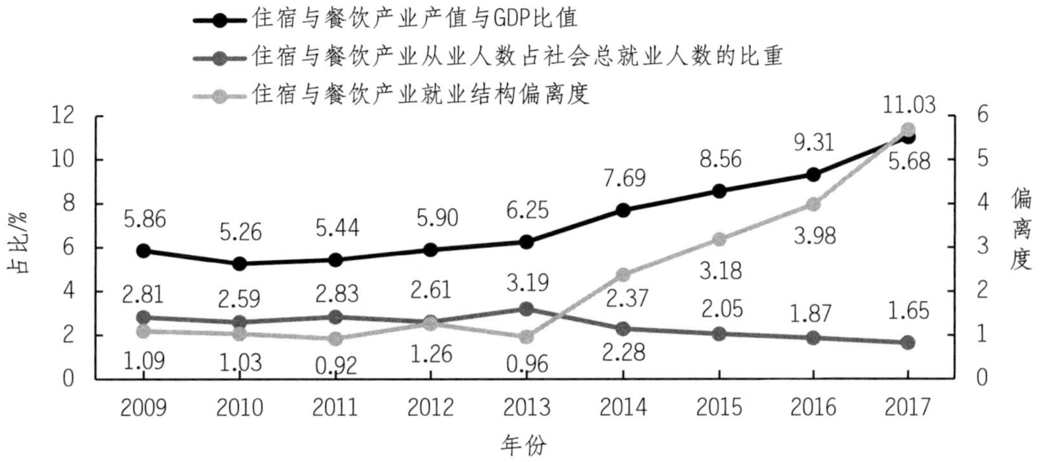


**图18 2009—2017年桂林市住宿与餐饮产业就业结构偏离度**

资料来源：历年《桂林经济社会统计年鉴》。

（2）桂林市住宿与餐饮产业相对劳动生产率分析

相对劳动生产率是对产业结构与就业结构之间的协调性分析，表明每1%的劳动人员对应能创造百分之几的产值。数值越大，表明劳动生产率越高，劳动力就会流向劳动生产率高的产业或部门。如果大于1，则说明该产业的劳动生产率高于总平均劳动生产率[2]。

由图19可知，2009—2017年桂林市住宿与餐饮产业相对劳动生产率均大于1，说明住宿与餐饮产业具有较高的劳动吸纳能力，社会劳动力会流向住宿与餐饮产业。

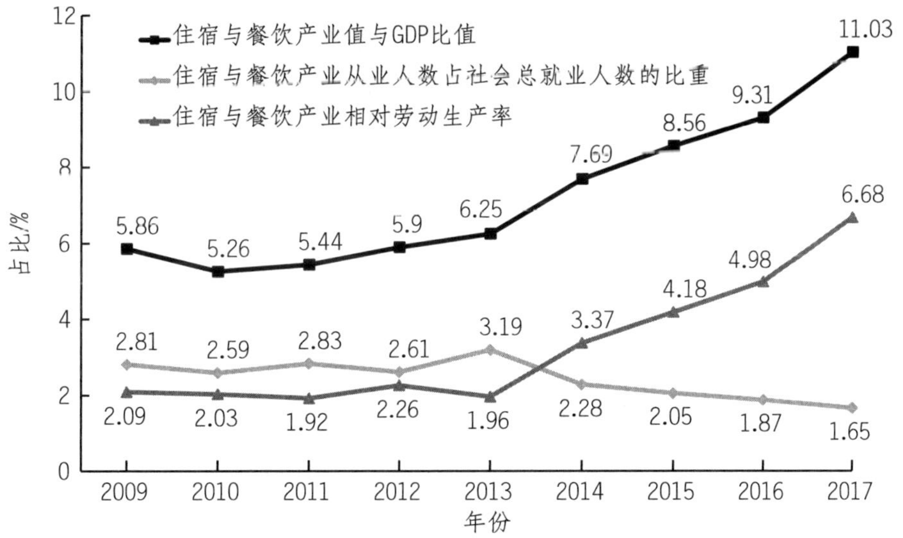


**图19 2009—2017年桂林市住宿与餐饮产业相对劳动生产率**

资料来源：历年《桂林经济社会统计年鉴》。

（3）桂林市住宿与餐饮产业的就业弹性系数

产业就业弹性系数的经济含义是某产业产值每增长1%，则该产业的社会从业人数能增长多少个百分点。就业弹性系数越高，同样的产业增长率所能带动的就业人数则越多；反之，带动的就业人数越少。如果就业弹性系数为负值，说明产业增长没有带来就业人数的增加，反而是减少[1]。由图20可知，虽然住宿与餐饮产业具有较强的就业吸引力和潜力，但是住宿与餐饮产业对就业的拉力不足。2013年住宿与餐饮产业的就业弹性系数为2.19，表明住宿与餐饮产业每增加1个百分点，住宿与餐饮产业的从业人数会增长2.19个百分点。但是多数年份的住宿与餐饮产业就业弹性系数偏低甚至为负数，将来需要进一步挖掘住宿与餐饮产业吸纳社会就业的潜力和提高住宿与餐饮产业的就业弹性系数。

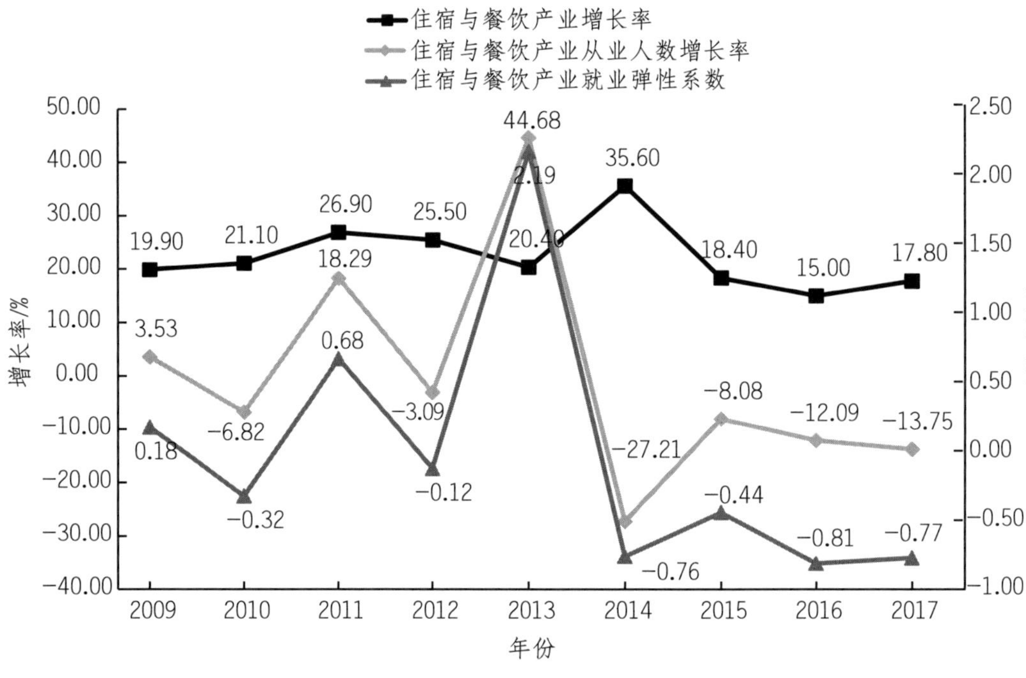


**图20　2009—2017年桂林市住宿与餐饮产业就业弹性系数**

资料来源：历年《桂林经济社会统计年鉴》。

通过分析桂林市住宿与餐饮产业发展总体情况及其在社会经济中的作用，可以发现，虽然桂林市住宿与餐饮产业产值逐年增加，住宿与餐饮产业对社会消费品零售总额、第三产业、GDP的占比情况、增长速度、贡献率表现出良好态势，住宿与餐饮产业从业人数占第三产业从业人数也较为乐观，但是其就业人员增长率与就业弹性系数波动较大，没能更好地发挥住宿与餐饮产业强吸纳就业人员的先天优势。在桂林市整体经济运行相对缓慢的情况之下，发挥好住宿与餐饮产业在促消费、扩内需、增就业等方面的推动作用非常必要。

桂林市餐饮产业规模在增大，居于广西第二位；桂林市住宿与餐饮产业占第三产业的平均比重高于其占GDP的平均比重，而在增长率方面，住宿与餐饮产业始终高于GDP和第三产业的增长率，但住宿与餐饮产业增长率呈下滑趋势，同时波动性比较大；桂林市住宿与餐饮产业对第三产业增量的贡献率始终高于其对GDP增量的贡献率；桂林市住宿与餐饮产业的增长率远远高于社会消费品零售总额的增长率，住宿与餐饮产业零售额占社会消费品零售总额的平均比重达到20%，住宿与餐饮产业零售额对社会消费品零售总额增量的贡献率达到20%；住宿与餐饮产业就业人数占第三产业从业人数的比重高于其占社会就业总人数的比重。

住宿与餐饮产业就业人数增长率波动较大，低于社会从业总人数的增长率，后者的稳定性高于前者；住宿与餐饮产业就业结构偏离度有逐步上升的趋势，说明其吸纳就业的前景好，但是其就业人数却不足；住宿与餐饮产业相对劳动生产率逐步提升，是社会劳动力流向的主要行业之一；住宿与餐饮产业就业弹性系数多年呈现负数，表明其吸纳劳动力能力不足。

桂林市住宿与餐饮产业吸纳社会就业人数空间较大，但是现实情况则刚好相反。表现出这种现象的原因可能是就业人员对住宿与餐饮产业的认知存在偏差；住宿与餐饮产业的整体工资水平偏低；住宿与餐饮产业的人员流动性大；住宿与餐饮产业企业对招聘的员工要求高，而就业人员达不到其要求。

## 三、桂林市住宿与餐饮产业的服务密度

服务密度由中国社会科学院的李蕊和荆林波于2007年首次提出[3]，其将服务密度定义为某地区服务业增加值与该地区的面积之比，并以此计算单位面积的服务密度增加值。本文的住宿与餐饮产业的服务密度，借鉴服务密度计算方式，令住宿与餐饮产业服务密度 = 地区住宿与餐饮产业产值 / 地区面积[1]，利用2009—2017年桂林市相关数据，测算桂林市住宿与餐饮产业的服务密度及其影响因素。

### （一）2009—2017年桂林市住宿与餐饮产业的服务密度

表1是2009—2017年桂林市住宿与餐饮产业服务密度情况表，服务密度数值表示每平方公里所能创造的住宿与餐饮产业产值。由表中数据可知，桂林市住宿与餐饮产业的服务密度呈逐年上升趋势，值得注意的是在2017年末达到81.41万元 / 平方公里，

这表明2017年桂林市每平方公里面积所能创造的住宿与餐饮产业产值为81.41万元。

表1 2009—2017年桂林市住宿与餐饮产业服务密度

| 年份 | 住宿与餐饮产业产值/亿元 | 面积/万平方公里 | 服务密度/（万元·平方公里$^{-1}$） |
|---|---|---|---|
| 2009 | 55.52 | 2.78 | 19.97 |
| 2010 | 58.00 | 2.78 | 20.86 |
| 2011 | 72.31 | 2.79 | 25.92 |
| 2012 | 87.64 | 2.78 | 31.53 |
| 2013 | 103.56 | 2.78 | 37.25 |
| 2014 | 140.43 | 2.78 | 50.51 |
| 2015 | 166.32 | 2.78 | 59.83 |
| 2016 | 191.35 | 2.77 | 69.08 |
| 2017 | 225.50 | 2.77 | 81.41 |

资料来源：历年《桂林经济社会统计年鉴》。

## （二）桂林市住宿与餐饮产业的服务密度影响因素分析

由表1可知，桂林市住宿与餐饮产业服务密度呈逐年上升的趋势，2017年达到81.41万元/平方公里。因此，研究桂林市住宿与餐饮产业服务密度的影响因素对于如何发展桂林市住宿与餐饮产业具有十分重要的现实意义。本文借鉴李蕊和荆林波对全国地级市城市服务密度的影响因素研究[3]，选取2009—2017年桂林市住宿与餐饮产业主要数据（表2）分析其对桂林市住宿与餐饮产业服务密度的影响。

其中，住宿与餐饮产业服务密度用$D$表示；人口密度用$F_1$表示；人均GDP用$F_2$表示；人均住宿与餐饮产业消费额用$F_3$表示；误差项用$U_1$表示。由此，建立多元回归方程如下：

$$\log D=C_1+C_2*(F_1)+C_3*(F_2)+C_4*(F_3)+U_1 \qquad (1)$$

通过EVIEWS7.0计量经济软件，利用表2中2009—2017年桂林市住宿与餐饮产业主要数据进行回归分析。根据回归分析的结果可知，桂林市住宿与餐饮产业服务密度的影响因素主要包括人口密度、人均住宿与餐饮产业消费、人均GDP。具体来说，在单个影响因素层面，影响桂林市住宿与餐饮产业服务密度的因素，由高到低依次是人均GDP、人均住宿与餐饮产业消费、人口密度，这说明当地居民的可支配收入是影响桂林市住宿与餐饮产业服务密度的主导性因素，因此，只有在人口密度大、人均住宿与餐饮产业消费高、人均GDP高的情况下，其住宿与餐饮产业的服务密度才更大且更有价值。在影响因素的交互方面，人均 GDP 和人均住宿与餐饮产业消费对桂林市住宿与餐饮产业的影响最大，人均 GDP 和人口密度、人口密度和人均住宿与餐饮产业消费对桂林市住宿与餐饮产业的影响较弱。由此可知，当地居民人均可支配收入高且区域人口密度大、当地居民住宿与餐饮产业消费与其对应的人口密度都不能更好地影响桂林市住宿与餐饮产业的服务密度。因此，桂林市住宿与餐饮产业服务密度应该是人均 GDP、人均住宿与餐饮产业消费、人口密度共同作用的结果。

根据上述研究结果，当地政府机构可以从以下几个方面采取措施，以提高桂林市住宿与餐饮产业的服务密度。①当地政府应该多措并举提高桂林市当地居民的人均可支配收入，如鼓励当地居民积极参与桂林市的旅游业发展，从旅游业发展中获得个人收益。②加强桂林市的城市规划，对桂林市的区域功能进行区分，引导当地居民向主要居住区集中，加快城市化进程。③制定有利于促进住宿与餐饮产业消费的政策，虽然桂林是重要的国际化旅游目的地，但是住宿与餐饮产业的消费不仅需要外来游客的支持，而且也需要当地居民转变生活方式和理念，倡导高质量的休闲生活，特别是在餐饮产业方面的消费，以期构建以桂林市内循环为主导、市内市外双循环相互促进的新格局。

**表2　2009—2017年桂林市住宿与餐饮产业主要数据**

| 年份 | 常住人口/万人 | 面积/万平方公里 | 人口密度/（人·平方公里$^{-1}$） | 住宿与餐饮业值/亿元 | 餐饮密度/（万元·平方公里$^{-1}$） | 人均住宿与餐饮业消费/元 | 人均 GDP/元 |
|---|---|---|---|---|---|---|---|
| 2009 | 491.47 | 2.78 | 184 | 55.52 | 19.97 | 112.97 | 18 594 |
| 2010 | 474.80 | 2.78 | 187 | 58.00 | 20.86 | 122.16 | 21 416 |
| 2011 | 478.82 | 2.79 | 188 | 72.31 | 25.92 | 151.02 | 25 512 |
| 2012 | 483.94 | 2.78 | 188 | 87.64 | 31.53 | 181.09 | 28 452 |
| 2013 | 488.05 | 2.78 | 188 | 103.56 | 37.25 | 212.19 | 31 765 |
| 2014 | 491.91 | 2.78 | 189 | 140.43 | 50.51 | 285.48 | 34 844 |
| 2015 | 496.16 | 2.78 | 190 | 166.32 | 59.83 | 335.21 | 36 816 |
| 2016 | 500.94 | 2.77 | 193 | 191.35 | 69.08 | 381.98 | 38 663 |
| 2017 | 505.75 | 2.77 | 192 | 225.50 | 81.41 | 445.87 | 38 298 |

资料来源：历年《桂林经济社会统计年鉴》。

## 四、桂林市餐饮产业业态发展概况

通过前文的分析可知，桂林市经济社会发展整体相对趋缓，三次产业构成渐趋优化，社会消费品零售总额逐年增加，在整体经济运行趋好的背景之下，桂林市住宿与餐饮产业零售额也在稳步发展。但是，存在的问题是住宿与餐饮产业吸纳就业的能力未达到饱和，出现供不应求的现象。虽然桂林市住宿与餐饮产业存在一定的问题，但是总体向好发展，其自身也在不断地发展与完善，产业内部的优化有待进一步地提升。

### （一）桂林市限额以上餐饮企业及餐饮连锁企业发展概况

2017年桂林市限额以上餐饮企业发展情况见表3。如果按照行业惯例，每20个餐位配1位厨房工作人员，提供就业机会最多的是正餐服务类企业，其次是快餐服务类企业，最后是其他餐饮服务类企业。

**表3 2017年桂林市限额以上餐饮企业发展情况**

| 餐饮业态 | 企业数 / 家 | 比重 / % | 餐位数 / 个 | 比重 / % | 营业额 / 万元 | 比重 / % |
|---|---|---|---|---|---|---|
| 正餐服务 | 46 | 92.0 | 253 878 | 99.59 | 57 713 | 98.0 |
| 快餐服务 | 3 | 6.0 | 550 | 0.21 | 666 | 1.1 |
| 其他餐饮服务 | 1 | 2.0 | 500 | 0.20 | 504 | 0.9 |
| 合计 | 50 | 100.0 | 254 928 | 100.00 | 58 883 | 100.0 |

资料来源：《桂林经济社会统计年鉴2017》。

桂林市限额以上餐饮企业按照经营形式、单位规模、控股情况的发展概况分别见表4至表6。从限额以上餐饮企业经营形式来看，2012—2017年独立门店是主要经营形式，连锁总店数量逐年减少，连锁门店保持在3～4家，其他经营形式稳中有升。从限额以上餐饮企业单位规模来看，2012—2017年以小型连锁餐饮企业为主，其次是中型和微型，数量最少的是大型餐饮企业。从限额以上餐饮企业控股情况来看，2012—2017年以私人控股为主，其他控股形式为辅，集体控股和港澳台商控股比较稳定；值得注意的是，外商控股的限额以上餐饮企业在2016年开始淡出；相对来说，国有控股的限额以上餐饮企业自2015年开始加入。

**表4 桂林市限额以上餐饮企业经营形式发展概况** 单位：个

| 年份 | 独立门店 | 连锁总店 | 连锁门店 | 其他 |
|---|---|---|---|---|
| 2017 | 42 | — | 1* | 7 |
| 2016 | 36 | 1 | 3 | 7 |
| 2015 | 43 | 1 | 4 | 3 |
| 2014 | 44 | 1 | 4 | 3 |
| 2013 | 46 | 4 | 4 | 3 |
| 2012 | 43 | 3 | 3 | 3 |

注：* 表示此数据所表示的是连锁直营店，而非连锁门店；—表示没有此项数据。
资料来源：历年《桂林经济社会统计年鉴》。

**表5 桂林市限额以上餐饮企业单位规模发展概况** 单位：个

| 年份 | 大型 | 中型 | 小型 | 微型 |
|---|---|---|---|---|
| 2017 | 1 | 5 | 43 | 1 |
| 2016 | 1 | 5 | 39 | 2 |
| 2015 | 1 | 3 | 44 | 3 |
| 2014 | — | 1 | 30 | 1 |
| 2013 | — | 1 | 54 | 2 |
| 2012 | — | — | — | — |

注：—表示没有此项数据。
资料来源：历年《桂林经济社会统计年鉴》。

**表6 桂林市限额以上餐饮企业控股情况发展概况** 单位：个

| 年份 | 国有控股 | 集体控股 | 私人控股 | 港澳台商控股 | 外商控股 | 其他 |
|---|---|---|---|---|---|---|
| 2017 | 1 | 1 | 39 | 1 | — | 8 |
| 2016 | 1 | 1 | 36 | 1 | — | 8 |
| 2015 | 1 | 1 | 36 | 1 | 1 | 11 |
| 2014 | — | 1 | 38 | 1 | 1 | 11 |
| 2013 | — | 1 | 42 | 1 | 1 | 12 |
| 2012 | — | 3 | 36 | 1 | 1 | 11 |

注：—表示没有此项数据。
资料来源：历年《桂林经济社会统计年鉴》。

## （二）桂林市餐饮产业发展概况

### 1. 桂林市餐饮产业空间分布

餐饮产业最为典型的代表企业就是各种类型和星级的饭店。陈岗等[4]从交通集成度与饭店空间布局的视角对桂林市饭店分布进行研究，认为桂林市星级饭店分布情况与伊甘（Egan）和尼尔德（Nield）运用竞标地租理论推演出来的饭店空间等级模型是不匹配的，即饭店等级越高，越倾向选址于城市中心。二星级及以下饭店的空间分布符合该模型，三星级以上饭店对交通集成度依赖程度逐渐减弱，前者倾向城市中心区域，后者倾向景观环境区域。

陈岗等[5]认为桂林市的饭店分布受土地政策、环境、城市发展、交通便利性、地租等因素的影响，形成了独具一格的风格。整体而言，桂林市主城区饭店呈十字形分布，并且这一分布形态主要集中在桂林站的东北方位附近。具体来说，可以从点、线、面3个角度对桂林市饭店布局予以解释。从点状分布来看，桂林站和城市中心是桂林市饭店分布的主要聚点，其500米以内主要分布的是三星级及以下的星级饭店，而500～1000米范围之内城市中心有高星级饭店分布，桂林站附近则没有；从线状分布来看，漓江附近高星级饭店分布较多，交通干道附近低星级饭店分布较多；从面状分布来看，高星级饭店多分布于主要景区，低星级饭店多分布于非主要景区，但是，不管是高星级饭店还是低星级饭店都倾向于选址景区附近。

黄淑娟等[6]认为桂林市餐饮产业整体呈现“一主一副多中心”的空间格局，这与陈岗等所提出的桂林市主城区饭店呈十字形分布截然不同，当然这与二者研究范围的不同有密切关系，前者主要是针对饭店布局，而后者主要针对整体餐饮产业的空间布局。黄淑娟等还从住宿、道路交通、旅游景点、购物、娱乐、旅游人群6个方面研究其餐饮产业空间格局影响因素，结果表明购物设施对餐饮产业空间集聚影响较小，其他要素都与餐饮空间集聚具有显著相关的关系，不同空间尺度范围内其影响程度迥异。

虽然张志恒[7]对中国餐饮产业空间格局的研究没有具体涉及桂林市，但是其研究结论对桂林市餐饮产业分布情况有着重要的参考价值。他通过研究中国餐饮产业格局，基于省级、市级、城市内部3个尺度揭示了不同餐饮业态在空间的扩散特征、发展强度的规模分布特征。市级尺度上各地理单元的数量规模分布则呈现出长尾的分布态势，均为介于规模分布与首位分布模式的过渡形式，而多样性分布呈现出低位序餐饮业态同样发育的位序－规模分布，空间格局上二者并未表现出明显的规律，与大尺度不同，各餐饮业态在中尺度上的空间扩散表现出等级扩散与接触扩散2种形态。

### 2. 桂林市餐饮产业特点

桂林市餐饮产业的特点可以从其经营业态、经营菜系、经营特色3个方面来看。从经营业态来看，以正餐为主，快餐和其他餐饮为辅。受传统思想的影响，桂林市整个餐饮市场消费主要以正餐为主，快餐和其他餐饮品类也相应得到发展，但是规模有限，有待进一步提升。从经营菜系来看，以桂林本土菜系为主，外来菜系为辅。桂林是一个多民族聚居的城市，融合了多个民族的餐饮特色，消费者外出就餐的菜系选择还是以桂林本地菜系为主，韩国料理、日本料理、泰国料理和西餐等外来菜系占据有限的餐饮市场份额，只是消费者为了调节日常西餐、西式快餐餐饮品类的补充选择。从经营特色来看，以桂林米粉名气最大，其他特色餐饮名气较弱。桂林米粉已在本土形成良好的饮食文化，且桂林米粉具有技术门槛低、经营成本相对低、风险性小、经营模式灵活多变等特点，故在桂林市的大街小巷都有桂林米粉店铺存在，这为桂林米粉作为桂林市城市名片奠定了厚实的基础。

作为国际著名旅游城市的桂林市，在今后的发展过程中，既要满足当地人日常生活的需要，又要满足外来游客对当地特色饮食的需求，因此，在经营业态方面可以多种形式并存，形成良好的互补机制；在经营菜系方面可以本土菜系为主，多种菜系融合发展，满足不同层次消费者的需求；在经营特色方面可以扩大恭城油茶等地方特色品类的美誉度，让消费者对桂林市餐饮产业整体形象有全新认识。

### 3. 桂林市桂林米粉发展举措

桂林米粉是桂林美食名片，关乎桂林市餐饮产业的发展。在新时代、新思想、新理念的指引下，桂林市政协邀请政府有关部门、行业协会、企业、高校等各界的专家、学者代表交流讨论关于如何更好地推动桂林米粉产业做强升级的问题[8]，从政府、行业协会、企业、高校等角度分别对桂林米粉产业发展提出具体的建议和措施。综合各方建议和观点，桂林米粉产业的发展需要标准化、规模化、产业化、绿色化、专业化、品牌化，充分发挥政府的引导作用、行业协会的协调作用、企业的创新作用以及高校学者的“思想库”作用，共同打造桂林米粉品牌，同时建立桂林米粉产业园区，集产品开发展示、生产设备展示、生产工艺演示、现场产品品尝等功能于一体，建立健全桂林米粉产业链，发掘桂林米粉文化内涵，推动桂林米粉产业高质量发展。

根据索维[9]的调研数据显示，2015年桂林市共有桂林米粉店铺2 000家左右。2018年10月中旬，笔者组织桂林旅游学院2018级烹饪与营养教育专业学生对桂林市6个区的桂林米粉店进行调研。经粗略统计，2018年桂林市6个区的桂林米粉店共有

986家，由此可推断索维的统计结果是可信的。规模达到一定数量级之后，所面临的问题是如何实现桂林米粉的标准化、产业化、专业化、品牌化。桂林米粉能够“走出去”，主要得益于20世纪90年代广西天等人将其带到广州、深圳、上海、北京等地。据不完全统计，2013年时，天等县已有2万多人在全国各地从事桂林米粉相关餐饮工作[10]。

#### 4. 桂林本地菜系发展情况

韦起洲[11]将桂菜划分为桂东南菜、滨海菜、桂北菜、桂西菜[12]、民族菜，结合桂林市的地理环境、人文底蕴，桂林本地菜系属于桂北菜和民族菜二者的融合。从地理位置来看，桂林本地菜系主要融合湘菜、贵菜、川菜等菜系的特点。

## 五、桂林市餐饮产业发展新政策与经验

### （一）推动餐厨废弃物资源化利用和无害化处理[13]

为建立便捷、精细、高效的餐厨废弃物管理体系，推动餐厨废弃物资源化利用和无害化处理，维护城市市容和环境卫生，从源头上解决餐厨废弃物直接饲养畜禽和“地沟油”回流餐桌等民生问题，桂林市城市管理委员会于2019年举行了《桂林市餐厨废弃物管理办法（草案）》听证会。

调查显示，2019年桂林市6城区有5 000多家餐饮企业，餐厨垃圾平均日产量约300吨，并呈持续增长态势。由于桂林市餐厨垃圾的收集、运输、处理系统尚未建立，餐厨垃圾收运和处理存在不少问题。如难以保证餐厨垃圾安全无害化处理；餐厨垃圾进入黑作坊提炼“地沟油”；收运设备落后，收集容器不密闭，容易泄漏洒落，影响市容和环境卫生。为加强餐厨废弃物管理工作，从源头监管，建立专业化、规范化、系统化的收集、运输和处置系统，市政有关部门决定制定出台适应实际情况的餐厨垃圾管理办法。经过前期大量调研工作，桂林市城市管理委员会起草了《桂林市餐厨废弃物管理办法（草案）》，并邀请广西蓝德再生能源有限责任公司、桂林市椿记餐饮有限公司、桂林市阿甘餐饮有限责任公司等企业代表对草案提出修改意见和建议。

### （二）探索制定桂林美食团体标准

2018年，由桂林市餐饮烹饪协会制定的《阳朔田螺酿烹饪工艺规范》等8个团体标准正式发布[14]。该系列标准明确规定了桂林系列菜品的术语与定义、原料及要求、

烹饪器皿、制作工艺、感官要求、加工场所卫生及人员要求等具体内容，对促进桂林市餐饮产业转型升级和可持续健康发展，为广大消费者提供高标准、高品质的地方民间小吃，提高桂林餐饮的知名度和影响力有着重要意义。

为了推动桂林市餐饮产业食品安全和保持地方特色食品发展，桂林市市场监督管理局为餐饮产业搭建了制定推广团体标准的平台，并指导制定了相关管理办法，按照标准制定程序要求开展工作。通过制定标准，运用标准化原理、采用标准化手段，确保菜肴安全、卫生，为桂林菜饮食文化的保护、传承、创新、发展开辟出新的途径。上述桂林市餐饮产业首批团体标准的发布，将激励和带动桂林市各社会团体积极参与制定标准，充分发挥市场在标准化资源配置中的决定性作用；鼓励和推动桂林市具备相应能力的学会、协会、商会等社会组织和产业技术联盟，积极探索制定满足桂林市市场和创新需要的团体标准，充分发挥团体标准在推进桂林经济社会发展中的积极作用。

### （三）积极推动桂林市乡村旅游业发展

根据广西地方标准《广西乡村旅游区质量等级划分与评定》《农家乐质量等级的划分与评定》以及《广西乡村旅游质量等级评定管理暂行办法》，广西四星级以上乡村旅游区（农家乐）评定工作程序为业主自愿申报，各有关县（市、区）旅游部门初评，各设区市旅游部门复评，广西旅游资源开发利用与服务质量标准评定专家委员会现场评定，广西旅游资源开发利用与服务质量标准评定工作领导小组会议审议通过。

2018年，广西公示第一批广西四星级（含）以上乡村旅游区（农家乐）评定名单，桂林市共有12家乡村旅游区（农家乐）榜上有名，成为上榜最多的地市级城市[15]。此前，桂林已有120家星级乡村旅游区（农家乐）。

### （四）啤酒音乐节助力桂林市餐饮产业快速发展

作为“两会一节”重要配套活动之一，2018桂林漓泉啤酒音乐节暨第四届国际美食文化展于2018年10月26日至11月5日在桂林市市中心广场举行[16]。

2018年啤酒节的重头戏是啤酒和音乐，为了把该届啤酒节打造成音乐天堂，主办方在灯光、舞台、舞美以及演员方面都下足了功夫，“力争给游客和市民每夜都带来狂欢”。啤酒节主会场占地2万多平方米，共设480多个展位，推出漓泉啤酒音乐、美食品尝、旅游推广、文明购物等四大板块活动。炫酷的灯光舞台、精彩的现场演出、极具专业的DJ联动、来自全国各地的特色美食，给游客和市民带来了一场前所未有的“视听味触嗅”全方位的感官盛宴。

啤酒音乐节是桂林国际山水文化旅游节的重要活动之一。啤酒音乐节的成功举办可以激发文化和旅游消费潜力，助力桂林市餐饮产业的快速发展。

## （五）多举措推动桂林米粉产业发展

### 1. 第三届桂林“绿色智造”工业设计大赛开赛

2018年第三届桂林“绿色智造”工业设计大赛由桂林市工业和信息化委员会（现桂林市工业和信息化局）、桂林市商务局、桂林市经济技术开发区主办。大赛以“绿色智造，创意无限”为主题，分为工业产品设计和大赛LOGO设计。与上一届设计大赛相比，该届大赛更具亮点和特色。其中包括首次增设了米粉全产业链设计奖，并设金奖奖金8万元[17]。全产业链设计内容包括但不限于桂林米粉实体店门头装饰、保鲜存储、加工技术与衍生产品、品牌包装、营销策划、广告创意等文案。

### 2. “无人粉店”登陆桂林[18]

2018年11月29日，甲天下国际会展中心内充满浓郁的米粉香味。由桂林国家高新区管委会、桂林市七星区政府和昆明理工大学校友总会广西分会共同举办的“无人粉店”——桂林米粉智能型烹饪售卖一体机项目推介会，解锁了桂林米粉的另一种打开方式。其中最具亮点的是机器拥有即时烹饪食品的创新功能。一台设备可以一次性供应40碗粉，占地面积小、易操作、24小时营业、交易便捷，相当于一个小型米粉店。

推介会旨在落实桂林市桂林米粉“百亿元”产业工程和打造“一市一品”重点品牌战略部署，助推桂林米粉产业规模化、产业化、标准化、绿色化发展。“无人粉店”——桂林米粉智能型烹饪售卖一体机项目将智能制造和地方特色产业相融合，做大做强桂林米粉产业，推动桂林米粉从“小特产”向“大产业”转变，有利于实现桂林米粉产业集约化、规模化、产业化和绿色化经营，对促进桂林米粉产业进步、推动桂林米粉产业升级发展具有积极意义。

### 3. 桂林米粉北京产销对接活动启动[19]

2018年11月19日，2018广西特产行销全国行动——桂林米粉北京产销对接活动在北京市广西大厦多功能厅拉开帷幕。桂林米粉、罗汉果、金橘、桂花糕等市名优特产“组团”进京，进行集中产销推介，“零距离”向北京市民以及中外游客分享桂林“升级版”城市“好礼”，递上一张全新的城市名片。

活动以“山清水秀美桂林，绿色生态好产品”为主题，以桂林米粉文化宣传推介为重点。活动当天共有30家企业现场签约合作，成交金额达9500万元，为罗汉果、金橘等桂林名优特产，尤其是桂林米粉走出广西、推向全国奠定坚实的基础，为桂林米粉产业发展的未来铺路。

### （六）桂林市举行首届桂花茶茶王争霸赛[20]

2018年12月上旬，桂林市举办了首届桂花茶茶王争霸赛。该次活动由第十五届广西名特优农产品（桂林）交易会组委会办公室、桂林市人民政府主办，桂林市农业局及相关企业承办。12月6日，大赛组委会组织专家开展评审；12月7日，在第十五届广西名特优农产品（桂林）交易会上公布评选结果并颁奖。

桂林市的桂花树种植以及桂花的产量、质量一直居于全国前列。因此，桂花被评为桂林市市花。独特的自然环境使桂林盛产馨香悠远、沁人肺腑的桂花茶，桂林桂花茶的制作、饮用历史自唐代至今，形成了独特的桂花茶文化，并与桂林山水文化融为一体。桂林市举办上述形式的比赛，就是为了深度挖掘以桂花茶为龙头的桂花产业的潜力，着力打造独具桂林本地特色的桂花茶系列产品，建立桂林桂花茶的公共品牌。

### （七）政府主导推进创建广西食品安全示范城市活动[21]

#### 1. 开展“我为食安桂林献一计”活动

2018年桂林市以政府为主导，以创建广西食品安全示范城市为契机，开展了“我为食安桂林献一计”活动，公开向社会征求创建广西食品安全示范城市的意见和建议、亟待解决的问题、方式方法，充分调动了广大市民参与食品安全献计献策活动的积极性和主动性，切实保障桂林人民生活“舌尖上的安全”。

通过征求意见的方式，凝聚集体智慧，为广大人民群众创造美好的生活环境，并提升幸福感和获得感。

#### 2. 开展食品安全工作培训[22]

2018年，桂林市食品药品监督管理局在恭城县举办了为期2天的食品安全工作培训班，分别对桂林市及各县（市、区）食品药品监管干部进行餐饮服务食品安全监管工作规范及重大活动食品安全保障培训，对全市各有关餐饮企业工作人员进行餐饮服务食品安全操作规范及预防食物中毒培训。

培训重点为对国家市场监督管理总局新修订的《餐饮服务食品安全操作规范》进行解读，对举办重大活动食品安全保障工作规范及食物中毒防控、食品餐饮环节快检等进行培训，同时邀请基层一线食品餐饮监管人员就日常工作经验以及存在的问题等进行分享。

培训活动旨在通过解读新规范，进一步提高餐饮从业人员食品安全意识及业务规范操作能力，进一步做好重大活动食品餐饮安全保障工作，提高全市餐饮服务食品安全监管能力，保障广大市民和游客“舌尖上的安全”。

## 参考文献

[1] 杨柳．中国餐饮产业发展报告[M]. 北京：社会科学文献出版社，2010.

[2] 赵文龙，周恒．就业结构与产业结构特征的均衡性分析：以西安市为例[J]. 理论导刊，2006（6）：52–55.

[3] 李蕊，荆林波．服务密度的地区差异及其影响因素的分析：以中国地级及地级以上城市和省际数据为例[J]. 财贸经济，2007（6）：98–105.

[4] 陈岗，黄震方．基于交通集成度分析的城市饭店空间布局研究：以风景旅游城市桂林主城区为例[J]. 旅游学刊，2009，24（4）：61–66.

[5] 陈岗，张建春．基于GIS缓冲区分析的旅游城市饭店空间格局研究：以桂林主城区为例[J]. 杭州师范大学学报（自然科学版），2011，10（2）：186–192.

[6] 黄淑娟，李启瑄，车磊．旅游城市餐饮业空间格局及影响因素：以桂林市为例[J]. 华中建筑，2019，37（1）：57–60.

[7] 张志恒．中国餐饮业空间格局研究[D]. 兰州大学，2016.

[8] 孙敏．小米粉大产业　推动桂林米粉标准化专业化品牌化发展[N]. 桂林日报，2018–09–30（4）.

[9] 索维．地方餐饮美食产业的发展路径分析：以桂林米粉为例[J]. 广西职业技术学院学报，2015，8（1）：16–20.

[10] 赵健昌．离家创业 脱贫致富 实现人生理想：“天等版”桂林米粉畅销京城原因探析[J]. 广西教育学院学报，2013（3）：27–30.

[11] 韦起洲．浅谈桂菜的特点及拓展方向[J]. 南宁职业技术学院学报，2010，15（1）：6–9.

[12] 韦绍东．广西通志·民俗志[M]. 南宁：广西人民出版社，1992.

[13] 徐莹波．推动餐厨废弃物资源化利用和无害化处理[N]. 桂林日报，2019–05–14（1）.

[14] 孙敏．桂林美食8个团体标准正式发布[N]. 桂林日报，2108–11–28（2）.

[15] 庄盈．我市新增12家星级乡村旅游区（农家乐）[N]. 桂林晚报，2018–11–28（2）.

[16] 胡逢超．10月26日—11月5日 市中心广场，啤酒音乐美食狂欢等你来[N]. 桂林

日报，2018–10–25（2）.

[17] 韦莎妮娜 . 第三届桂林“绿色智造”工业设计大赛开赛 米粉全产业链设计奖设金奖奖金 8 万元 [N]. 桂林日报，2108–07–18（1）.

[18] 韦莎妮娜 .“无人粉店”有望明年登陆桂林 [N]. 桂林日报，2018–12–02（1）.

[19] 胡逢超 . 桂林米粉北京产销对接活动昨启动 [N]. 桂林日报，2018–11–20（1）.

[20] 徐莹波 . 桂林将举行首届桂花茶茶王争霸赛 [N]. 桂林日报，2018–11–26（3）.

[21] 桂林市创建广西食品安全示范城市领导小组办公室 .“我为食安桂林献一计”活动期待您的参与 [N]. 桂林日报，2018–04–02（2）.

[22] 周文俊 . 市食药监局开展食品安全工作培训 [N]. 桂林日报，2018–10–11（3）.

【作者】**周瑜**，南充文化旅游职业学院，硕士，助理讲师；**谢雨萍**，桂林旅游学院，博士，教授；**谭兴勇**，桂林旅游学院，本科，教授。

# 桂林市餐饮产业发展态势分析

谭兴勇　谢雨萍　周瑜

## 一、宏观发展趋势

### （一）餐饮服务安全监管更趋严格

《网络餐饮服务食品安全监督管理办法》于2018年1月1日正式实施，至此通过互联网预订外卖餐饮食品安全从混乱秩序转变到规范管理，确保“互联网＋餐饮”的健康发展。该管理办法强调落实“五个责任”：一是落实审查责任，确保入网商家具有实体经营门店；二是落实监督责任，确保线上线下餐饮食品同标同质；三是落实配送责任，确保配送环节食品不受污染；四是落实维权责任，确保消费者合法权益得到维护；五是落实管理责任，确保有专门机构、专职管理人员。2018年4月，国家市场监督管理局总局发布了《餐饮服务明厨亮灶工作指导意见》，提出鼓励餐饮服务单位实施明厨亮灶工程，鼓励餐饮服务单位通过视频形式将相关信息上传至网络平台，供消费者以及管理人员监督，规定上传网络的视频信息保存不少于7天，并且对实施明厨亮灶工程相关设备提出要求。2018年10月，国家市场监督管理总局修订《餐饮服务食品安全操作规范》。修订亮点包括以下3点。一是强调全程管理，从原料到餐桌全覆盖。二是要求更具体，管理更精细，例如在冷冻与冷藏食品验收方面，冷藏食品的表面温度与标签标识的温度要求不得超过＋3℃；冷冻食品表面温度不宜高于－9℃。三是强化风险管理，冷藏环境温度范围从0～10℃调整为0～8℃；将冷冻温度的范围从0℃以下调整为宜低于－12℃；强化食品留样管理，将食品留样量最小值从100g调整为125g；在个人卫生方面，佩戴的手表、手镯、手链、手串、戒指、耳环等饰物不得外露；对卫生间也提出具体规范要求，特别提出卫生间内无异味的要求。修订内容涉及管理范围延伸、管理要求完善等。

### （二）餐饮企业用工数量将逐渐降低

随着技术创新、管理科学化、食品工业与餐饮食品融合发展以及互联网融合发展，餐饮企业用工数量呈现逐渐降低的趋势。中国烹饪协会发布的《2019年度中国餐饮企业百强和餐饮五百强门店分析报告》显示，餐饮企业用工压力持续加大，人力成本费用继续攀高，2019年人工成本同比增速为24.4%，成为餐饮经营成本费用增速最快的一项。未来餐饮企业从减少菜谱数量、增加相同菜点数量、增加智能管理手段、使用智能化设备、优化生产流程、增加半成品用料、简化服务流程等方面入手以提升人力资源的效能。

## 二、微观发展趋势

### （一）信息化悄然改变消费与管理模式

根据艾瑞咨询《2018年中国新餐饮消费行为趋势研究报告》在新餐饮消费走向自主化、智能化方面的调查显示，在挑选餐厅方面，近40%消费者在意是否可以提前在手机上点餐；在预订餐位方面，选餐订位首选在线生活服务平台；在排队等位方面，超半数消费者最希望用手机在线排队；在结账买单方面，移动支付成为就餐主流结算方式，另外，近60%消费者希望能自助开票[1]。在艾瑞咨询研究报告中，样本的对象也许针对的是一线城市，但从经济发展趋势来看，桂林市的餐饮消费模式也将逐渐向一线城市看齐，故该报告对于桂林市餐饮消费模式也有一定的借鉴意义。智慧餐饮是指通过互联网、移动互联网与餐饮信息化的方式，为餐饮商家提供营销、营运、管理等方面的工具和服务，帮助商户优化用户体验、提高经营效率[2]。餐饮信息化经历了4个时代。前面3个时代是从IT开始，首先代替手工运算，提高了效率，然后进入互联网时代，餐饮门店的数据可以与总部链接，实现连锁经营的数据化，接下来进入智能时代，数据可以储存在云端，餐饮产业进入数据驱动经营模式。第四代是智慧餐饮时代，平台的线上消费与门店线下消费场景相融合，线上与线下全渠道数据打通，餐厅实现实时在线服务。在消费端，真正实现“来了就吃，吃了就走”；在成本管理端，减少人工，前中后台信息实时同步；在营运端，门店经营状态实时展示，数据指导经营决策；在营销端，全渠道会员，实现精准营销。[3]

### （二）餐饮市场旺盛大众市场进一步细分

2020年，虽然受到新型冠状病毒肺炎疫情（以下简称新冠疫情）的影响，但自从放开市场后，餐饮产业营业额增长仍然迅猛。餐饮产业发展指数不但是社会文明程度的重要指标，也是人们幸福指数的物质指标。在桂林市，每月在外就餐1次以上的人数占65.25%，而在全国一线城市，每月在外就餐3次以上的人数占68.7%。以上数据显示，餐饮市场随着新冠疫情结束逐渐恢复，同时，市场将进一步扩大。消费调查显示，选择每餐人均消费在31～100元的人数占75.21%，这段消费区间正是大众消费区间，这也与餐饮二八定律基本吻合。在大众消费中，按年龄段划分，有70后、80后、90后等不同年龄层次；按消费区间划分，有31～50元、51～70元、71～90元、91～100元等众多层次；按餐饮业态划分，有团餐、零点、快餐、火锅、自助餐等不同业态；而传统餐饮客户划分主要是依据口味、原料特色、企业品牌划分，只要有特色餐饮，消费价格都较高。目前出现了一些轻饮食、简餐、套餐等形式，这说明大众市场在进一步细分。

### （三）旅游餐饮市场逐渐扩大

根据历年《桂林经济社会统计年鉴》对桂林市旅客的统计情况显示，2012年桂林市旅客数量是3 293万人次，2018年到达10 915.31万人次（图1）。旅客数量从2012年到2018年一直在增长。虽然2020年受到新冠疫情影响，但从2020年6月开始，餐饮业恢复正增长。桂林市未来旅游市场将随着经济的增长而逐渐增长，桂林市旅游餐饮市场也会呈现增长的态势。

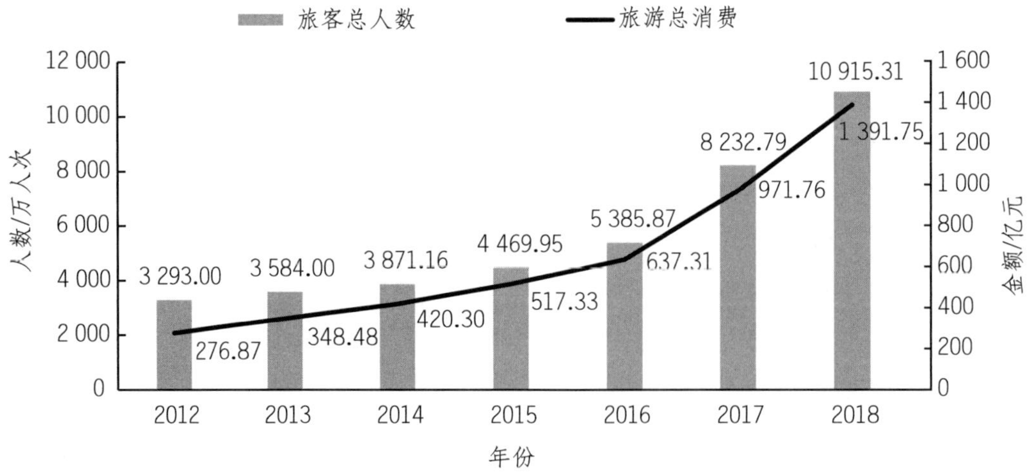


**图1　2012—2018年桂林市旅客总人数及旅游总消费**

### （四）菜点摇身变为预包装食品悄然带动餐饮产业发展

随着市场对地方特色预包装食品需求的增加，桂林市从传统“三宝”逐渐扩大到将传统美食生产成为预包装食品。桂林米粉、恭城油茶预包装食品发展迅猛，其中以三养胶麦、米粉股份、日清食品、粉霸食品等公司为代表的预包装米粉生产企业，年总生产能力为1.3亿盒左右，实现销售额近2亿元。[1] 预包装食品存放时间长、便于携带，成为便携性食品，同时成为城市的伴手礼，未来市场前景广阔。能开发成预包装食品的桂林特色美食还有很多，例如阳朔啤酒鱼、阳朔田螺酿、荔浦芋扣肉、漓江船上糕、全州禾花鱼、全州醋血鸭等美食。有些美食已经上市，但由于产品的还原度不高，导致市场受欢迎度低，因而产能较小。

### （五）中高档地方特色美食快餐业快速发展

从2018年新开业餐饮企业看，小吃快餐品类最多，占比高达42.5%[3]。中高档快餐是指空调、桌椅、卫生间配置齐全，餐厅环境幽雅，提供快餐质量高，价格通常是当地同类价格的1倍以上的快餐。桂林柠檬餐吧是近几年来发展较好的中高端中式快餐企业，粉库桂林米粉、桂林米粉文化中心、明桂桂林米粉店经营有中高端桂林米粉快餐，而新郭记油茶店、百姓小厨经营有桂林油茶快餐。中高档桂林的特色美食快餐不但成为市民青睐的美食，也成为游客喜爱的美食。调查显示，在新郭记油茶店就餐的消费者中，有将近一半的消费者是游客。以油茶快餐作为主打菜点的餐厅迅速扩大，有些企业甚至走出桂林，成为当地高端餐饮企业。

## 参考文献

[1] 艾瑞咨询 .2018年中国新餐饮消费行为趋势研究报告 [R/OL].（2018-07-17）[2020-9-10]. https://report.iresearch.cn/report_pdf.aspx?id=3242.

[2] 艾瑞咨询 . 2018年中国智慧餐饮行业研究报告 [R/OL].（2018-03-23）[2020-9-10]. https://report.iresearch.cn/report_pdf.aspx?id=3185.

[3] 来有为，刘欣 .2019年中国餐饮商户发展报告 [J]. 发展研究，2019（8）：34-39.

【作者】**谭兴勇**，桂林旅游学院，本科，教授；**谢雨萍**，桂林旅游学院，博士，教授；**周瑜**，南充文化旅游职业学院，硕士，助理讲师。

# 桂林市餐饮消费调查报告

谭兴勇　王欢　吕昌林　谢雨萍　周瑜

大量的游客涌入桂林市，市民与游客成为桂林市餐饮消费的主要群体。为餐饮企业的定位、营销、产品开发、发展提供有益参考和启迪，实现桂林市餐饮产业发展与消费同步提升，帮助企业正确研判餐饮市场的消费需求，以推动桂林市餐饮产业可持续健康发展，桂林市餐饮烹饪协会会同桂林旅游学院对桂林市餐饮产业开展餐饮消费调查。为了便于数据收集，游客采用纸质问卷，市民采用电子问卷，两种问卷调查同时开展。问卷调查时间为2019年7月至8月。纸质问卷主要在桂林火车站、桂林象山景区、漓江航运客运港及阳朔西街等游客集中区进行发放调查。游客问卷采用一对一现场发放，由工作人员对问卷存在的问题进行答疑，部分游客能独立完成。游客调查共发放400份问卷，收回400份问卷，剔除信息缺失或有明显错误的问卷，有效问卷为383份，有效率为95.8%。市民电子问卷共发放351份问卷，收回351份问卷，剔除信息缺失或有明显错误的问卷，有效问卷为351份，有效率为100 %。对收回的调查问卷通过Excel软件进行统计分析。

## 一、样本特征：女性居多，以自由行的游客为主

本次调查的对象桂林市内以城镇居民为主，市外以自由行的游客为主。由于团队游客的餐饮消费主要是封闭性的团餐，并非游客本人在社会开放性餐饮消费情况下的真实意愿，所以团队游客不在本次调查范围之内。本次调查对象中（有效问卷部分）女性市民和游客有422人，占57.5%，男性市民和游客有312人，占42.5%，以女性居多。本次餐饮消费调查具有较高的真实性、有效性和代表性。

## 二、桂林市餐饮消费特点

### （一）餐饮消费强劲，食品安全关注度跃居首位

#### 1. 餐饮消费需求旺盛

游客离开住地，只能在外用餐，大量游客的到来给桂林市餐饮业带来了难得的商机。随着自由行类型的游客增多，他们将自主选择不同层次的餐饮店消费，而品尝一个地方的特色美食，则是人们与当地最佳的交流方式。大师傅啤酒鱼、新郭记油茶、桂林味道制造、老乡亲等一批地方特色餐饮名店门庭若市，反映出游客对品牌餐饮店的青睐。另外，餐饮消费也成为市民的热点。问卷调查显示，每月在外就餐11次以上的市民占15.67%；每月在外就餐5～10次的市民占24.22%；每月在外就餐1～4次的市民占25.36%。由此可知，每月在外就餐1次以上的市民占65.25%。

#### 2. 餐饮食品安全成为市民最关注问题，游客对食品安全关注略低

在对桂林市市民调查“请问您选择餐厅就餐主要看中的是什么？”时，选择“干净卫生”的有257人次，占73.22%，居首位；在调查“请问您对桂林的食品安全现状的看法?”时，选择“很放心”的占2.85%，“放心”占20.23%，“一般”占66.10%，“需要整改”占10.82%。在对游客调查“请问您选择餐厅就餐时主要看中的是什么?”时，选择“干净卫生”的有274人次，占71.54%，略低于“风味”选项（79.63%）和“餐厅环境”选项（79.63%）；在调查“请问您对桂林的食品安全现状的看法?”时，选择“很放心”的占36.29%，“放心”占48.83%，“一般”占11.49%，“需要整改”占3.39%。通过市民与游客对食品安全关注度的比较得知，游客对食品安全关注度略低于市民。

就餐形式也是影响餐饮食品安全的因素之一，在对桂林市市民就餐形式调查时，选择围餐的占28.21%，选择围餐公筷分菜的占20.51%，选择分餐（位餐）的占21.37%，选择无所谓的占29.91%，数据分析显示选择较为卫生的公筷分菜或分餐进餐方式的比例只有41.88%。对游客就餐形式的调查显示，选择围餐的占23.50%，选择围餐公筷分菜12.79%，选择分餐（位餐）的占37.60%，选择无所谓的占26.11%，数据分析显示选择较为卫生的公筷分菜或分餐进餐方式的比例有50.39%。中国人围桌聚餐的饮食文化根深蒂固，旅游人群在意识上感到公筷分菜或分餐更为卫生，但现实中还没有形成良好的餐饮行为。餐饮经营者既要对消费者加以引导，同时也需要提供适合于消费者饮食习惯的餐饮方式。

### 3. 超四成消费者餐饮预算为每餐人均消费31～60元

在对桂林市市民调查“在桂林市范围内就餐时，您愿意支付的每餐人均花销为多少钱？”时，选择31～60元的有145人，占41.31%，选择61～100元的有119人，占33.90%，两者合计为75.21%（图1）。在对游客的调查中，选择31～60元的有158人，占41.25%，选择61～100元的有111人，占28.98%，两者合计为70.23%。选择30～100元的市民人数比例与游客基本持平，但选择30元以下的游客有83人，占21.67%，与市民相比略高，从中反映出有部分游客关注焦点不在饮食上；选择人均消费在101元以上的属于比较关注饮食文化体验的游客，比例也略高于市民。31～100元涵盖的餐饮企业有快餐店、大排档、特色餐饮店、综合餐饮店等，除套餐外，餐饮消费受到消费时间、消费目的、消费人数等因素的影响，实际消费金额有所不同。

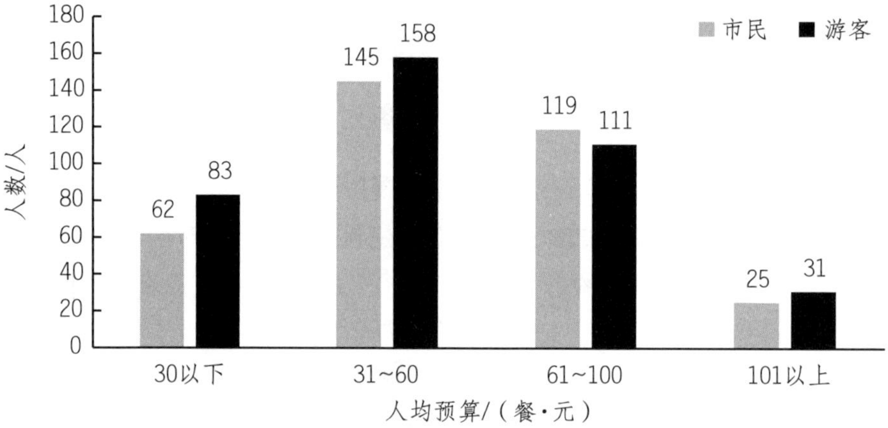


图1　餐饮人均消费预算情况

### 4. 游客对餐厅服务从业人员评价较高，市民普遍接受明码标价的服务费

本次将餐厅员工素质列入调查范围，市民选择素质高的占3.42%，素质一般的占86.32%，素质差或是不关注员工素质的占10.26%。游客选择素质高的占32.90%，素质一般的占59.53%，素质差或是不关注员工素质的占7.57%。通过比较显示，游客对服务员素质的满意度较高，也反映出旅游餐饮的从业人员素质较高。市民面对的是全业态的餐厅从业人员，给出的评价是对整个行业餐厅从业人员的，与游客针对某一方面的评价有所不同。

有些餐饮企业收取服务费，例如包厢费、开瓶费等。餐饮企业收取一定的服务费，通常说明其提供的服务水平较高，消费者到这些场所消费前也有心理准备。对市民调查显示，选择可适当收取服务费，但需提前说明的有197人，占56.12%，选择不应收取任何服务费的有134人，占38.18%，选择无所谓和理所当然支付的合计有20人，仅占5.70%。可见，消费者大部分能接受明码标价的餐饮服务。

### （二）信息化成为餐饮主要载体，带动餐饮产业的发展

#### 1. 互联网订餐成为热点，电子支付成为主流

互联网信息量大，既有社会对餐饮企业的评价、人均消费的信息，也有各种套餐团购优惠价信息，更有各种图文并茂的说明信息。通过互联网订餐的优势在于能帮助消费者提前了解餐饮企业以及完成对陌生餐厅的筛选；劣势是不懂互联网操作的人群难以完成其操作。在众多的互联网订餐系统中，调查显示：游客通过美团订餐的有178人，占46.48%；通过大众点评的有49人，占12.79%；通过携程订餐有11人，占2.87%；通过百度糯米订餐有2人，占0.52%；通过其他渠道订餐有143人，占37.34%，由此可知，通过互联网订餐的游客占62.66%。桂林市市民通过美团、携程等网络渠道订餐的有120人，占34.19%；通过企业公众号的只有6人，占1.71%；电话预订的有61人，占17.38%；不预订，直接到店消费的有164人，占46.72%。由调查得知，通过网络订餐的市民已经达到35.90%，但是由于市民对本地餐厅比较熟悉，电话预订或直接到店消费的仍然占64.10%。

电子支付号称是中国新“四大发明”之一，特别是支付宝与微信支付。通过调查显示，桂林市市民选择现金支付的有16人，占4.56%；刷卡支付的有51人，占14.53%；通过第三方网络平台支付的有276人，占78.63%；通过企业客户端支付的有8人，占2.28%。由此可知，采用电子支付的桂林市市民占80.91%。游客选择现金支付的有49人，占12.79%；刷卡支付的有42人，占10.97%；通过第三方网络平台支付的有278人，占72.58%；通过企业客户端支付，有14人，占3.66%。由此可知，采用电子支付的游客占76.24%。

#### 2. 市民通过互联网预定外卖的趋势悄然兴起，游客选择外卖渠道多样

互联网的发展促进了餐饮外卖的发展，通过调查显示，桂林市市民选择每月订外卖5次以上的有90人，占25.64%；每月订外卖3~5次的有59人，占16.81%；每月订外卖1~2次的有38人，占10.83%；很少订外卖的有164人，占46.72%。由此可知，每月预订1次以上外卖的桂林市市民占53.28%，如此大的外卖市场，互联网功不可没。游客表示总是会订外卖的有12人，占3.13%；经常订外卖的有38人，占9.92%；偶尔会订外卖的有165人，占43.08%；不会订外卖的有168人，占43.87%。对游客进一步调查显示，选择餐厅配送的有69人，占18.02%；第三方网络平台预订外卖的有134人，

占34.99%；无所谓哪种方式的有180人，占47.00%。

#### 3. 网络分享逐渐成为潮流

互联网传播信息快、渠道多样。主要网络渠道有企业自媒体、微信、微博、QQ与电子媒体等。“金杯银杯不如群众口碑”，消费者分享美食成为餐饮企业免费营销的方式之一，网红店有其功劳所在。通过调查显示，桂林市市民选择总是会通过网络分享美食的有33人，占9.40%，经常会通过网络分享美食的有58人，占16.52%，偶尔会通过网络分享美食的有204人，占58.12%，从来不会通过网络分享美食的有56人，占15.96%。由此可知，会通过网络分享美食的桂林市市民占84.04%。游客选择总是会通过网络分享美食的有50人，占13.05%，经常会通过网络分享美食的有95人，占24.80%，偶尔会通过网络分享美食的有201人，占52.48%，从来不会通过网络分享美食的有37人，占9.66%。由此可知，会通过网络分享美食的游客占90.34%。

### （三）川菜、粤菜与本地菜受消费者青睐，其他菜系市场潜力大

#### 1. 市民和游客喜爱川菜、粤菜与本地菜，对其他菜系无突出期望

美食是多样的，消费者选择美食也是多样化的。在列举的八大菜系加上本地菜、清真菜和斋菜中，桂林市市民选择川菜的有148人次（每人可选择多项），占42.17%；选择粤菜的有169人次，占48.15%；选择本地菜的有135人次，占38.46%；其余菜系基本保持在平衡的状态。分析得知，川菜、粤菜和本地菜位居前三名，其中粤菜排名第一，川菜排在第二，本地菜排在第三。游客选择川菜的有126人（每人可选择多项），占32.90%；选择粤菜的有82人，占21.41%；选择本地菜有43人，占11.23%；选择湘菜的有55人，占14.36%；其余菜系基本保持在平衡的状态。分析得知，川菜、粤菜、本地菜和湘菜位居前四名，其中川菜排名第一，粤菜排在第二，湘菜排在第三，本地菜排在第四。进一步对游客喜爱的口味进行调查，结果显示，选择清淡口味有186人，占48.56%；麻辣口味有110人，占28.72%；其他口味占比较低。这也进一步说明粤菜、川菜广受游客喜爱。

在国际风味选择方面，桂林市市民选择日韩料理的有75人，占21.37%；选择西式正餐的有68人，占19.37%；选择西式快餐的有69人，占19.66%；选择东南亚菜的有84人，占23.93%；其他国际菜系有55人，占15.67%。分析得知，市民对国际菜系的喜好分布相对均衡。

### 2. 游客对桂林地方菜点了解相对集中，桂林名菜点仍需加大宣传力度

桂林名菜点是桂林典型的饮食文化代表，游客了解哪些菜点，肯定对这些菜肴的销售有很大的影响。通过调查可知，选择桂林米粉的游客有359人，占93.73%；选择阳朔啤酒鱼的有307人，占80.16%；选择恭城油茶的有138人，占36.03%；选择荔浦扣肉有109人，占28.46%；选择炒漓江虾的有81人，占21.15%；选择白果老鸭汤的有44人，占11.49%；选择平乐十八酿的有42人，占10.97%；其他菜点占比低于10%。从中可知桂林米粉与阳朔啤酒鱼知名度最高。桂林市是全国首批历史文化名城，传统名菜点较多，但是认知度高的名菜点太少，需要加大宣传力度。

### 3. 期望上菜时间控制在20分钟以内，节约意识较强

人们期待上菜时间与饥饿感成正比，等待的时间越长，对食物的好感越低，上菜时间也是评价餐饮企业管理质量的指标之一。调查结果显示，选择接受上菜时间在10分之内的桂林市市民有65人，占18.52%；11～20分钟的有217人，占61.82%；21～30分钟的有55人，占15.67%；只要好吃，多久都愿意等的有14人，占3.99%。游客选择接受上菜时间在10分之内的有125人，占32.64%；11～20分钟的有180人，占47.00%；21～30分钟的有57人，占14.88%；只要好吃，多久都愿意等的有21人，占5.48%。通过对比分析得知，选择在10分钟之内上菜的游客比市民多近1倍，而21～30分钟以上上菜的比例基本持平，游客对上菜的速度要求更快一些。

关于桂林市市民打包行为的调查结果显示，选择总是会的有54人，占15.38%；经常会的有106人，占30.20%；偶尔会的有148人，占42.17%；不会的有43人，占12.25%。由此可知，会经常及总是有打包行为的桂林市市民占45.58%，约占一半，不打包只占少数，节约已经成为市民的一种良好习惯。

## （四）影响消费者选择餐厅的主要因素

### 1. 消费者选择餐厅因素由物质层面逐渐向精神层面发展

按照马斯洛需求心理，人们第一层是生理需求，显然饮食首先与第一层需求相关。但当饮食融入服务、环境、文化等因素之后，则可能与其他层次的需求相关。桂林市市民选择餐厅的理由，按照选项选择人数排序，依次是干净卫生（占73.22%）、价格适宜（占64.96%）、餐厅环境好（占57.83%）、诚信经营（占56.13%）、交通便利（占43.87%）与特色鲜明（占43.87%）。游客选择餐厅的理由，按照选项选择人数排序，依次是菜点味道（占79.63%）、餐厅环境好（占79.63%）、干净卫生占（71.54%）、

餐厅服务（占69.19%）、价格适宜（占63.97%）、特色鲜明（占37.34%）、文化内涵（占20.37%）。从排序可知，排在前三名的与物质因素相关，排在后面的与精神因素相关。

### 2. 距离与特色是市民选择餐厅的主要因素

关于桂林市市民餐厅选择的调查结果显示，选择特色餐厅的市民有113人，占32.19%；选择就近餐厅的有95人，占27.07%；选择休闲餐厅的有60人，占17.09%；选择连锁餐厅的有51人，占14.53%；选择其他的有32人，占9.12%。分析得知，在确保食品安全的基础上，如价格适宜、味道相当，就近就餐是桂林市市民的首选项。这也符合餐饮企业选址的原则，说明位置仍是餐饮企业首要考虑的因素。

### 3. 品尝新鲜是新店吸引消费者的重要方式

优惠活动通常是新店开张的营销方式，但是在理性消费、健康饮食的理念影响下，消费者更看重餐饮企业品牌特色。通过对桂林市市民调查显示，选择有优惠的市民有85人，占24.22%；选择有特色菜点的有103人，占29.34%；选择品尝新鲜的有155人，占44.16%；选择其他的有8人，占2.28%。在此基础上，进一步调查优惠对市民选择餐厅就餐的影响度：选择影响很大的有49人，占13.96%；选择影响一般的有218人，占62.11%；选择有一些影响的有64人，占18.23%；选择完全没有影响的有20人，占5.70%。分析得知，优惠活动，例如打折、赠送酒水、赠送菜点、返还就餐券等，已经不是人们选择新店的首选理由，随着人们收入的增加，生活水平的提高，体验餐饮企业服务、环境、菜品等新鲜感才是消费者的真实意愿。

**【作者】谭兴勇**，桂林旅游学院，本科，教授；**王欢**，广西桂林商贸旅游技工学校，本科，讲师；**吕昌林**，桂林市餐饮烹饪协会秘书长，大专，中级职称；**谢雨萍**，桂林旅游学院，博士，教授；**周瑜**，南充文化旅游职业学院，硕士，助理讲师。

# 宏观篇

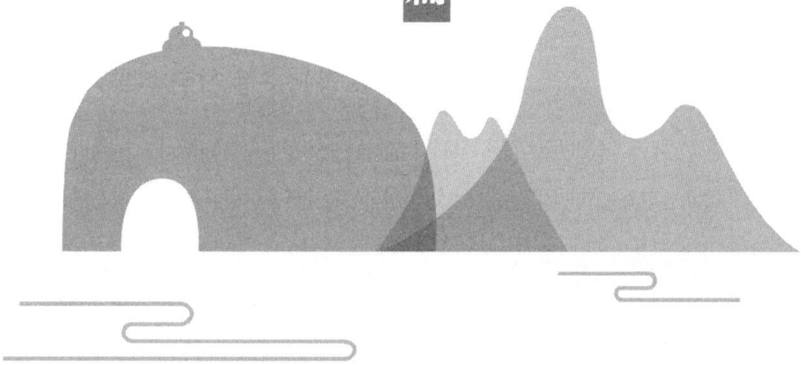

# 桂林市康养自然资源与特色食品调查分析

范耀荣　郝再彬　王未境　石武祥　蓝振军　秦春晓　范譞比

**摘要：** 桂林市发展大健康产业具有得天独厚的优势和条件。2015年初，桂林市相关部门公布的统计数据显示，全市健在的百岁老人共计有516位，每10万人就约有11位为百岁老人，高出全国平均水平近3倍。本文从地理气候、水质、土壤、空气、生态等方面详细阐述桂林市得天独厚的生态环境，分析桂林人的健康饮食结构和特色食品，对桂林市大健康产业的发展提出独特的见解。

**关键词：** 桂林市康养自然资源；特色食品；调查与分析

为了加快桂林市大健康产业的快速发展，进一步落实国务院批复的《桂林国际旅游胜地建设发展规划纲要》和《国务院关于促进健康服务业发展的若干意见》等文件精神，桂林市先后出台了一系列相关政策文件，以尽快地将桂林市建设成国际旅游胜地。2014—2016年，桂林健康科学研究会根据自治区“尽快把广西建设成为国家养老产业基地和国际休闲养老健康养生基地”战略部署以及桂林市委、市政府和桂林市发展和改革委员会等市直有关单位对发展桂林市大健康产业的相关要求，积极组织和邀请名校首席专家教授，成立了桂林大健康产业基础调查研究项目小组，启动“桂林大健康产业基础及其发展状况调查研究”第一期项目。

## 一、桂林大健康产业现状

桂林市发展大健康产业具有得天独厚的优势和条件。为打造国际旅游胜地，桂林市委、市政府制定了一系列有关大健康服务业的推进措施，各级党委政府都将健康养生服务产业作为本地区重点培育和发展的战略性新兴产业。自2013年以来，桂林市政府先后举办了多届中国（桂林）国际健康养生服务产业创新发展高端论坛，积极推进大健康产业发展，推动了“信和信·桂林国际智慧健康旅游产业园”“玉圭园”“瑞盛·阳朔国际度假区”等一批较具国际影响力和初具规模的健康养生养老项目，使桂林市大健康服务业大大地向前推进了一步，受到国务院、自治区政府的高度重视。

桂林市优越的生态环境、独特的自然景观、丰富的生物多样性以及桂林人与大自然和谐相处，在生命长河中养成的良好健康养生习惯，使当地人均寿命高出全国平均水平。2015年初，桂林市相关部门公布的统计数据显示，全市健在的百岁老人共计有516位，每10万人就约有11位为百岁老人，高出全国平均水平近3倍。2007年以来，桂林市的永福、阳朔、恭城三县相继被我国老年学学会认证为中国长寿之乡，龙胜、灌阳等县正在申报，有望成为新的中国长寿之乡。

### （一）地理气候

桂林市位于广西东北部，地处东经109°36'—111°29'，北纬24°15'—26°23'，气候温和湿润，雨量充沛，属亚热带季风气候，年平均气温19℃，平均年降水量为1 887.6毫米，全年无霜期300天左右，年平均日照1 447.1小时，冬无严寒，夏无酷暑。

### （二）水质

水是生命之源、健康之本，它的好坏直接影响到动植物的生长和人类的健康，因水污染造成环境破坏、作物歉收、人类患癌的事件时有发生，人们渴望喝上干净水的愿望与日俱增。桂林市地处广西东北部，区域内岩溶发育，石灰岩体孤峰隆起，山峦叠翠，山地辽阔，森林覆盖率高，水资源充沛，是珠江、湘江的源头之一。区域内水系发达，是微量元素聚集丰富的天然水域，漓江则是桂林市优良水系的典型代表。

漓江——桂林市的母亲河，发源于兴安、资源交界处海拔1 732米的越城岭猫儿山老山界南侧，是世界人民最喜爱、评价最高的旅游目的地之一，是桂林风光的精华与灵魂。

2009年以来，桂林市环保相关部门从源头上强化污染控制，加强市区小流域水环境综合治理。经过综合治理，无论是枯水期、丰水期还是平水期，漓江支流、干流的水质均达到国家地表水Ⅰ～Ⅲ类标准。污染物浓度均处于较低水平，各项监测评价指标的达标率为100%。除此之外，湘江全州县段、兴安县段以及支流灌江、洛清江、桂江、资江等河流均保持良好水质。全市含各县（市、区）的集中式饮用水源都是河流型地表水，水质优良，达到国家地表水Ⅰ～Ⅲ类标准。

例如，2014年，中国科学院地理科学与资源研究所公布了该所对龙胜6个点地表水的环境监测数据，龙胜地表水的质量指标均达到国家《地表水环境质量标准》（GB 3838—2002）Ⅰ类水的标准；生活饮用水均符合国家《生活饮用水水源水质标准》（CJ 3020—93）中一级水的标准，其中西江坪、温泉、大寨以及县城自来水厂出水口的生活饮用水满足《生活饮用水卫生标准》（GB 5749—2006）的要求，适宜直接饮用。

另外，桂林市泉水资源丰富，多地所出泉水均达到矿泉水标准。桂林市市场流通的本土品牌桶装和瓶装饮用水均以矿泉水为主，主要集中在资源、全州、灌阳和灵川。

从实地调查的情况看，桂林市优质的矿泉水主要基于3个条件：一是赋存地质条件，其年代久远，在特定地质条件下形成，并存在于特定的花岗岩体中；二是物理特性，属地下深处低温上升未受污染的自流泉，清澈透明、微甜可口，pH 值在6.2 ~ 7.4之间，为中性水；三是含有益微量元素锶、锂、锌、硒、铜、锰、锗等，且符合国家限量标准。

辖区内泉水丰富、水质纯净。本次调研项目样本检测依据《地表水环境质量标准》（GB 3838—2002）和《饮用天然矿泉水》（GB 8537—2008）国家标准，所取样品均达到国家饮用水Ⅰ类水标准，部分水中有益矿物质和微量元素含量高，符合国家矿泉水标准。

优越的地质地理条件、优良的水质，吸引了众多企业和投资者到桂林市投资，建立生产基地，桂林市知名水企业的调研情况见表1。

**表1 桂林市知名水企业调研情况**

| 企业（水源）名称 | 地址 | 特点及推荐理由 | 现状 |
|---|---|---|---|
| 桂林娃哈哈饮料有限公司 | 桂林市临桂西城经济开发区 | 主要提供瓶装纯净水等产品和服务。 | 已经成功推向市场，并形成规模生产。 |
| 大境名泉 | 灵川大境乡 | 含氡的医疗矿泉，花岗岩喷涌上升泉，水体清澈甘甜，该泉眼于1992年被国家地矿专家在海洋山脉进行科研时发现。科考队通过对泉水多个水文年的监测以及对水源区岩石及土壤的化学特征、地质环境等进行鉴定，结果表明：泉水源赋存于花岗岩古风化壳的裂隙中，含有对人体有益的偏硅酸、氡、钙、镁、硒、锶、锂等多种矿物质及微量元素，达到国家医疗矿泉标准，属低钠、低矿化度的含氡偏硅酸矿泉水。 | 已经成功推向市场，并形成一定的规模。 |

（续表）

| 企业（水源）名称 | 地址 | 特点及推荐理由 | 现状 |
|---|---|---|---|
| 花果山天然泉水 | 桂林资源县中峰乡花果山岭朝北窑 | 产自省级风景名胜区、被誉为“丹霞之魂”的丹霞国家地质公园景区内，泉水为上升泉，无色无臭、无肉眼可见物，水温长年保持在16.7～17.3℃，富含对人体有益的溶于水的微量元素，属含偏硅酸、低钠、弱碱性、低矿化度的安全优质天然矿泉饮用水。 | 已成功推向市场，市场有少量销售。 |
| 全州丽琅饮品有限公司 | 全州才湾镇白石村委井水铺 | 源于华南第二高峰，海拔2 123米的真宝鼎，水质为活性弱碱。 | 市场有少量销售。 |
| 灌阳毛竹山天然矿泉水 | 灌阳福星沙岗林场 | pH值为6.4～7.4。 | 市场有少量销售。 |

### （三）土壤

人体所含元素有50多种，但绝大部分元素必须通过食物补充，而植物生长需要从土壤中吸取钾、磷、氮、铁、硼、砷、锰、铜等元素作为养料，可以说人体是间接从土壤中获取营养元素。平衡的膳食结构依赖于所摄取食物中的元素均衡，过量可能会导致某种元素中毒，缺少亦会引发某种元素缺乏病，比如，缺碘会引起甲状腺肿大、克汀病、亚临床型克汀病等疾病。中医养生治病讲究通过食物来调整身体的阴阳平衡，其实也是现代所推崇的饮食平衡，即各元素摄入量的平衡。所以，研究某个地区的水土资源环境可以窥探该地区人的健康状况。

根据此次对不同地区土壤检测的结果显示，桂林市的土壤中有机质含量较高，微量元素含量丰富。

众所周知，人类食物的加工原料主要是来自农产品，而农产品中的微量元素主要是来自土壤，可见土壤中微量元素的含量水平直接影响到该地区农产品中微量元素的含量，也影响到人体的健康。以微量元素硒为例：人体中硒缺乏不仅是引发克山病和大骨节病的重要病因，而且还与恶性肿瘤、心血管病、不育症、乙型肝炎、糖尿病、高血压病、脑血栓、白内障等40多种疾病有关。

硒具有抗癌、延缓衰老等作用，是人体健康长寿的重要因素。桂林市土壤中有益健康长寿的硒、锌、镁、磷、钾等元素含量普遍高于全国平均值，阳朔、永福、恭城、龙胜的土壤样本中硒含量已经达到或超过国家的富硒标准，阳朔、永福、恭城被评为中国长寿之乡也进一步佐证了这一点。以龙胜为例，据中国科学院地理科学与资源研究所对龙胜不同地区采样检测分析的结果表明，18份土壤样品微量元素均达到了国家一类土壤的要求，其中土壤中有益长寿的微量元素钾、锌、镁、磷、钼、硒等，均与长寿之乡湖南麻阳土壤样品检测数据相当或略高，表明龙胜的土壤环境有益健康长寿。

2014年，桂林市共认定种植业各类无公害农产品产地面积362万亩[1]，绿色食品基地面积86万亩，有机食品基地面积11 751亩。已认定的农业“三品一标”（无公害农产品、绿色食品、有机食品和农产品地理标志）基地占全市耕地面积的90.89%（耕地面积按494万亩计算）。135个乡镇建有农产品质量安全监管和检测站，未发生种植业农产品食用中毒事件，说明桂林的土壤环境尚未受到污染。

根据广西壮族自治区分析测试研究中心对阳朔全县25万亩耕地所采集的3200个土壤样本的调查分析结果显示，全县土壤含硒元素丰富，含量在0.15～1.05 mg/kg之间，平均值为0.47 mg/kg，比广西富硒农产品的地方标准值0.40 mg/kg高0.07 mg/kg。该县富硒农产品面积占全县耕地总面积的68.9%，人口平均寿命为79.30岁，比全国平均寿命74.83岁高4.47岁。

而永福县是国际闻名的长寿之乡，全县2/3的耕地富硒，土壤含硒1.1 mg/kg，是全国平均值的3.3倍。永福出产的农产品富硒，罗汉果含硒189 μg/kg，优质米含硒150 μg/kg，远远大于100 μg/kg的富硒标准。

以上事例说明，绿色食品、无公害食品无一不与优良的土壤环境有关，也佐证了中国科学院有关专家关于桂林市土壤与人体健康有紧密关系的结论。

### （四）空气

空气质量的好坏直接影响着人们的生活和健康，也越来越受到各级政府的高度重视。洁净的大气是人类赖以生存的必要条件之一，一个人在一星期内不吃饭或几天内不喝水尚能维持生命，但没有空气就不能生存，可见空气对人类的生存是何等重要。近年来受经济高速发展的影响，工农业污染严重，全国许多地方，如北京、上海、广州等城市，偶尔会出现较严重的沙尘、雾霾极端天气，严重地影响着人们的正常生活。很多人开始渴望回归纯净的自然，到乡间呼吸新鲜空气。

在政府环保部门的高度重视下，桂林市以总量减排、污染防治、生态建设等工作为重点，空气质量长年保持在较高水平。2012年，桂林市空气质量优良率达95.9%，全年优良天气达351天，连续5年环境质量在全国46个重点城市综合考评中名列第一，连续17年在广西城市环境综合整治定量考核中排名第一。2014年，桂林市环境空气优良率为89.3%，空气污染指数（API）范围为12～193，空气质量一级天数92天（优），二级天数234天（良）。桂林空气质量数据表明，桂林市的生态系统处于良好状态。桂林市多数景区内，空气中负离子含量为每立方厘米9000个以上，是国家标准浓度

1　1亩≈666.7m$^2$，亩为非法定计量单位。为保持引用数据原真性，本书个别处仍用“亩”作单位。

的6～9倍。

桂林市区按照《环境空气质量标准》（GB 3095—2012）进行单因子评价，二氧化氮、一氧化碳年均值达到一级标准；二氧化硫、臭氧年均值达到二级标准；可吸入颗粒物、细颗粒物年均值超出二级标准。

2014年桂林市环保局公布的数据显示：桂林市11个县（市）按照《环境空气质量标准》（GB 3095—2012）进行单因子评价，11个县（市）的环境空气质量年均值符合国家二级标准。

### （五）生态

桂林市地处祖国南疆，作为世界著名的旅游城市，绿色生态是其鲜明的城市特色，也是其最大的优势、最大的品牌和最大的财富。为了保护漓江、保住青山绿水，桂林市在20世纪70年代全国大兴工业的时候便关停了数十家利润高但污染大的企业，并持续地严格执行工业准入制度，控制城市发展规模，虽为此做出了很大的牺牲，但换来了今天良好的生态环境。

生物多样性是评价一个地区生态系统好坏的指标，生物多样性的下降会削弱生态系统的稳定性。换言之，生物多样性是保持生态系统稳定的关键。森林、草原、湿地等构成了地球陆地最大的生态系统，它们的存在直接关系着人类的健康与福祉。

桂林市气候温暖，雨量充沛，利于动植物生长。区域内已知高等植物2 000多种，陆生脊椎野生动物450多种。

桂林市已建立12个自然保护区，其中国家级自然保护区3处（猫儿山、花坪和千家洞），自治区级自然保护区9处。自然保护区集中在龙胜、兴安、资源、灵川、恭城、临桂、灌阳、阳朔、全州、永福、荔浦等11个县（市）。自然保护区类型主要以森林生态系统类型为主，其面积占自然保护区总面积的98.86%。桂林市统计局数据显示：2019年，桂林市森林覆盖率为71.62%。华南第一峰猫儿山于2011年被联合国纳入世界生物圈保护区网络。

湿地与森林、海洋并称为全球三大生态系统，被誉为“地球之肾”，具有涵养水源、净化水质、调节气候、维护生物多样性等重要生态功能。桂林市有会仙喀斯特国家湿地公园、荔浦荔江国家湿地公园和众多的湿地生态体系。健康的湿地生态系统和生物多样性环境，是桂林市生态安全体系的重要组成部分和经济社会可持续发展的重要基础，也是生态文明建设的重要组成部分。

桂林市还拥有南山、天湖、燕子坪3个万亩高山草场，成为森林、湿地之后桂林市的第三生态系统，在维护桂林市的生态稳定和生物多样性方面发挥着不可或缺的作用。

良好的生态系统净化了空气，改善了气候条件，产生大量的氧气和负氧离子，有利于人类的繁衍生息。

## 二、健康的饮食结构和特色食品

民以食为天，吃饭是第一重要的事情，良好的饮食习惯、健康的食材，与人的健康长寿有着莫大的关系。桂林市是广西重点生态功能区，也是广西无公害农产品、绿色食品、有机农产品和农产品地理标志“三品一标”的先进典型示范区，亦是广西高山大米、高山蔬菜等的主要产区。无污染的绿色食品远销欧盟等国家和地区。截至2017年，桂林市共有100多个农产品获得了无公害农产品标志使用权。桂林市的多个县区土壤富含抗癌和延缓衰老的硒元素，生产的罗汉果、优质米等农产品硒含量达到国家富硒标准，食用植物富含钾、铁等有益微量元素。独特的气候条件和海拔高度，使桂林市盛产各类珍贵动植物、长寿养生食品、土特产品等。东方神果——罗汉果就是药食两用植物的典型代表，还有在桂林市独特环境下生长的，被称为水质监测标杆的药食两用植物海菜花，以及有“植物黄金”之称的金槐，长寿食品富硒米，袁隆平院士高产有机稻，等等。

桂林市自古官商云集，饮食习惯南北交融，粤、川、湘、浙、赣、闽均有承传。因旅游的发展，逐渐形成了有一定地方特色的风味小吃。如桂林米粉、恭城油茶、全州禾花鱼、阳朔啤酒鱼、龙胜凤鸡、翠鸭、龙脊辣椒等特色美食。

### 1. 特色美食（表2）

**表2　特色美食简介**

| 名称 | 简介 |
|---|---|
| 桂林米粉 | 历史悠久，其特点是洁白、细嫩、软滑、爽口，以其嫩爽有劲道、汤味鲜香、锅烧肉香脆、卤菜有味、黄豆酥脆、油辣椒香辣等特点而享誉海内外。无论清晨，还是深夜，当你漫步于桂林市的大街小巷，一阵阵米粉清香会扑鼻而来，那就是桂林米粉的魅力。 |
| 恭城油茶 | 2008年被列为自治区级非物质文化遗产，2011年成功注册国家地理标志保护产品认证商标，成为广西第一个获准注册的地方美食。恭城县委托中国科学院专家所做调研发现，常喝油茶有益长寿。 |
| 全州东山土猪 | 其体形俊美、品质超群、肉味鲜香、营养丰富，是中国八大地方名猪、广西三大优良种猪之一，2013年通过国家地理标志保护产品认证，被誉为“瑶乡瑰宝”。 |

（续表）

| 名称 | 简介 |
| --- | --- |
| 全州禾花鱼 | 曾经的朝廷贡品。禾花鱼是一种体色乌黑透亮的鲤鱼品种，在稻田中养殖，因采食落水禾花，鱼肉具有禾花香味而得名禾花鱼。禾花鱼食性杂、生长快、繁殖能力强、刺少肉多、肉质细嫩、骨软无腥味、蛋白质含量高。 |
| 阳朔啤酒鱼 | 阳朔啤酒鱼是阳朔有名的地方特色菜，鱼肉鲜辣可口，无鱼本身的腥味，啤酒和鱼肉的香味可以让人胃口大开。选用漓江鲜活大鲤鱼，先用生茶油烹炸，然后放入桂林产的上等啤酒红焖而成，具有独特的香酥鲜嫩风味。2002年在奇山杯全国迷宗菜交流比赛中一举夺得金奖。 |
| 茶油 | 茶油是野山茶果提炼而成的食用油，又名茶籽油、山茶油。油茶树主要生长在没有污染的龙胜、资源、灌阳等偏远山区。整个生长过程中不施农药、化肥等。茶油色泽金黄或浅黄，品质纯净、澄清透明、气味清香、味道纯正。为中国政府提倡推广的纯天然木本食用植物油，以及国际粮农组织首推的卫生保健植物食用油。 |

## 2. 特色土特产（表3）

**表3　特色土特产简介**

| 名称 | 简介 |
| --- | --- |
| 荔浦芋 | 主产于桂林的荔浦市。它个头大，营养丰富。荔浦芋又名槟榔芋，在清朝乾隆年间是广西首选的皇家贡品，2008年北京奥运会指定专用芋头。随着电视剧《宰相刘罗锅》的播出，荔浦芋更是在全国家喻户晓。 |
| 平乐石崖茶 | 仅平乐镇石崖茶就有500多亩，先后通过国家有机产品认证、国家地理标志保护产品认证。 |
| 资源梅溪有机茶 | 仅限于资源天门山万亩有机茶园经营的有机茶。 |
| 阳朔白沙镇七仙峰有机茶 | 生长在海拔800米的云雾山中。茶园主体由7座高耸山峰组成，这7座山峰形如北斗七星，故而得名“七仙峰”。茶场地处高寒山区，常年云雾缭绕，昼夜温差较大；土质肥沃、养分充足、蓄水性、透气性良好，非常适合茶树生长。 |
| 龙脊茶 | 国家地理标志保护产品。该茶在清乾隆年间被定为贡品，是《中国茶学辞典》收录的第28个优良茶树品种，是茶树资源研究桂北大叶种系列代表品种，属茶中上品。 |
| 绞股蓝茶 | 绞股蓝茶是采摘荔浦绞股蓝种植基地绞股蓝嫩叶和嫩芽，经由现代加工工艺与古法炒茶工艺相结合炮制而成，茶汤碧绿、稍带清香、入喉回甘。具有降血压、降血脂、降血糖、延缓衰老等功效。 |
| 龙胜皇金菊 | 桂林市规模最大的金菊基地，分布在龙胜的平等、泗水。味甘，性微寒，有散风清热、清肝明目、解毒消炎的功效，经常饮用能起到护肝护眼的作用，对冠心病、高血压、动脉硬化和胆固醇过高症都有很好的辅助疗效。 |

（续表）

| 名称 | 简介 |
| --- | --- |
| 兴安葡萄 | 兴安是全国优质葡萄生产基地和广西最大的葡萄产区，享有“南方吐鲁番”之美誉，是广西首批特色农业（葡萄）核心示范区。兴安溪川乡被中国农学会葡萄分会授予“中国温克葡萄第一乡”称号。该县已成为广西著名的农业观光休闲旅游大县，先后获得“全国十大魅力名镇”“中国最美小城”“全国特色景观旅游名镇”称号。 |
| 灌阳雪梨、黑李 | 国家地理标志保护产品。2013年，灌阳县获得“中国绿色生态雪梨之乡”“中国绿色生态黑李之乡”的称号。 |
| 恭城月柿 | 恭城月柿已有400多年的栽培历史。1996年，恭城被农业部授予“中国月柿之乡”称号；2001年，恭城月柿被评为“中华名果”；2015年，通过国家地理标志保护产品认证。 |
| 蓝莓 | 龙胜先后成立广西第一个蓝莓研发中心和组培苗繁殖基地，该县蓝莓特色产业发展初具规模。还有永福金钟山蓝莓种植基地，建设规模为3 000亩，项目总投资约8 000万元。 |
| 银杏 | 灵川海洋乡拥有银杏100多万株，树龄达上百年的有1 700多株。1998年被全国银杏研讨会的专家们冠以“天下银杏第一乡”的美称，是我国著名的“银杏之乡”。 |
| 葛根 | 葛根富含异黄酮、葛根素，全身是宝。桂林市葛根主要分布在灌阳、阳朔、临桂、平乐等县（区）。 |
| 恭城香茶 | 2013年，恭城茶叶取得了有机产品认证，绿茶含硒量达33 mg/kg，红茶达11 mg/kg。 |

## 三、桂林市大健康产业发展建议

此次大健康产业基础调研得出一个结论，那就是要春色满园，更要异彩纷呈——桂林市大健康服务业应走差异化创新发展之路。在原则性与灵活性相结合的前提下，桂林市的服务业应以6城区为中心，形成南、北两翼，6城区11县（市）应发挥各自优势，走差异化创新发展之路。

### 1. 中心——以6城区为核心的大健康产业经济带

临桂新区——应重点推进临（桂）苏（桥）大健康产业经济带建设，加快智慧健康产业园区的建设步伐，全力打造健康养生、生物医药、食品饮料等主导产业，积极培育电子信息、农产品深加工等骨干产业，加快推进产业集群发展。

雁山区——打造高端旅游和文化体验示范区。利用中国画学院、桂林旅游学院、广西师范大学、桂林理工大学、园博园、地中海俱乐部等资源，打造休闲体验文化及高端养生度假于一体的高端旅游和文化体验示范区。

七星区——打造医养一体的产业集群。依托其国家级高新区的区位和高校、研究所资源优势，以区内三金制药、南药集团、辉昂生物、优利特、啄木鸟、淮安生物、漓江东岸乐活风景区等为基础打造集生命电子、医药制造、医疗器械生产、电子商务、养生体验于一体的产业集群。

叠彩区——以商贸、物流为基础，发展尧山片区的花卉产业和开发尧山道教文化景区。

秀峰区——打造琴潭片区的新商贸经济带和桃花江流域的养生、养老基地。充分发挥辖区得天独厚的历史文化和山水资源优势，进一步提升旅游资源与文化的融合内涵，全面打造文化旅游产业，特别是集自然环境优美、人文环境优质、人居环境优质、人与自然协调于一体的桃花湾旅游度假区。

象山区——打造养生养老产业集群。该区万福休闲旅游区是国际旅游胜地建设的重要组成部分，园区内康复养老资源丰富，汇集了森林景观、峰丛地貌、洞穴遗址、田园村落、河流湿地、原山温泉等桂林市典型的自然景观风貌。沿线的广西总工会桂林工人疗养院、桂林冶金疗养院等6家疗养院所，健康养生旅游产业格局逐步成型。

#### 2. 南翼——阳朔、平乐、荔浦、恭城、永福等县（市）大健康产业经济带或漓江流域大健康产业经济带

阳朔——金橘是该县的支柱产业，应巩固、发展、提高、完善；利用阳朔山水的名气及游客量，加大富硒、有机产品（如七仙峰有机茶、富硒金橘等）的宣传推广力度，开发延伸产品。

荔浦——芋头、砂糖橘、马蹄、绞股蓝等是该县的名特优产品，充分利用其在食品加工、提取和制药方面的优势进行产品的深加工，利用其国际影响力和营销网络打造成健康食品基地。

恭城——重点打造月柿产业和瑶文化养生产业。恭城月柿产业已逐渐实现了标准化种植、规模化经营，成为全国最大的月柿生产基地和销售集散地，成为恭城瑶乡农民致富的支柱产业。而其独特的山水、良好的生态环境、瑶族文化风情及长寿乡的光环、节庆文化等可以帮助其吸引两广及全球客户以打造养生产业。

平乐——饮食文化是其亮点。“十八酿”为其特色，另外，该县以石崖茶、葛根、甜柿为大健康产业发展主要对象，石崖茶成为该县首个获得国家地理标志的品牌。

永福——打造健康长寿产业区。应以福寿文化和罗汉果、富硒稻米产业为重点，利用国际养生大会在永福召开的优势，组织人力、物力、财力，开发独具特色的与福寿文化和罗汉果、富硒稻米产业有关的系列精品，满足国内外市场的需要。

### 3. 北翼——灵川、兴安、全州、灌阳、龙胜、资源大健康产业经济带或越城岭大健康产业经济带

灵川——巩固海洋白果产业，建设大圩蔬菜基地，拓展八里街物流业。

兴安——打造休闲养生旅游。依托首批旅游服务业标准化试点单位——桂林乐满地旅游开发有限公司和猫儿山森林旅游度假区为核心，整合周边葡萄、铁皮石斛种植基地和古镇古村资源，打造以游乐、休闲、养生和体验为一体的休闲养生旅游区。

全州——福寿（宗教）文化养生区。充分利用湘山寺的影响力打造湘山寺-天湖静修养生区，并利用其品牌边际效应发展周边产业，如打造金槐产业等。

灌阳——农业观光体验养生区。利用千家峒瑶族发祥地的品牌优势和雪梨、黑李等地理标志产品的知名度，整合资源发展乡村农业观光体验旅游度假区。

龙胜——民族文化体验养生区。龙胜有“百节县”之称。中国科学院地理与环境科学研究所对该县山、水、土壤测试的系列数据显示，龙胜发展健康养生服务业条件得天独厚，因此可充分利用龙脊梯田、龙胜温泉、红瑶寨以及被誉为“中国南方呼伦贝尔”的龙胜“小南山”等旅游资源和鸡血玉、罗汉果、茶油、皇金菊、凤鸡、翠鸭、云雾茶等农副产品资源，建设成国际一流的民族文化体验养生区。

资源——重点打造森林养生与高山农业种植区。资源生态良好、气候宜人，其森林覆盖率达79.09%，在全广西名列前茅，资江和五排河的地表水均达到国家Ⅰ类水质标准，获得“中国最佳生态保护县域”荣誉称号。良好的生态和气候为资源发展休闲度假旅游提供了巨大的空间。特别是丹霞地貌风光，其品位之高、发育之好、面积之大均为全国罕见，被誉为“丹霞之魂”，为中国最美七大丹霞之一。八角寨景区在2010年被列入了世界自然遗产名录。

【致谢词】本次调研得到中山大学郑卓教授（2004年全球变化影响下的生态系统与生物多样性国际会议执行主席、中山大学地球环境与地球资源研究中心首席专家）和桂林市发展和改革委员会、桂林市直有关单位、6城区11县（市）有关负责人，以及巴马长寿研究所的支持与帮助，部分数据引自中国科学院地理科学与资源研究所和本市相关单位的研究资料，在此一并表示衷心感谢！

【作者】**范耀荣**，桂林健康科学研究会会长，桂林健康养生旅游专业委员会主任委员，高级工程师；**郝再彬**，桂林理工大学教授，博士生导师，桂林健康科学研究会副会长，桂林健康养生旅游专业委员会副主任委员；**王未境**，全国长寿工程指导站桂林

站站长，桂林健康科学研究会名誉会长，桂林健康养生旅游专业委员会总顾问；**石武祥**，桂林医学院人文与管理学院院长，教授，硕士生导师，桂林健康科学研究会副会长；**蓝振军**，桂林健康科学研究会副秘书长、宣传部长，中医高级健康管理师，桂林健康养生旅游专业委员会委员；**秦春晓**，香港商报记者，桂林健康科学研究会《健康科学》报编辑部主任，桂林健康养生旅游专业委员会委员；**范譞比**，桂林健康科学研究会办公室副主任，硕士，桂林健康养生旅游专业委员会委员。

# 桂林市餐饮产业政策文本内容分析

谭兴勇　苏敏　李家桥　黎金花　陆桂优

**摘要：** 桂林市政府行政管理部门发布了一系列的政策以支持桂林市餐饮产业的发展。本文依据政府行政管理部门公开的政策文本，以“餐饮”“餐饮企业”“职业技能比赛”“职业奖励”“补贴”等为关键词，收集、整理桂林市政府行政管理部门在餐饮产业监督管理方面实施的规范、标准、方案等政策文本内容，并分析得出近年来桂林市政府行政管理部门重点工作内容包括抓安全促消费，引导地方特色餐饮企业品牌建设；以培训竞赛活动引领餐饮高技能人才发展；以弘扬非遗美食文化促进旅游餐饮产业高质量发展等。根据分析结果，本文分别为餐饮企业与从业人员提出了目前及未来应重点关注的政策文本内容的建议。

**关键词：** 桂林市餐饮产业；政策文本；内容分析

政策是政府管理市场的法规文件，对餐饮产业的发展具有重要的作用。李江等学者[1]提出了“政策文献计量”这一名词；袁志彬[2]在大量实证的基础上提出科技政策评估模型，阐明政策文本分析法可用于政府政策制定与创新；张会平等学者[3]收集了政府门户网站189条政策文本，运用词频分析软件及统计软件对政策文本进行分析，可以挖掘出更多有价值的新信息。本文从2018年06月30日到2020年07月31日政府部门发布的与桂林市餐饮产业相关的政策资料入手，对这些政策文本进行汇总、整理与分析，回溯政策制定过程，探索政策内容在制定和演变过程中与餐饮企业和从业人员存在的逻辑关系，为餐饮企业的业主、管理人员及相关从业人员了解政策、运用政策提供便利途径，同时也为政府优化政策提供决策依据。桂林市餐饮产业行政管理部门主要有桂林市商务局、桂林市市场监督管理局、桂林市文化广电和旅游局、桂林市人力资源和社会保障局、桂林市总工会等。

## 一、桂林市餐饮产业相关政策分析设计

普遍认为研究方法与分析方法设计关系到研究结论的信度与效度，因此，在开展桂林市餐饮产业相关政策分析研究前，需要先通过研究方法与分析方法测试以获得成熟的研究路径，再对数据进行分析并形成结论，以确保研究结论的正确性。

### （一）数据收集

本文以桂林市政府行政管理部门在网站公开发布的餐饮产业相关政策资料为背景，将以“餐饮”“餐饮企业”“职业技能比赛”“职业奖励”“补贴”等作为关键词，收集桂林市政府行政管理部门对餐饮产业监督管理、优惠政策、职业技能竞赛、表彰奖励等方面的政策文本内容。数据收集时间是2020年8月3日至5日，共3天。所收集的政策资料发布时间段为2018年06月30日到2020年07月31日，共收集了桂林市商务局、桂林市人力资源和社会保障局、桂林市市场监督管理局、桂林市文化广电和旅游局、桂林市总工会5个部门的数据，见表1。由于桂林市税务局涉及餐饮产业税收的政策文件较少，而且政策较为稳定，因此本次暂不收集桂林市税务局发布的餐饮产业相关的政策资料。

**表1　桂林市相关政府部门与餐饮产业有关的政策资料**

| 序号 | 部门 | 类别 | 数量/条 | 占比 |
|---|---|---|---|---|
| 1 | 桂林市商务局 | 餐饮消费 | 140 | 25% |
| | | 食品流通 | 230 | 41% |
| | | 餐饮名厨 | 1 | 0% |
| | | 餐饮名店 | 3 | 0% |
| | | 食品溯源 | 22 | 4% |
| | | 餐饮品牌 | 166 | 30% |
| 2 | 桂林市人力资源和社会保障局 | 餐饮企业 | 43 | 20% |
| | | 职业竞赛 | 16 | 7% |
| | | 企业（技能）补贴 | 2 | 1% |
| | | 职业培训 | 156 | 72% |
| 3 | 桂林市市场监督管理局 | 食品安全监督 | 69 | 22% |
| | | 食品安全 | 22 | 7% |
| | | 食品科普 | 8 | 3% |

（续表）

| 序号 | 部门 | 类别 | 数量 / 条 | 占比 |
|---|---|---|---|---|
| 3 | 桂林市市场监督管理局 | 餐饮物价 | 88 | 28% |
| | | 消费者权益 | 114 | 37% |
| | | 标准（规范） | 8 | 3% |
| 4 | 桂林市文化广电和旅游局 | 美食文化 | 5 | 13% |
| | | 非遗技艺 | 34 | 87% |
| 5 | 桂林市总工会 | 职业比赛 | 6 | 5% |
| | | 职工培训 | 15 | 11% |
| | | 企业（技能）补贴 | 37 | 29% |
| | | 荣誉奖励 | 71 | 55% |

## （二）研究方法

从上表中可知涉及餐饮产业的行政管理部门较多，且发布的政策文本数量也较多。政策文本属于明确表达的显性内容，具有多重维度且内涵丰富的信息。针对研究数据的特征，采用的研究方法为内容分析法。内容分析法是对研究对象进行系统性、客观性描述的科学研究方法，可以通过对政策内容进行剖析获得结论。[4] 内容分析法分为三类，本研究采用的是解读式内容分析这一类，并结合计算机辅助内容分析法进行研究。

## （三）数据处理

在数据处理时需要厘清政策文本的类别。政策文本的分类，一是按照施策客体的需求，可将政策文本分为命令类、激励类、能力建设类和系统变革类；二是按照政府对政策的干预度，可将政策分为强制实施类、混合实施类和自愿实施类；三是按照政策对主客体影响差异性，可将政策分为供给类、需求类和环境类。不同的分类方法对于不同的研究具有不同的适应性。本研究基于统计分析以及行业政策数据特征，并没有严格按照某一类进行划分，而是将行政管理部门归属作为第一层的分类，再在第一层的基础上按照内容类别划分第二层。第二层内容类别分别有餐饮消费、食品流通、餐饮名厨、餐饮名店、食品溯源、餐饮品牌、餐饮企业、职业竞赛、企业（技能）补贴、荣誉奖励、食品安全监督、食品安全、食品科普、餐饮物价、消费者权益、职工培训、美食文化、非遗技艺。本研究对第二层的内容数量进行了进一步的描述分析，并采用 Excel 2020 进行政策文本内容在不同时间段中的频次分析、不同行政管理部门实施相同类别内容的情况分析，以及不同行政管理部门与政策文本之间的关系分析。从同样类别的内容中分析出不同行政管理部门的政策侧重关注点。抽象分析：

探究哪些政策关注企业，哪些政策关注个人。

根据2018年06月30日到2020年07月31日桂林市餐饮产业相关政策汇总情况分析得出，不同行政管理部门推行的政策侧重点有所不同：桂林市商务局侧重关注食品流通（占比41%）、餐饮品牌（占比30%）、餐饮消费（占比25%）；桂林市人力资源和社会保障局侧重关注职业培训（占比72%）、餐饮企业（占比20%）；桂林市市场监督管理局侧重关注消费者权益（占比37%）、餐饮物价（占比28%）、食品安全监督（占比22%）；桂林市总工会侧重关注荣誉奖励（占比55%）、企业（技能）补贴（占比29%）；桂林市文化广电和旅游局侧重关注非遗技艺（占比87%）。

## 二、桂林市餐饮产业相关政策现状分析

### （一）抓安全促消费，引导地方特色餐饮企业品牌建设

桂林市商务局非常注重抓安全促消费，引导树立城市餐饮品牌的建设工作。本次统计中，桂林市商务局发布餐饮消费有关政策文本有140条，主要以数字消费、城市礼品消费、餐饮市场消费分析为主。2014年，依据《桂林米粉店建设与服务规范》和《桂林米粉店等级评定》2项地方规范，桂林市商务局、桂林地方美食评选指导委员会联合各县区评选出桂林米粉达标店128家，桂林米粉店星级店84家。由此可见，近年来桂林市商务局更加注重经营具有地方特色美食的餐饮企业品牌建设工作，尤其是地方特色桂林米粉品牌建设；在推动餐饮消费方面更关注的是新业态餐饮消费，例如云端消费、数字消费。特别值得一提的是，经过多年实施，《桂林米粉店建设与服务规范》和《桂林米粉店等级评定规范》这2项地方规范于2020年7月上升成为地方标准（标准号分别为DB4503/T 00002—2020、DB4503/T 0003—2020），发布部门是桂林市市场监督管理局。桂林市市场监督管理局关注品牌基础保障建设工作，尤其是在餐饮食品安全方面。调查数据显示，桂林市市场监督管理局发布政策文本有309条，主要集中在消费者权益、餐饮物价、食品安全监督方面。从调查数据可以得出，桂林市市场监督管理局不但关注刚性管控，也关注餐饮食品消费及食品安全、食品营养消费等柔性消费引导。通过进一步分析得知，桂林市市场监督管理局关于“疫情”的政策文本有31条，主要体现在做好餐饮食品疫情防控方面；桂林市商务局关于“疫情”的政策文本有3条，主要在餐饮企业补贴、减税等国家政策汇编及复工复产方面；桂林市总工会关于“疫情”的政策文本有6条，主要在餐饮企业与职工劳动关系解读及企业困难帮扶方面。在调查数据中，未发现桂林市人力资源和社会保障局、桂林市文化广电和旅游局发布与“疫情”有关的餐饮产业相关政策文本。

### （二）以培训竞赛活动引领餐饮高技能人才发展

桂林市人力资源和社会保障局高度重视餐饮高技能人才职业培训和竞赛相关工作。在餐饮行业从事厨房生产的从业人员大部分都是农民工，故在竞赛方面，桂林市人力资源和社会保障局近年来非常关注农民工的培养和成长，与农民工相关的竞赛政策文本有8条；截至2020年，已连续举办了六届农民工技能大赛，每一届大赛中都有餐饮行业相关工种，每个工种前三名有机会参加更高一级的比赛。在职业培训方面，有关政策文本有156条，涉及中式烹调、中式面点、西式面点、餐厅服务员以及桂林米粉、恭城油茶等单项技能培训。值得关注的是这些培训都是政策兜底性培训，也就是国家补贴只针对初级技能，更高一级技能培训属于晋升性自费培训项目。为此，如果有缴纳保险的餐饮企业可通过自主学习获得更高一级的职业资格证书，或是通过参加各种竞赛获得更高一级职业资格的餐饮职工可以向桂林市人力资源和社会保障局相关部门申请一年一次的职业资格补贴。补贴具体如下：职工取得初级（五级）职业资格证书或职业技能等级证书的，补贴标准是取得初级（五级）的1000元；取得中级（四级）的，补贴标准1500元；取得高级（三级）的，补贴标准2000元；目前对于技师（二级）和高级技师（一级）的尚未有标准的补贴政策。桂林市总工会主要是关注餐饮业在岗职工的荣誉奖励和企业（技能）补贴。在“桂林工匠”等荣誉奖励方面，有关政策文本有71条；在企业（技能）补贴方面，有关政策文本有37条。值得关注的是桂林市人力资源和社会保障局举办的农民工竞赛第一名也可以申评“桂林工匠”荣誉；2018年至2020年，桂林市总工会均举办了桂林市在岗职工中式面点和西式面点相关职业技能大赛。本次调查数据中，未发现桂林市商务局、桂林市文化广电和旅游局发布过餐饮相关竞赛的政策文本，但在更早期的调查数据中有相关的政策文本。

### （三）以弘扬非遗美食文化促旅游餐饮产业高质量发展

桂林市文化广电和旅游局对非遗文化非常重视，基于非遗项目以保护非遗文化为愿景，真正地践行“见人见物见生活”的保护传承理念，在推动非遗美食文化生产生活中“活态化”，推进非遗美食文化创造性转化、创新性发展方面取得了巨大成果。桂林市文化广电和旅游局发布有关非遗技艺的政策文本有34条，主要集中在非遗技艺认定、传承与发展方面。截至2020年，桂林市已经公布了6批美食（食品）类非遗技艺或习俗项目，涉及菜肴、小吃等各类项目的传统技艺。值得关注的是，除了非遗项目之外，还有非遗代表性传承人认定，也就是美食（食品）类非遗项目是由单位（法人）为主体申报，非遗代表性传承人是自然人为主体申报。根据《中华人民共和国非物质文化遗产法》以及相关的实施办法，非遗分为国家、自治区、市、县四级非遗名录，每一项非遗项目对应的继承者都可以申报代表性传承人[5]。如，桂林米粉卤水制作技艺是桂林市级非遗技艺项目[6]，桂林市明桂米粉餐饮管理有限公司作为桂林米粉卤水制作技艺保护的项目保护单位，其卤水制作的明桂米粉已成为游客青睐的桂林米粉品牌，该项目的"活态化"传承已经成为桂林非遗美食促进旅游产业发展的典范。

## 三、对餐饮企业与从业人员的建议

政策文件颁布的内容对于餐饮企业和从业人员有些是强制性的，有些是推荐性的，但不管是强制性或是推荐性政策文件，餐饮企业和从业人员如能及时了解并正确运用这些政策文件，都会对其发展有一定的促进作用。

### （一）对餐饮企业的建议

从上述分析得知，本次调查中的政策文本内容几乎都涉及餐饮企业，即使是餐饮职业技能竞赛、职业资格证书申报等个人项目也与企业息息相关，如企业能及时传达并组织申报也能增加员工对企业的归属感，从而增强其凝聚力。目前，各个部门涉及餐饮企业的政策内容具有三大特点。一是新冠疫情对餐饮企业管控具有强制性。餐饮企业需要及时了解当前的疫情情况以及政府行政管理部门的相关政策，尽量避免由于疫情管控所带来的经济损失；同时也应了解政府行政管理部门颁布的税收、金融、补贴、租金减免等相关政策，避免由于疏忽而错过符合条件能享受的相关扶持政策。这方面主要涉及的部门是桂林市商务局、桂林市税务局。二是政策高度关注经营地方特色美食的餐饮企业发展，2018—2020年主要集中在非遗项目、高技能人才和餐饮品牌的扶持政策上。建议经营有地方特色美食的餐饮企业关注是否能将本企业经营的美食技艺申报成为县级或是市级非遗项目，这方面政策涉及的部门主要是桂林市文化广电和旅游局；高技能人才方面餐饮企业重点关注各种高技能人才的奖励和补贴政策，这方面政策主要涉及的部门是桂林市人力资源和社会保障局、桂林市总工会；餐饮品牌中，地方特色名店方面政策主要涉及的部门是桂林市商务局，"消费者信得过"单位、标准化企业方面政策主要涉及的部门是桂林市市场监督管理局。三是注重标准化文件的制定与实施。标准是采用国际化的通用语言编写，在多方协商的基础上形成的标准化文件，实施标准有助于餐饮企业与国家、国际接轨，同时提质升档，迈向更高品质。如《桂林米粉店等级评定规范》的制定与实施就对桂林米粉餐饮企业的发展具有极大的意义。餐饮企业应关注政府或是行业发布的相关推荐标准文件，地方标准涉及的部门是桂林市市场监督管理局及桂林市商务局。随着经济的发展，人们对餐饮产品呈现多样化的需求，特别是对外卖的需求逐渐增加，而与之相关的标准也在陆续制定发布，如2009年，中华人民共和国国家质量监督检验检疫总局、中国国家标准化管理委员会联合发布的《餐饮企业的等级划分和评定》[7]；2013年上海市食品药品监督管理局发布的《餐饮服务团体膳食外卖卫生规范》[8]。在这些标准中，有些是各级政府相关部门制定发布的，有些是行业协会制定的，而对于标准的制定采用的是首创发布制，在使用时如果已经有相关标准的只能引用而不得重复制定。因此，餐饮企业不但需要关注本地发布的地方标准，也需要关注国内、国外发布的与餐饮业有关的标准，如能根据企业需要采用全部或是部分标准的内容，对企业的发展将大有裨益。

### （二）对从业人员的建议

餐饮企业大部分属于民营企业，加上餐饮从业人员流动性大，近年来关于餐饮业从业人员的政府相关政策内容主要有职业培训、职业技能竞赛、职业补贴和荣誉等方面。职业技能培训主要集中在农业户口人员、应届大中专毕业生、城镇失业人员和退伍军人四类人群。近年来除了职业技能培训，还有单项技能培训、在岗职工能力培训等，这些培训属于公益范畴，即政府补贴，符合条件的人员自愿参加[9]。职业技能竞赛组织部门主要有桂林市总工会、桂林市人力资源和社会保障局。早期桂林市商务局也会主办桂林市地方美食比赛，但数据显示目前常态化举办餐饮相关比赛的只有桂林市人力资源和社会保障局，其主要举办的大赛是农民工职业技能竞赛；桂林市总工会与桂林市商务局举办的餐饮类比赛则为非常态化。政府部门举办的各类比赛参赛人员无须交纳任何费用，对理论与技能考核等级为合格及以上的选手通常颁发更高一级职业资格证书，对获得三等奖以上的选手颁发证书和奖金，对获得第一名的选手优先推荐申评“桂林工匠”荣誉，并颁发技师职业资格，前三名选手还可参加更高一级竞赛。因此有志于通过竞赛提升自我的餐饮从业人员应关注桂林市总工会、桂林市人力资源和社会保障局下发的有关政策文件，对常态化举办的竞赛可以提前准备。职业补贴主要是针对缴纳社会保险的且工作满一年的餐饮企业职工，在这类企业工作的餐饮从业人员应制定职业资格晋升计划，只要达到考评要求，就可以参加相关等级培训考核，一旦取得证书便可以申报补贴。目前常态化开展的市级荣誉评比活动只有“桂林工匠”，每年从各行各业中遴选评出十名“桂林工匠”。非遗代表性传承人通常针对在当地工作且一直从事传统地方特色美食厨艺工作的餐饮从业人员，因此长期在当地从事经营或是从业的技艺人员可以对这方面政策信息加以关注。

## 四、讨论

通过分析餐饮相关的政策文本能系统了解政府当前的中心工作内容，可为餐饮企业与从业人员提供发展依据，但是本文只重点分析了2018年06月30日到2020年07月31日的政策文本，对于某些餐饮产业相关的政策文本尚未收集全面，导致部分数据可能存在缺陷。通过与更早期的数据比较分析得知，政府颁布的政策文本内容在不同时期侧重点是不同的，目前政府除了关注重大事件，例如新冠疫情，也非常关注餐饮高技能人才的培育、美食类非遗技艺的传承与地方特色餐饮品牌的树立，政策具有一定的延续性。但随着社会的不断进步，政策文本会有所调整，不过政策文本的颁布和实施单位是相对稳定的，因此只要实时关注与之相关的部门政策文本就可以及时掌握餐饮产业相关政策文本内容的情况，为餐饮企业及从业人员的发展提供政策支持。

## 参考文献

[1] 李江，刘源浩，黄萃，等 . 用文献计量研究重塑政策文本数据分析：政策文献计量的起源、迁移与方法创新 [J]. 公共管理学报 , 2015，12（2）：138–144.

[2] 袁志彬 . 基于政策文本分析的科技政策评估模型和实证研究 [J]. 党政研究 .2017，（1）：56–59.

[3] 张会平，郭宁，汤玺楷 . 推进逻辑与未来进路：我国政务大数据政策的文本分析 [J]. 情报杂志 .2018，37（3）: 152–157.

[4] 刘伟 . 内容分析法在公共管理学研究中的应用 [J]. 中国行政管理 , 2014，（6）：93–98.

[5] 全国人民代表大会 . 中华人民共和国非物质文化遗产法 [N]. 人民日报，2011–08–05.

[6] 桂林市文化新闻出版广电局 . 桂林市非物质文化遗产概览 [M]. 桂林：广西师范大学出版社，2018：202–204.

[7] 中华人民共和国商务部 . 餐饮企业的等级划分和评定：GB/T 13391—2009 [S]. 北京：中国标准出版社，2009.

[8] 食品与生活编辑部 . 上海制定地方标准 , 保障团体膳食安全：解读《餐饮服务团体膳食外卖卫生规范》[J]. 食品与生活 . 2013，（9）：18.

[9] 任鸿倩 . 我国公共职业技能培训推进研究 [D]. 太原：山西大学，2020：17–18.

【作者】**谭兴勇**，桂林旅游学院，本科，教授；**苏敏**，广西桂林商贸旅游技工学校，硕士，高级讲师；**李家桥**，桂林市商务局，本科，主任科员；**黎金花**，桂林旅游学院，本科学生；**陆桂优**，本科学生。

# 浅谈桂林市餐饮城市品牌的形成与发展

吕昌林

**摘要：** 针对近代，特别是改革开放以来的桂林市餐饮城市品牌发展内因进行深入分析，提出市场开放是餐饮企业发展的原生动力，历史悠久的深厚文化成为餐饮城市品牌的支撑力量，桂林市餐饮烹饪协会的主动谋划、积极引领，为桂林市餐饮城市品牌发展提供了外在助力。

**关键词：** 桂林市餐饮城市品牌；形成；发展

俗话说："民以食为天。"因为有了吃，就有了餐饮，也有了餐饮市场。而在桂林市的餐饮市场中流传最广的，是在不同时代中诞生的桂林市餐饮品牌。这些品牌都是在市场的激烈碰撞中形成的，它们遵循着市场"优胜劣汰"的自然法则，经历过从小到大、从弱到强的过程。在竞争中有的品牌被时间埋没，成为一个时代的故事，有的品牌在不断地求生、求变、求发展中存活了下来，在一次次的自我革命中实现现代化的蜕变，从而成为城市餐饮品牌。这一点，从桂林市餐饮的工作总结中，我们不难发现，过去10多年是桂林市餐饮品牌化的黄金期：桂林市餐饮众多品牌不断成长，并逐渐形成桂林市的城市品牌集群，带动了桂林市餐饮的经济板块发展，形成了第一、第二、第三产业的互联互通、共同发展的格局。为什么餐饮城市品牌在这一时期集中爆发？一是中国餐饮历经40多年的改革开放，市场的格局发生了根本性的改变，客观上造就了"风景这边独好"的发展态势；二是市场这看不见的手在调配着桂林市餐饮业，充分的市场化为地方餐饮品牌的成长提供了宝贵的生长土壤。在此，顺着桂林市餐饮业的发展脉络，本文将谈谈这些年桂林市餐饮城市品牌的形成、兴起和发展。

## 一、桂林市餐饮城市品牌的形成有着浓郁的历史成因

据考证，“桂林米粉”一词自明朝起就已出现，到清末更是有了“美丽川”“大三元”和“老乡亲”等餐饮品牌。近代桂林市餐饮品牌的第一个繁荣期是在抗日战争期间，桂林市作为全国抗日战争的大后方，各文人骚客、文化大家聚集于桂林，一时间极大地刺激了桂林市品牌餐饮的发展。这期间，桂林市餐饮除“老乡亲”“广州酒家”和“桂花楼”之外，还有大量的桂林米粉品牌正在形成，它们是“又一轩”“花桥荣记”和“板刀米粉”等品牌，形式上不同的还有走街串巷的“担子米粉”品牌。这些品牌在市场的作用下，经过历史的沧桑，时至今日，大多已成为历史的故事和人们的记忆，很多只是在桂林“板路”[1]中，在桂林人的“甩古”[2]中时有提及，成为人们谈论桂林市餐饮的一个“时间碎片”。这是其一。其二是桂林市以前曾是广西的首府，区位优势独特，使桂林市成为中原文化进入广西的第一个窗口。中原先进的文明和优秀的文化在桂林市激烈碰撞，客观上促进了桂林市餐饮品牌的形成。其三，桂林菜系主要是受湘菜、川菜和粤菜等大菜系的影响，但是桂林市餐饮不盲从，善于从大菜系中吸取精华，植根于桂林市的山川大地和本土文化之中，将桂林人民喜好“酸”的特点融入桂林菜系之中，形成了桂林菜系“酸辣干香”的特点。这种融合发展并经过时间积淀的饮食特色，为桂林菜系的传承，为日后桂林市餐饮保持独特性和民族性提供了宝贵的精神内涵，这对于桂林市餐饮城市品牌的形成、兴起与发展，提供了可借鉴的基础。

## 二、桂林市餐饮城市品牌形成于20世纪80年代初，发展壮大于21世纪

自改革开放以来，全国餐饮市场从计划经济体制中“解放”出来，桂林市餐饮像一匹脱缰的野马。此时的桂林市餐饮市场呈现出“遍地开花、星罗棋布”的发展态势，这之中，最为著名的是解放西路的十字街和西街口夜市。各种小吃、小炒可以说应有尽有，布满桂林市的街头。市场的开放极大地激活了桂林市餐饮的创造力，放大了人们的想象力。桂林市夜市中著名的米粉品牌有“石记米粉”和“红鼻子米粉”等，餐饮品牌有“老乡亲”“桂花楼”和“达华早茶”等。用《中国烹饪》的说法：在中国的各行各业中，中国的餐饮业市场化水平是最为彻底的。这靠的是餐饮市场的自我调

1 桂林方言，拉家常，讲故意之意。
2 桂林方言，吹牛之意。

节和自我完善来实现的。正因为这种充分的市场化，极大地激活了中国餐饮和桂林市餐饮的内生动力。在市场机制优胜劣汰的作用下，桂林市餐饮的城市品牌呈现出良好的发展态势。这一时期，淘汰旧的品牌，让新兴的桂林市餐饮品牌有脱颖而出的机会，此时的“北海渔村”“桂林仔”和“九龙酒家”等新品牌以绝对的优势，在桂林市餐饮市场中一骑绝尘。从此，桂林市餐饮在经过时间的积累之后，为下一轮城市品牌的形成做了一个很好的铺垫。

## 三、桂林市现代餐饮城市品牌的发展及桂林市餐饮烹饪协会的影响力

市场的法则其实就是残酷的丛林法则，它的表现形式是不进则退。同理，桂林市餐饮品牌也在不断更迭。这种竞争加速了桂林市餐饮城市品牌的发展。桂林市大小餐饮品牌近2000家，市场划分逐渐细化，形成不同的市场板块，不管是哪一家品牌，汇集而成的是桂林市餐饮城市品牌的一个集群。这之中以“椿记烧鹅”“曾三家味”和“老乡亲”为代表的桂林市餐饮企业，在经过市场的竞争后，成为桂林市餐饮城市品牌的重要生力军。在广西餐饮业中，桂林市餐饮企业自2000年以来一直保持着2位数的增长，呈现进军南宁、柳州、北海的“开疆拓土”的发展态势，一直保持着在餐饮业中板块最大的发展态势。桂林市餐饮经济的城市板块雏形的形成原因主要有几个：

①桂林市餐饮烹饪协会始终以桂林市餐饮高质量发展作为最高的宗旨。在10多年前桂林市餐饮烹饪协会就适时地提出了“桂林餐饮 +”的发展战略，因势利导地加强“桂林餐饮 + 地产 + 旅游 + 种植养殖”产业链融合发展路径，特别是“餐饮 + 地产”的合作方式为桂林市餐饮企业应对新冠疫情提供了一定的市场免疫力。

②从善如流是桂林市餐饮不断进取、不断进步的难得的精神品质，10多年来桂林市餐饮烹饪协会为桂林市餐饮积极导入“标准化管理”和“五常法管理”等先进管理模式，并组织专家加强对餐饮从业人员的培训，提升了桂林市餐饮的内生动力和竞争力。

③桂林市餐饮烹饪协会秉持“服务于会员”的工作原则，每年有计划、有主题地为桂林市餐饮企业提供各种服务，历年来开展有“弘扬‘工匠精神’ 认真做好一个菜”等主题活动；加强“校企行”合作，为桂林餐饮企业开展“一企一菜”“一企一品”的技术交流活动；“专家智慧”走进餐饮企业活动；等等。协会在服务中提供行业最新资讯和合作平台，将服务转变为桂林市餐饮发展的生产力。

④在中国经济发展的大背景下，桂林市餐饮积极把握桂林市餐饮经济的格局调整变化，助推桂林市餐饮顺势而动，因时而变。例如：把握城市功能的调整形势，通过鲁家村的改造项目顺势布局其美食的主打特色菜点；通过掌握“北京夜经济”的变化规律，积极谋划布局桂林餐饮“夜经济”格局。

正是因为桂林市餐饮烹饪协会与桂林市餐饮企业互相联系、互相融合，这些年来，加入协会的桂林市餐饮企业不断增加，队伍不断壮大。从协会的工作中，可以看到桂林市餐饮“城市品牌”的一个缩影，在这缩影中，集中折射出的是中国餐饮大格局中的桂林市餐饮生态。

**【作者】吕昌林**，桂林市餐饮烹饪协会秘书长，大专，中级职称。

# 大数据篇

# 基于旅游大数据的桂林市餐饮产业发展分析

黎艳　张彪（通讯作者）

**摘要：** 21世纪以来，桂林市餐饮受粤、川饮食影响较大，同时融入地方饮食习惯，又因旅游的发展，逐渐形成了有一定地方特色的美食。本次调查通过移动终端、景区、典型酒店、交通等数据收集，对游客进行多维度数据分析，为桂林市餐饮业的发展布局提供科学依据和定位参考。

**关键词：** 旅游大数据；桂林市餐饮；调查与分析

随着科学技术日新月异的发展及统计方法的不断更新，粗犷模糊的传统旅游统计方法和数据逐渐向精细、准确的大数据应用转变。桂林市是国务院批复确定的中国对外开放国际旅游城市、中国建成世界级旅游目的地的示范区，是"一带一路"和黔粤湘桂交界的重要连接点，往来客流量较大。本次调查通过移动终端、景区、典型酒店、交通等数据收集，对游客进行多维度数据分析，掌握游客全年来桂林市的峰值走向、空间分布特点、餐饮消费特点、游客群体分类等信息，为餐饮业中以游客为日标的企业的发展布局、经营管理、营销策略提供数据支撑。

## 一、旅游大数据的分析

### （一）客源峰值走向分析

随着桂林国际旅游胜地建设的不断推进，桂林市的旅游数据一再刷新纪录（图1）。继2018年桂林市旅游接待游客突破1亿人次大关后，2019年桂林市的旅游数据又创新高。2019年桂林市全年接待游客1.38亿人次，同比增长26.7%，旅游总收入1

874.25亿元，同比增长34.7%[1]。如此海量的游客数据，为我们做大数据分析提供了丰富的原始素材。

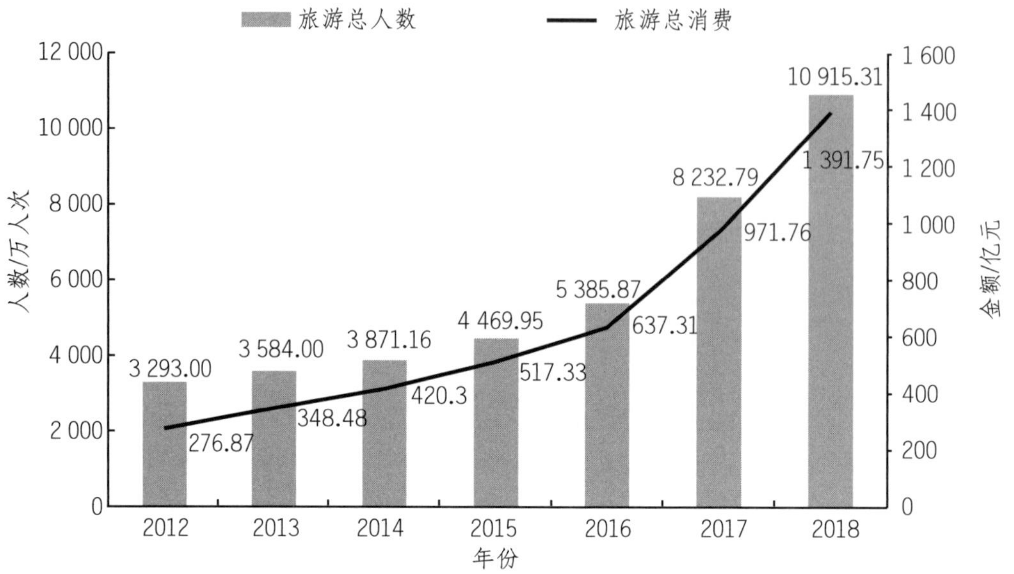


**图1　2012—2018年桂林市旅游总人数及旅游总消费**

## 1. 客源地分析

以2019年8月的游客数据为例，来桂林市旅游的游客7 571 997人，其中广西区内游客数2 030 209人，占比26.81%；广西区外游客数5 541 788人，占比73.19%。按省份划分，除广西外，游客数较多的首先是广东，占总游客数的23.35%；其次是湖南，占总游客数的8.73%；然后是四川和浙江，分别占比4.07%和3.35%（图2）。基于空间位置及交通优势，湖南、四川、浙江、贵州客源地已逐步构成桂林市旅游的二级市场，应重点向这些地区进行宣传推广。

广西区内的游客主要来自南宁市，占区内游客数的33.38%；其次是柳州市和梧州市，占比分别为23.62%和7.30%（图3）。可以看出来自南宁市和柳州市两地的游客数之和占比超半，这与两地的人口基数和经济水平是息息相关的。同时还要注意到梧州市和贺州市这两座城市，得益于贵广高铁和桂梧高速的开通，来自梧州市和贺州市的游客量有了明显的上升。

广西区外的游客按客源地城市来统计，以深圳市居多，占比15.48%，其次是广州市及东莞市，分别占比14.14%和9.45%（图4）。同时东莞市、佛山市、永州市、中山市、邵阳市、贵阳市等地，这些地区经济发展相对较好，且空间位置离桂林市较近，高铁也已开通，“两小时经济圈”效应起到了一定的促进作用。

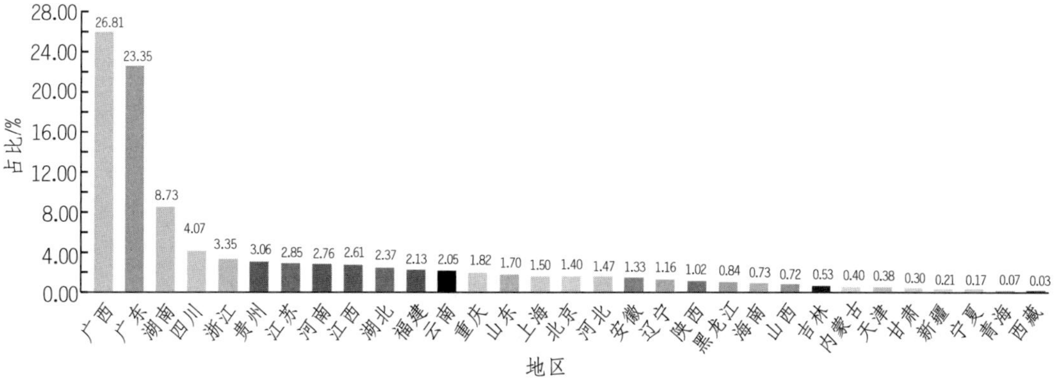


**图2 2019年8月游客客源地分析**

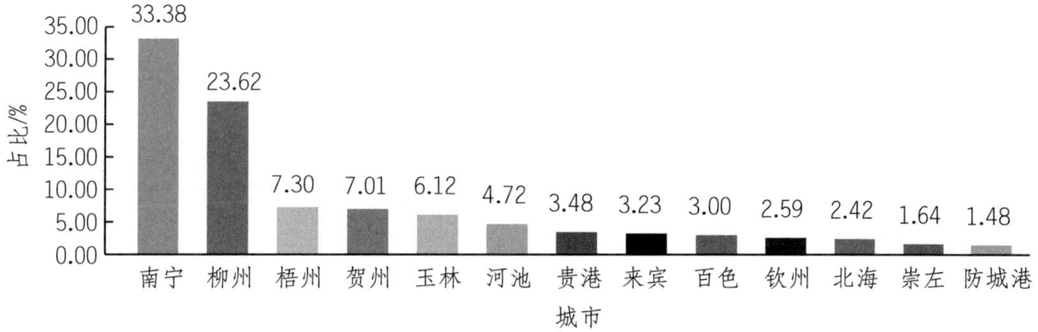


**图3 广西区内游客来源分析**

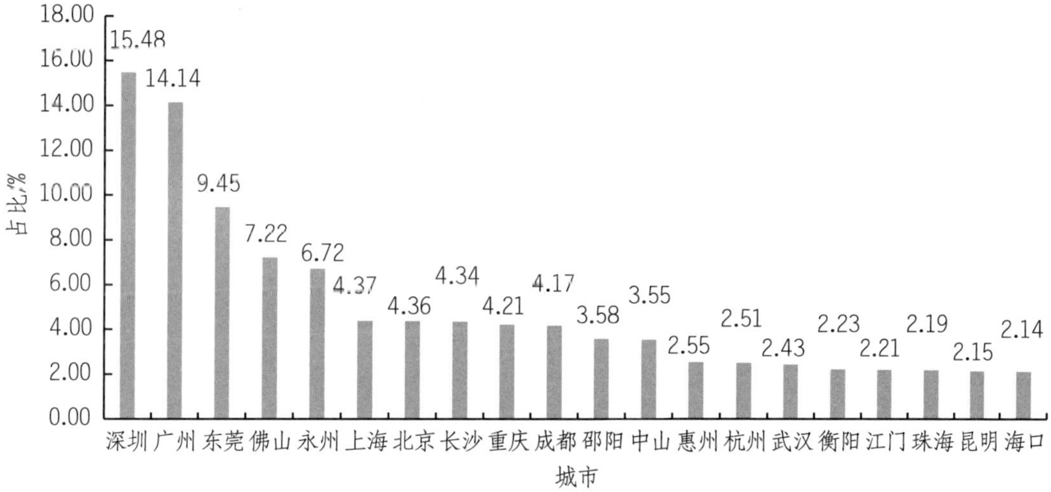


**图4 重点城市游客来源分析**

## 2. 客流量的变化分析

到桂林市旅游的人数不是每个月都一样的，而是随着季节、节假日的变化而变化的。从图5的游客变化趋势来看，游客比较集中在5~8月，同时10月受黄金周假期的刺激，游客量出现一个小高峰。3、4、12月，这3个月的游客量比较少。

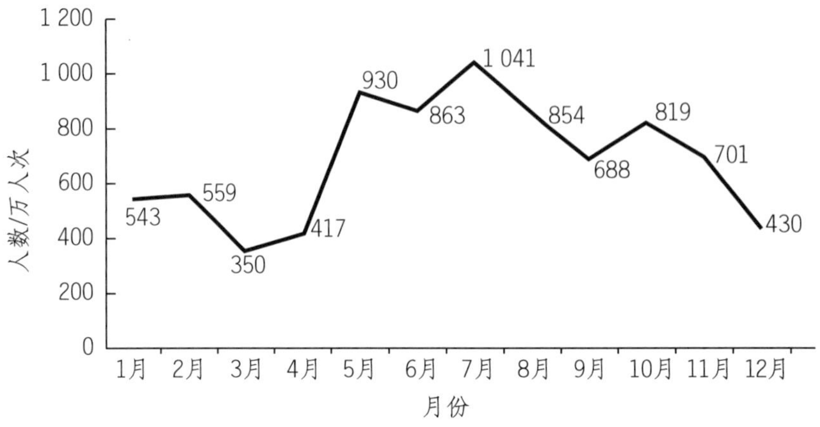


图5 2017年游客变化趋势

注：根据移动端数据测算。

## （二）游客群体分析

## 1. 游客性别分析

根据2017—2019年旅游旺季同期桂林市游客性别比例对比分析（以8月为例，见图6），桂林市2017年8月客源男女比例分别为59.27%、40.73%，2018年8月客源男女比例分别为57.32%、42.68%，2019年8月客源男女比例分别为55.17%、44.83%。从以上对比数据来看，相比女性游客来说，男性游客更青睐桂林[1]。

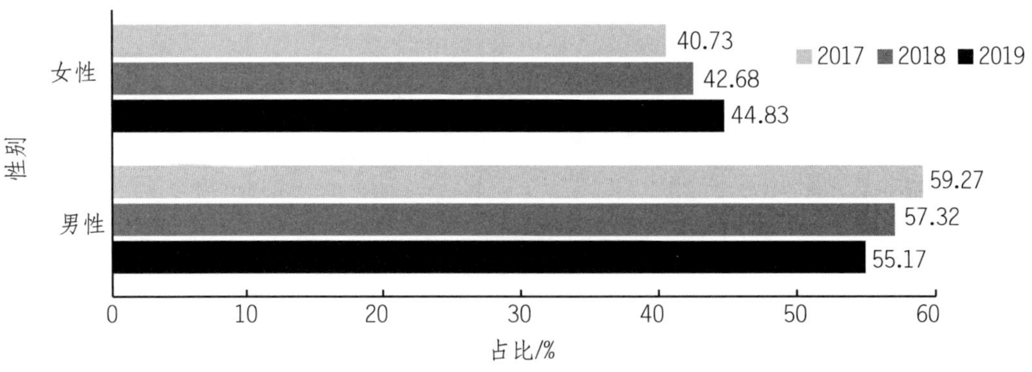


图6 2017—2019年旅游旺季游客性别比例对比分析

### 2. 游客年龄分析

通过对近年的游客年龄进行分析（图7至图8），可以看出2个特点。一是从全年来看，游客以55～65岁年龄段的人员居多，因为他们拥有充裕的、可自由支配的时间，而且老年人比青年人有更强烈的旅游需求，“重积蓄、轻消费”“重子女，轻自己”的观念开始成为过去式，花钱买健康，注重慢旅游，喜欢休闲养生，成为现代老年人的时尚追求。二是由于寒暑假的原因，七八月旅游游客主要由18～45岁的群体构成，这类人群旅游消费以自助游为主，喜好登山、徒步等健身运动，追求冒险、挑战等个性化旅游方式，乐于表达，上网时间长，社交频度高，对旅游生活方式有较高的认同感。

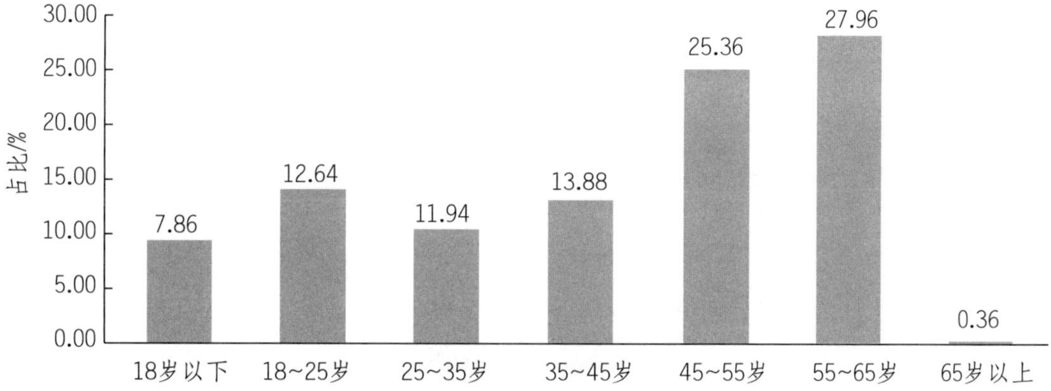


**图7　2017年游客年龄分析**

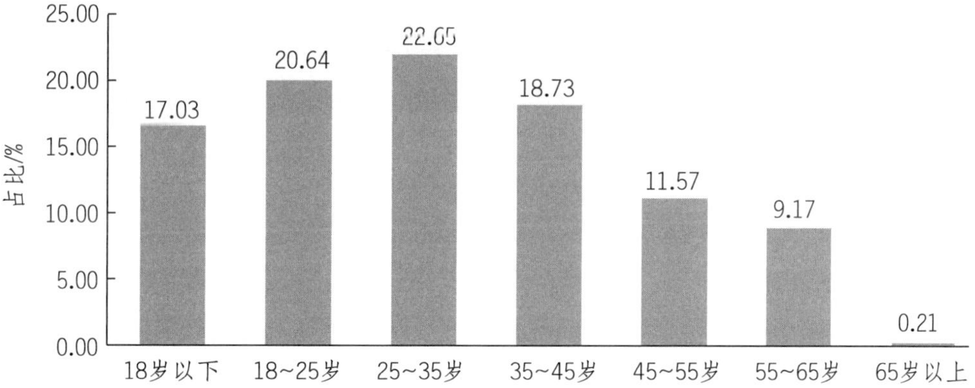


**图8　2019年旺季（以8月为例）游客年龄分析**

## （三）空间分布分析

### 1. 热门景区景点分析

2018年，桂林市接待游客总数为10 915.31万人次。最受游客欢迎的景区（点）前十依次是阳朔西街、七星景区、独秀峰王城景区、象山景区、龙脊旅游小镇、漓江景区、龙脊梯田景区、尧山景区、訾洲公园、黄洛瑶寨（图9）。阳朔西街、七星景区、东西巷等各大知名景区仍然比较受游客欢迎。特别是阳朔西街，因其是开放式景区，游客来去比较自由，自主选择性比较强，是游客必到的网红打卡地之一，故人流量比较大，各类餐饮企业在此异常火爆。

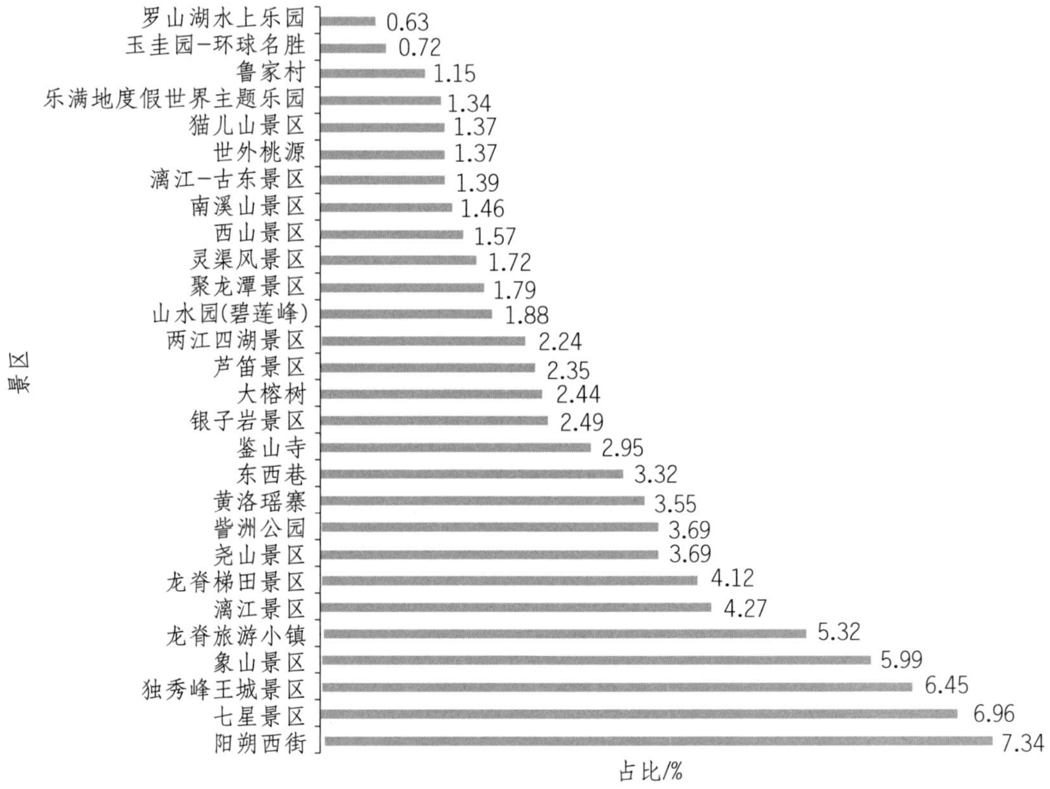


图9 景区热度分析

### 2. 热门住宿地分析

2018年上半年，景区（点）周边的住宿设施相对比较受游客欢迎。通过移动端大数据分析，住宿前二十的酒店包括维也纳国际酒店（中山路店）、桂林桂星酒店、桂林维也纳酒店（会展中心店）、桂林柏丽商务酒店、桂林丹桂大酒店、桂林鑫福商务酒店、桂林临桂大酒店、桂林香格里拉大酒店、桂林台联酒店、泰和楼酒店、桂林观光酒店、桂林市榕湖饭店、景翔酒店、华顺商务酒店、桂林漓江大瀑布饭店、桂林山水大酒店、桂林白公馆、桂林大公馆、阳朔悦榕庄和桂林市中山大酒店（图10）。传统的旅游六要素为吃、住、行、游、购、娱，吃和住是形影不离的，如果能在这些热门的酒店内或附近开设餐厅，可以在客流量上有所保证。

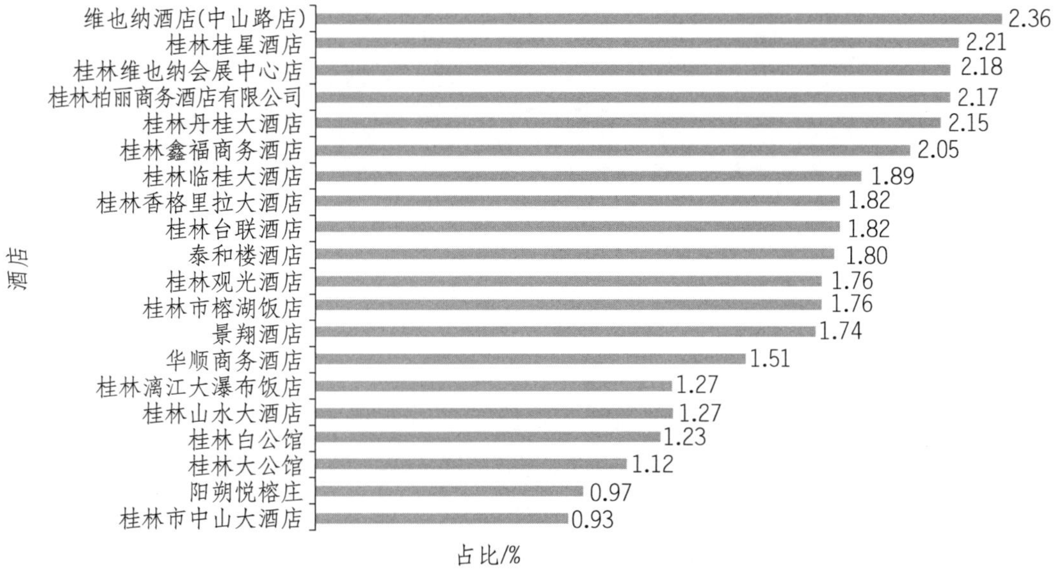


**图10 热门住宿酒店排名情况（数据来源于移动端）**

### 3. 游客出行轨迹分析

通过桂林市旅游车船视频监控系统提供的数据来看，桂林市的热门旅游线路有桂林—草坪—兴坪—阳朔；桂林—临桂中庸—龙胜龙脊；桂林—雁山—阳朔—荔浦。从旅游线路来看，游客比较集中在桂林市区、阳朔、龙胜等旅游热门地区，这也是餐饮企业集中的地区，餐饮企业可以考虑在这些地区布局选址。

### 4. 游客停留时间分析

通过移动端大数据分析，大多数游客会在桂林市停留2～4天，占比为54.78%（图11）。其中，停留3天的人数最多，占比21.54%；停留4天的占比18.71%；停留2天的占比14.53%。随着桂林国际旅游胜地建设的提速，桂林市魅力逐渐增强，选择在桂林市长期停留的游客越来越多，有3.34%的游客停留超过10天[1]。

从单个景区的停留时间来看，龙胜龙脊景区停留时间最长，单次停留时长平均为4.5小时，其次是兴坪古镇景区，单次停留时长平均为3小时。草坪风景区平均为3小时，古东瀑布景区平均为2.5小时。停留时长与景区的面积及游览项目有很大关系，大部分景区游览时长为1.5～2小时[2]。

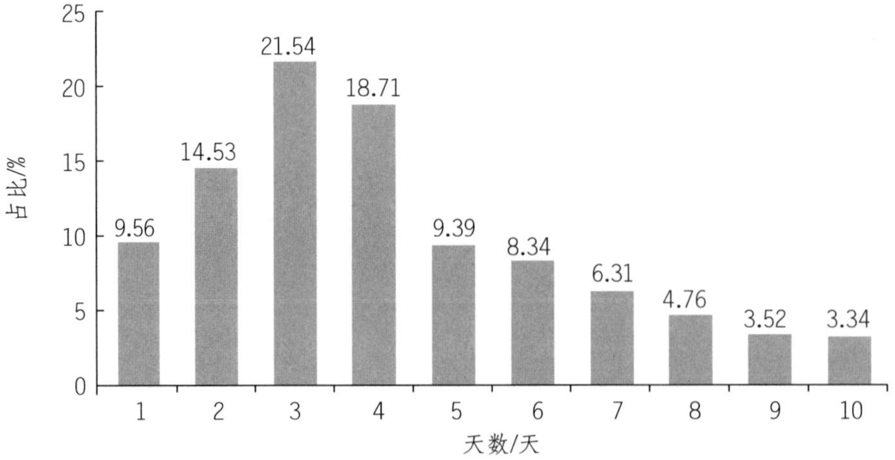


图11　游客停留天数分析

### 5. 出行方式分析

由图12可知，火车、动车因经济、快捷、准时，成为游客出行的主要方式。火车站是大多数游客进入桂林市的第一站，是游客对桂林市的第一印象，周边广告位是各类商家争夺的热门，餐饮企业如果能在此占据一席之地，无论是对企业的客流量，还是企业形象均有不小的提升。

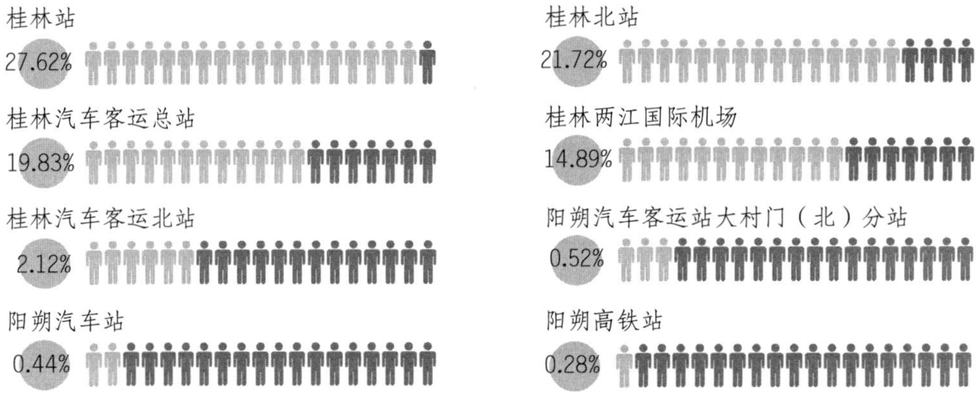


图12　游客交通方式分析（基于移动端数据分析）

## （四）旅游消费特点分析

### 1. 旅游目的类型及比例分析

根据统计，2018上半年，桂林市客源主要以休闲度假、观光游览为主，所占比例分别为31.77%、31.27%（图13），二者之和占总体比例达63.04%[1]。从旅游目的类型可看出，传统走马观花打卡式的旅游方式逐步向休闲度假方式转变，游客不再局限于参观了几个景点，拍了几张照片，而是转向关注地方人文美食，深入体验民族风情。因此餐饮企业要立足本地，深入发掘地方美食，增加菜品内涵。

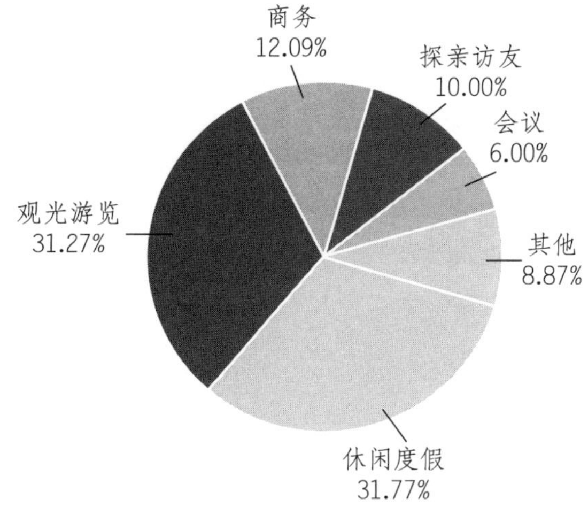


图13　游客旅游目的结构比例（数据来源于国内旅游统计）

## 2. 旅游消费分析

2018年，桂林市实现旅游总消费1 391.17亿元，同比增长43.22%。从2018年全市国内旅游消费结构来看，餐饮、购物、旅游景区（点）游览分别占比19.17%、18.27%、14.98%（图14）。通过比例换算，一年的旅游餐饮消费支出将超过260亿元。餐饮企业如果能抓住游客餐饮消费市场，那么企业的发展潜力巨大，收益颇丰。

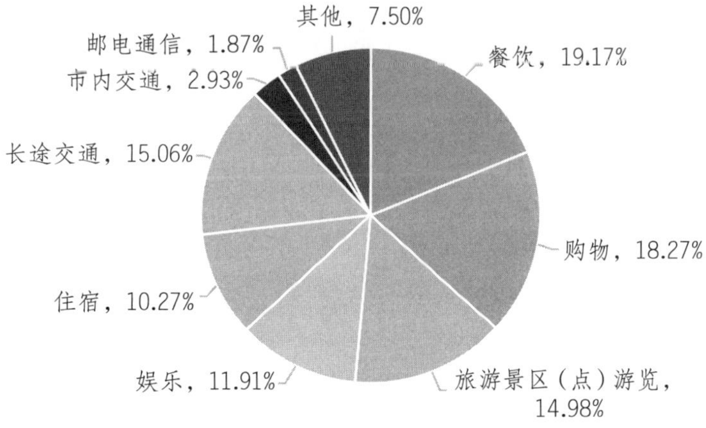


图14　桂林市游客消费结构分析

对大众点评网上不同人均消费区间的桂林市餐馆数量进行统计得到，桂林市大部分餐馆的人均消费在50～80元，占比为33%；其次是人均20元以下和20～50元的餐馆，其数量占比均为29%。再根据不同人均消费区间餐馆的评论数据统计得到不同人均消费区间餐馆热度图（图15）。由图15可看出，人均消费区间为80～150元的网络热度最高，占比29%；其次是50～80元，占比24%[2]。

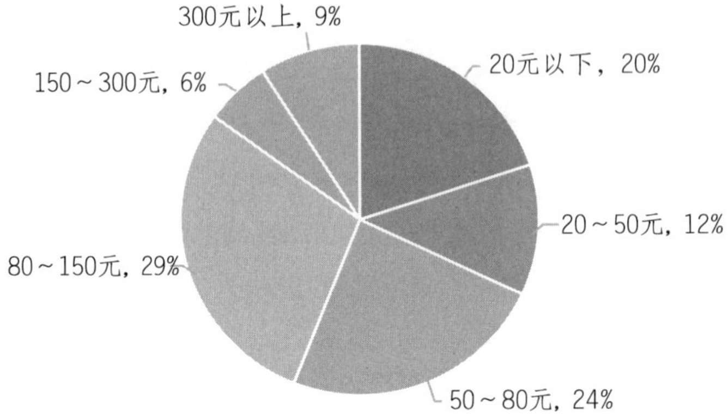


图15 不同人均消费区间餐馆热度

### 3. 游客对桂林市餐饮的认知

对餐馆评价数据进行语义分析，用户对于桂林市餐饮的主要认知关键词包括“味道”“有名”“满意”“好吃”“实惠”等，而“失望”“普通”等词则反映了用户对餐馆的抱怨。对大众点评网上顾客的负面评价进行集中语义分析，发现顾客对桂林市餐馆抱怨最多的是“环境”“服务”“味道”三大方面（图16）。旅游餐饮企业可以从“环境”“服务”“味道”三大方面入手，改善就餐环境，提升服务水平，味道制胜。

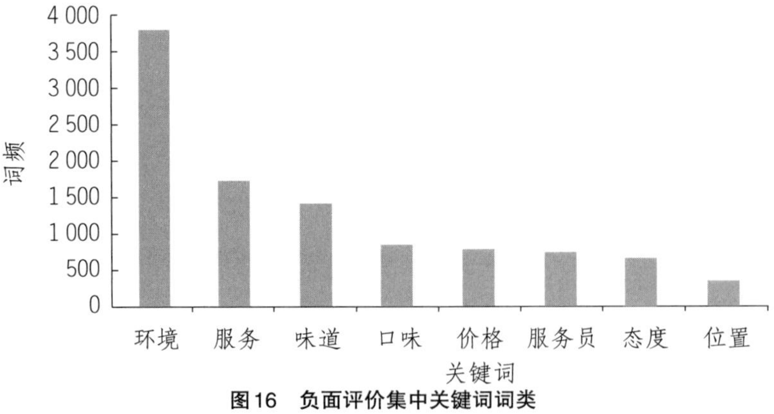


图16 负面评价集中关键词词类

## 二、鉴于旅游大数据分析提出的参考建议

### （一）把握客源峰值走向，适时推陈出新，开发本地居民市场

桂林市是旅游城市，受季节的影响较大，每年7～10月以及各种节假日都是旅游的旺季。餐饮企业需在旺季加强服务，淡季多方营销，所谓“旺季取利，淡季取势”，餐厅淡季经营策略关键是要做好宣传，增加餐厅人气、知名度，获得好的顾客口碑，留住老客户，开发新客户，增加餐厅的上座率，提高顾客的满意度。同时也要发掘本地居民餐饮市场，加强本地营销，树立本土品牌。从旅游大数据来看，广西区内以南宁市、柳州市游客居多，广西区外以广东、湖南游客居多，因此在菜品制作时，可结合粤菜清、鲜、爽、嫩、滑等特色和湘菜香辣、香鲜、软嫩、油重、色浓等特点，开发有餐饮企业自身特点的美食。

### （二）掌握游客群体特征，健康是主题，养生为卖点，营养搭配均衡

从旅游大数据来看，55～65岁年龄段的人群约占游客总量的1/3，这个年龄段的人群越来越崇尚自然、健康、绿色的饮食理念，而传统做法的桂林菜偏酸、偏辣、口味偏重。为此，企业可以在食材、调味、做法等方面进行调整，在绿色、养生方面做足功夫，可以让菜品口感更为原汁原味、自然清新，食材表现手法可多样性，符合中老年人的饮食理念，满足了游客“既要吃得美味，更要吃得健康”的需求。

从游客的数据来看，7～8月是亲子游的旺季。针对这部分游客，餐厅可将食物外形做得绚丽可爱，同时更注重实际，坚持回归食材的新鲜和健康，使食物有颜值、有美味、有趣味。儿童套餐可以采用蔬菜、鸡蛋、水果均衡搭配，缤纷的色彩、酸甜的口感，分分钟俘获小朋友的胃。此外，按照不同年龄段做区分，针对不同年龄段所需营养调配食材，倡导低盐少油的健康饮食。

### （三）了解游客空间分布特点、热门地区选址情况，掌握客流规律

通常热门景区的客流量比较大，是餐饮企业非常热门的选址。通过大数据分析，阳朔西街、象山景区、七星景区、东西巷等是近几年来比较热门的景区，市区内的酒店如维也纳国际酒店（中山路店）、桂林桂星酒店、桂林维也纳酒店（会展中心店）、桂林柏丽商务酒店，也是游客的热门选择。如果把餐厅开在这些景区和酒店附近，在客源上就有了一定的保障。再与有合作基础的旅行社沟通，争取建立合作关系，从而扩宽客源。

### （四）抓住游客消费特点，把握营销方向，实施精准营销

#### 1. 了解游客需求，实施精准营销

从大数据分析来看，中老年游客约占游客总量的1/3，还有一部分是亲子游，剩下的就是一些年轻人。而且这三类人的旅游时间是错开的，亲子游集中在7～8月，中老年游客集中在11～12月及3～5月，年轻人一般集中在节假日。可以根据这个规律，调整厨房菜品，有针对性地做出营销策划案。

#### 2. 主动出击，深入客源地营销

在来桂林市旅游的客源城市中，深圳市、广州市、东莞市、佛山市、永州市是重要的客源地，游客数量甚至超过了北京市、上海市这些超级大都市，可以在这些城市的本土媒体上适度地做一些宣传。当然为了节约成本，也可以跟旅行社及景区共同推出一些美食之旅方面的宣传广告片，让游客在未到桂林市之前就对该美食有一定的印象。同时在游客到桂林市的入城道路再设置一些广告，这样，等游客在桂林市众多餐饮品牌面前茫然无措之时，之前的广告效应自然而然地显现出来。

#### 3. 加强网络营销，关注网络评论

微信、电视以及互联网在旅游餐饮的营销方面起到了极大的推动作用。专门针对旅游者设计的旅游资讯、旅游指导手册等系列图书，以及休闲旅游相关刊物，能够帮助外地旅游者寻觅到各具特色的美食。相对于电视与广播而言，旅游消费者借助互联网“口碑相传”，可以获得真实性较高的旅游餐饮评价与推荐信息。拿大众点评网来说，其平台里的评分和点评永远是亮点，其中不乏专业“吃货”写出来的点评。对于这类点评，一方面可以看出顾客的消费需求，另一方面亦可以从中了解菜品的受欢迎程度。餐饮企业可以根据这些评价，调整菜品和服务，提升顾客体验满意度。

## 三、小结

由于数据的局限性，本文仅对近期的旅游数据进行了分析，分析的结果在时间和空间上存在一定的局限性，同时由于旅游业的特殊性，易受外部因素，如自然灾害、政府行为、社会异常事件等影响，数据分析的准确性也随之受到影响。

## 参考文献

[1] 桂林市文化广电和旅游局 . 桂林市旅游大数据分析 [EB/OL].（2020–01–19）[2020–06–18].http://wglj.guilin.gov.cn/lydt/gzgl/202001/t20200119_1665635.html.

[2] 北京大地云游科技有限公司 . 城市级旅游大数据画像：以桂林为例 . [EB/OL].（2016–03–22）[2020–06–18].http://www.pinchain.com/article/69791.

【作者】**黎艳**，广西桂林商贸旅游技工学校，讲师；**张彪**（通讯作者），桂林旅游学院，硕士，讲师。

# “互联网 +”背景下桂林市美食五星点评现状研究

## ——基于美团点评网络调查

农色兵

**摘要：**“互联网 +”是创新2.0下的互联网发展的新业态，是知识社会创新2.0推动下的互联网形态演进及催生的经济社会发展新形态。“互联网 +”餐饮的发展模式也日渐成熟，大众点评网被业内称为中国版的“米其林”，但侧重点又有所不同。大众点评网定期对餐馆的评定星级进行更新，这对消费者在网上选择餐厅有着重要的指导意义。继2015年美团网和大众点评网合并后，两个平台进行有效资源整合，合并为美团点评[1]，服务涵盖餐饮、外卖、打车、共享单车、酒店旅游、电影等业务。本文通过对美团点评网平台上桂林美食的排行榜菜系、地理位置、人均消费、评分几个要素进行调查研究，得出目前桂林市餐饮业在互联网发展的现状和未来发展的个人建议。

**关键词：**互联网 +；桂林；美食；美团点评

## 一、美团点评运营模式分析

### （一）商业模式

大众点评网于2003年4月成立于上海，是中国领先的城市生活消费指南网站，也是全球最早建立的独立的第三方消费点评网站之一，是致力为网友提供休闲娱乐及生

---

1 美团点评于2020年9月30日更名为“美团”。鉴于本文的调查研究与创作时间早于其更名时间，故本文仍保留“美团点评”。

活服务等领域的商户信息、消费优惠以及发布消费评价的互动平台；同时，大众点评网亦为中小商户提供一站式精准营销解决方案，包括电子优惠券、关键词搜索、团购及会员卡服务等。网站覆盖上海、北京、广州等全国30多个主要城市，首创并领导了消费者点评模式，以餐饮为切入点，全面覆盖休闲娱乐、生活服务等城市消费领域。2015年，美团网和大众点评网合并。随后，美团战略聚焦"Food +Platform"，以"吃"为核心，建设生活服务业从需求侧到供给侧的多层次科技服务平台。与此同时，美团着力将自己建设成为一家社会企业，希望通过和党政部门、高校及研究院所、主流媒体、公益组织、生态伙伴等的深入合作，构建智慧城市，共创美好生活。

### （二）商户星级和评分规则

美团点评网的商户星级和评分包括对商品/服务的整体满意度，以及根据不同品类下设的包括但不限于口味、效果、环境、服务等方面的评分指标。商户星级和评分均为动态指标，是根据点评用户专业度、点评质量、添加时间、诚信度、点评数量等多种要素加权并由系统综合计算得出。

### （三）点评内容

按照评价场景，美团点评的点评信息包括用户的商品/服务评价和用户/商户的回应内容；按照表现形式，点评信息包括但不限于文字点评、图片点评和视频点评等多种形式。所有的信息都来源于大众，又服务于大众。每个人都可以自由发表对商家的评论，向大家分享自己的消费心得，这也是美团点评网致力城市消费体验的沟通和聚合，分享集体智慧的一种体现。

## 二、桂林市五星好评餐馆现状分析

### （一）五星好评餐馆地域分布分析

本文对桂菜、东北菜、川湘菜、江浙菜、粤菜、西北菜、京鲁菜、云贵菜、东南亚菜、客家菜、蒙菜、新疆菜、西餐、日韩料理14种菜系的店铺信息及点评数据进行了采集、分析与统计。截至2019年6月10日，桂林市共有507家以上菜系的餐馆加盟美团点评网，得到五星好评的餐馆共有91家，主要分布在秀峰区、七星区、象山区、叠彩区、临桂区等几个城区，少数分布在灵川县、荔浦市、阳朔县等县（市）。其地域分布图见图1。

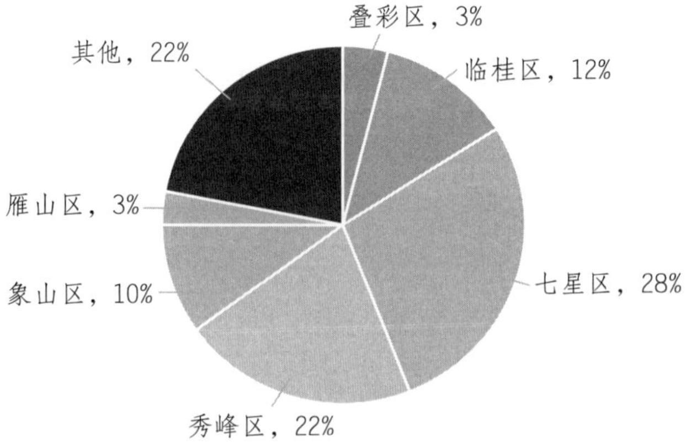


**图1　桂林市五星好评餐馆地域分布图**

由图1可知，七星区和秀峰区所占比重较大，临桂区和象山区则次之，其他区域各占一定比例。笔者认为该分布图的成因主要取决于区域间的经济水平，七星区在桂林市的经济地位排在首位，并且有广西师范大学（育才校区）、桂林电子科技大学（金鸡岭校区）、桂林理工大学（屏风校区）、桂林医学院（东城校区）四所老牌本科高校的学生和高新产业园区的从业人员作为主要消费群体，因此消费潜力最大。秀峰区有步行街、东西巷、中心广场等活动中心，人流密度大，因此五星好评餐馆也比较多。临桂区属于新开发的城区，而象山区、叠彩区离主城区较远，人流密度较小，因此占据的比例偏低。

### （二）五星好评餐馆菜系比例构成分析

本次研究的菜系有桂菜、东北菜、川湘菜、江浙菜、粤菜、西北菜、京鲁菜、云贵菜、东南亚菜、客家菜、蒙菜、新疆菜、西餐、日韩料理14种，基本涵盖全国大部分省份及国外的一些特色美食。由统计数据可知，西餐在五星好评餐馆数量上排名第一，占28%；排在第二名的是日韩料理，占21%；排在第三名的是桂菜，占14%（图2）。由此数据可知，西餐和日韩料理能排在前2位，可能是因为年轻的消费群体人数比较多，在网络高速发展的时代，通过自媒体传播信息非常便捷，而且年轻人也更倾向于网络订餐和手机支付，加上西餐、日韩料理的餐馆就餐环境一般比较好，管理模式也比较先进，所以五星好评占大多数。桂菜排在第三名，其后是川湘菜。可能是因为桂林市在广西属于桂北地区，和湖南、贵州毗连，居住人群的口味比较接近，所以偏香辣是部分本地人就餐的首选。

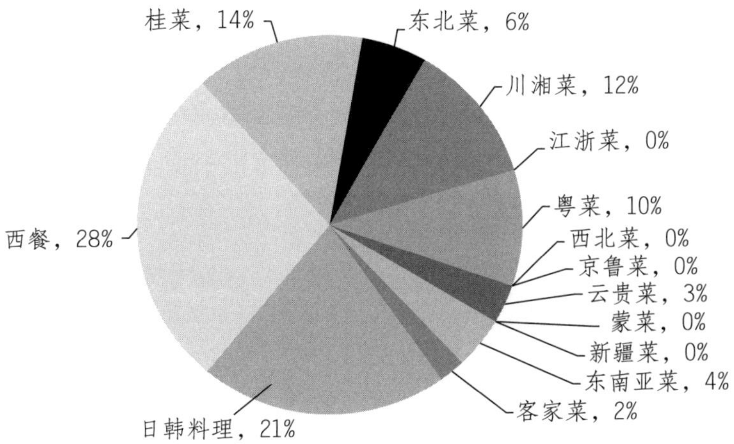


**图2　桂林市五星好评餐馆菜系比例**

## （三）五星好评餐馆按人均消费分析

在五星好评餐馆中，人均消费情况也是一项重要指标。本次分析将收集得到的五星好评餐馆的数据按人均消费由高到低排序，从而得到这些餐馆人均消费的排名。由排名结果的数值范围，我们可以将人均消费分为100元以上、61～100元、45～60元、31～44元、30元以下5个区间，再分别计算其对应的餐馆数量情况并得到图3。

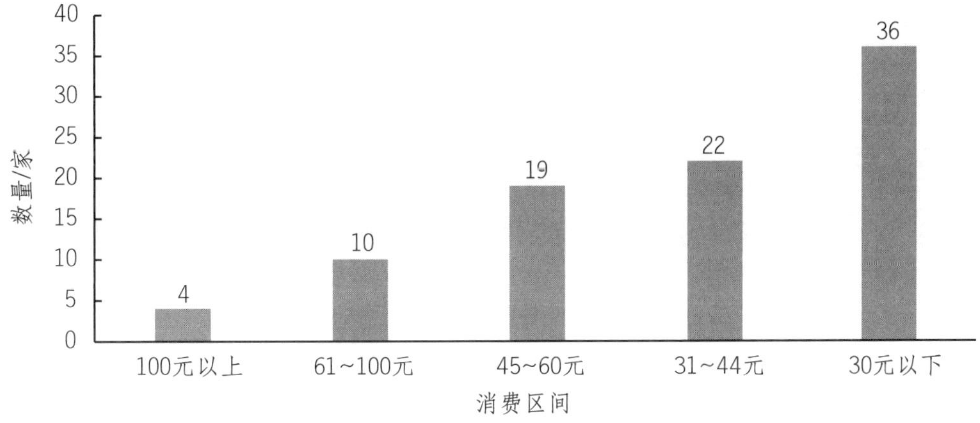


**图3　桂林市不同消费区间餐馆数量**

由上图可知，桂林市五星好评餐馆中人均消费在100元以上的数量极少，因其属于高端型消费类型，可以接受的人群也比较少。61～100元区间属于中高端消费类型，目前所占的比重不算大，但随着人们物质条件的提高，这个区间可开发的潜力较大。而45～60元、31～44元属于比较大众化的消费选择，也符合桂林地区的物价水平和消费水平，所以在这2个区间的餐馆数量比较多。在开发新的餐馆时，这类定价可以作为首选项。30元以下虽然占据数量最大，但多数以快餐、面食、粉店、小吃为主，属于桂林老字号的特色小吃。由此可知，人均消费是影响用户在美团点评网上选择及评价餐馆的一个重要因素，所以在做餐馆运营时可以根据上述规律，对价格进行合理设置，以赢得更多客户和好评。

## 三、研究结论及建议

### （一）研究结论

本文第一部分从商业模式、商户星级和评分规则、点评内容3个方面对美团点评网的运营方式做了介绍，有助于商户认识该平台在餐饮产业起到的作用和商业特点。第二部分从地域分布、菜系构成、人均消费3个方面对桂林市现有的五星好评餐馆现状做了详细的分析和对比。总体来说，桂林市加盟美团点评网的餐馆数量还不够多，而且五星好评的餐馆数量偏少，商家可以根据所在区域的特点，选择合适当地居民的菜系作为主营方向。桂林地处广西东北部，毗邻湖南、贵州，高校林立且外来人口比较多，川湘菜和粤菜都具备一定的影响力。而针对年轻一代的消费群体，西餐、日韩料理可能比较受欢迎，可以通过调研数据进行分析判断与改进，以获得更多的顾客资源。在人均消费方面，商家可根据自身经营规模和档次进行定位，且尽量保持与当地经济水平相符合的价格，这样更有利于发展。

### （二）建议

由于生活节奏加快，更多的顾客习惯于订餐的消费模式，类似于美团点评网的O2O订餐平台打通了线上和线下的各个环节，让顾客感觉到线上和线下享有的服务、菜品量、价格都是一样的。同时商家最好能让顾客随时随地通过网络预约、点单、支付，在条件允许的情况下，还可以把消费信息和消费积分、优惠信息环节进行打通，这些数据信息的收集和利用有利于商家在日后进行精准销售。在全媒体时代，桂林市的餐饮业要想得到更快、更好的发展，还需要充分利用微博、微信公众号、微信朋友圈、美团点评网、饿了么、抖音、地方媒体、户外广告、门店等多种渠道进行宣传和推广。

## 参考文献

[1] 李聪 . 大众点评网餐厅如何进行标准排行 [J]. 质量与认证，2017（3）：36–37.

[2] 郝彬凯 . 大众点评网站的责任风险及可保性研究：基于 RAC 分析法 [J]. 青海金融，2015（8）:11–15.

[3] 应小青 . 浅淡餐厅如何吸引年轻消费群体 [J]. 才智，2016（1）：260.

[4] 张怀林 . 新形势下餐厅管理的发展方向 [J]. 科技展望，2014（22）：184.

[5] 张昊雯 . 基于 UGC 的老字号餐饮企业营销传播策略分析：以“大众点评”网南京老字号餐饮企业获评为例 [J]. 新媒体研究，2018，4（17）：67–69.

[6] 洪江涛 , 陈榴寅 , 黄沛 . 第三方点评网站对餐饮企业品牌形象与消费者行为的影响研究：以大众点评网为例 [J]. 财贸经济，2013（10）：108–117.

[7] 庞正扬，赵媛 . 基于大众点评网的智能推荐系统研究 [J]. 电子技术与软件工程，2018（20）：157–158.

[8] 秦萧，甄峰，朱寿佳，等 . 基于网络口碑度的南京城区餐饮业空间分布格局研究：以大众点评网为例 [J]. 地理科学，2014（7）：810–817.

[9] 王博洋，张志幸，赵静晨，等 . 基于聚类分析的大众点评餐馆评分结果分析 [J]. 电子技术与软件工程，2016（17）：159–160.

[10] 郜明，刘飞 . 移动互联网时代的原生营销研究：以大众点评为例 [J]. 中国广告，2017（4）：124–127.

【作者】**农色兵**，桂林旅游学院，硕士，助理工程师。

# 基于信息技术的桂林市餐饮大数据管理分析

时时同云科技（北京）有限责任公司　谢小文（通讯作者）

**摘要：**随着信息化技术的发展，越来越多的餐饮企业采用软件参与管理，以帮助其提高运营效率。通过调查桂林市餐饮产业中的典型餐饮企业，结合国家各级行政机构以及社会团体公布的统计数据进行综合分析，提出未来的餐饮信息化管理发展态势是针对不同的餐饮业态提供纵深业态服务，厨房全透明化数字运营，100%不漏单，私域流量运营解决方案让商家真正拥有自己的顾客，管理软件功能向更完善更节能的方向发展。

**关键词：**信息化技术；桂林市餐饮大数据管理；分析

2018年，我国餐饮产业的整体市场规模已突破4万亿元大关，并持续稳步增长，与此同时，也暴露出相当多"棘手"的问题。数据显示2019年中国餐饮产业主要问题有餐饮店平均存活时间缩短，中国餐饮店平均存活时间为456天；餐饮产业趋势全品类SKU（Stock Keeping Unit，库存量单位，即库存进出计量的单位，可以是以件、盒、托盘等为单位）减少；餐饮单位营业时长出现微增；桌台数有所减少，空间效率在提升；外卖市场规模增速放缓；成本继续上涨，毛利润在65%以下；等等。而菜点是消费品，不可能降低质量或是减少数量进行销售，即菜点质量是恒量。在恒量不变的情况下，为了适应变局，餐饮未来发展需要经历转型，从粗放型、低质量的增长向高质量、精细化运营方向转型，而高质量、精细化运作的出路是加大信息化技术的应用。

## 一、全国餐饮业发展趋势分析

目前，我国餐饮产业正发生着剧烈变化。从宏观角度来看，一方面它的体量已经突破4万亿元，另一方面它的增速却在放缓。2016—2018年，增长率连续3年下滑，在2018年更是跌破10%（图1）。

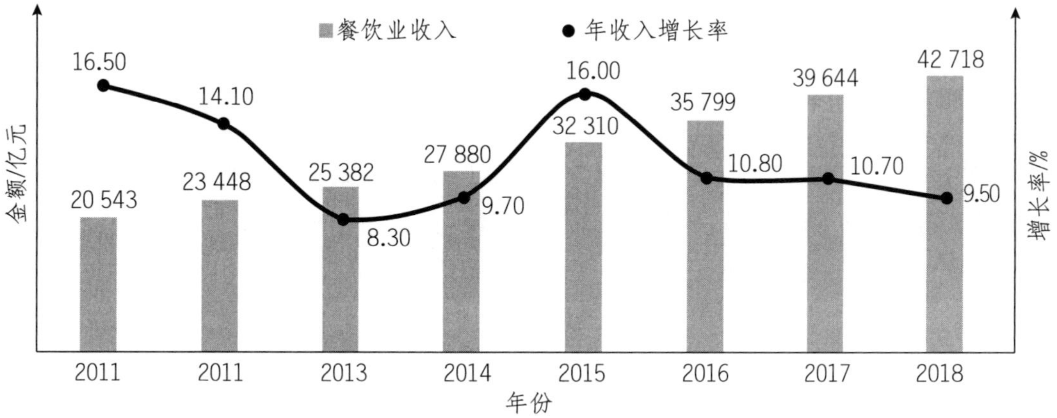


**图1 2011—2018年中国餐饮产业市场规模**

2015年之后，餐饮红利期逐渐消失，餐饮企业面临着前所未有的困境，食材成本、人力成本、房租的上涨，都在挤压着餐饮的利润空间。在这种情况下，仅靠营销来拉动餐厅营业额增长是不切实际的，更何况，营销成本也在飞涨，流量越来越贵。2018年餐饮企业成本费用情况（表1）显示，原料成本、房租成本、人力成本、能源成本、其他杂费合计与营业收入的比例已经高达77%～92%。在如此高的运营成本情况下，餐饮业正在朝着新业态的方向发展。

**表1 2018年餐饮企业成本费用情况**

| 成本类别 | 成本与营业收入的比例 |
| --- | --- |
| 原料成本 | 40%～45% |
| 房租成本 | 15%～20% |
| 人力成本 | 12%～17% |
| 能源成本 | 5% |
| 其他杂费 | 5% |
| 合计 | 77%～92% |

数据来源：中国烹饪协会。

## （一）餐饮经营成本上涨，利润空间压缩

对于餐饮企业经营者来说，成本压力一直是其面临的一座大山。近年来，房租

高、人力成本高、食材成本高、毛利低的“三高一低”情况出现，使得品牌经营难度增加，餐饮产业倒闭率也在逐年攀升。

### （二）跨界参与者与新兴业态的不断涌现，加剧了餐饮产业的竞争

2019年，小米中性笔的推出成为人们热议的话题，有人戏称“晨光从来没有想到，向自己宣战的竟然是卖手机的品牌”。由此可见品牌跨界会对原有行业产生极大的冲击力。餐饮产业也不例外，宜家推出了餐饮业务，其食材丰富、价格适中，深受消费者的欢迎；无印良品开起了餐厅，从环境到食材搭配走品质路线；美妆品牌悦诗风吟也开始设立咖啡屋，为顾客提供饮品、甜点和简餐。大品牌跨界者的涌入，让本就战局激烈的餐饮市场更加“如履薄冰”。

### （三）年轻消费者饮食、消费习惯的改变，对餐饮业提出新要求

90后、00后消费群体对待饮食的看法与70后、80后大不相同，他们对于品牌定位、用餐环境、服务水平、菜品更新及定价有着更为苛刻的要求。餐饮商家必须紧跟消费者的需求变化，在品牌方面做到年轻化、特色化、小而美；在营销方面做到千人千面、内容化、社交化；在管理方面做到智能化、高效率、方便快捷，以满足年轻消费者的需求。受餐饮大环境及地域性饮食习惯的影响，各省区市餐饮企业在经营管理中面临的问题各不相同。为了能为不同区域的餐饮管理者提出有针对性的建议，客如云从数据库中调出了大量数据，通过专业建模和分析，推出了面向桂林市的餐饮大数据分析内容。

## 二、桂林市餐饮业竞争指数分析

桂林市是国家级旅游胜地，每年有2 000多万中外游客前来观光旅游，游客是桂林市餐饮市场重要的消费者。相比其他旅游城市，桂林市餐饮市场并没有严峻的竞争环境，整体市场仍有较大的发展空间。截至2018年末，桂林市常住人口达534万人，商户店铺数约3.57万家，竞争指数为150（表2）。表3数据反映了桂林市6城区与11个县（市）餐饮门店分布情况。因县（市）人口少分布稀，餐饮商户相对偏少，故统计数据中的商户主要集中在城区。七星区、象山区及灵川县餐饮市场相对其他地区活跃，在整个桂林市门店数占比在10%以上。从整体上而言，桂林市餐饮业竞争环境较其他城市具有一定优越性，但是城区餐饮市场竞争指数比其他城市低，即城区的竞争形势可能比其他城市更为严峻。

**表2 国内城市竞争指数分析表**

| 城市 | 常住人口 / 万人 | 餐饮商户 / 万家 | 竞争指数 |
|---|---|---|---|
| 桂林 | 534 | 3.57 | 150 |
| 南宁 | 725 | 5.94 | 122 |
| 厦门 | 411 | 4.07 | 101 |
| 贵阳 | 465 | 4.74 | 98 |
| 杭州 | 980 | 11.01 | 89 |
| 成都 | 1633 | 19.38 | 84 |
| 苏州 | 1072 | 12.83 | 84 |
| 青岛 | 929 | 7.61 | 122 |
| 重庆 | 3101 | 19.10 | 162 |
| 昆明 | 685 | 8.31 | 82 |
| 西安 | 1000 | 12.43 | 80 |

注：

①指标说明：餐饮商户竞争指数是常住人口与餐饮商户门店数的比值，数据越小，表示一家门店可服务的唯一消费者越少，或者可以理解为多少人口可以养活一家餐饮门店，反映了在本地的竞争程度。

②数据来源：国家统计局，客如云公开资料整理。

**表3 桂林市竞争指数分析表**

| 城市 | 餐饮门店占比 |
|---|---|
| 七星区 | 12% |
| 象山区 | 11% |
| 灵川县 | 10% |
| 秀峰区 | 9% |
| 临桂区 | 9% |
| 阳朔县 | 8% |
| 叠彩区 | 6% |
| 荔浦市 | 6% |
| 兴安县 | 5% |
| 全州县 | 5% |
| 雁山区 | 4% |
| 平乐县 | 3% |
| 龙胜县 | 3% |
| 恭城县 | 3% |

（续表）

| 城市 | 餐饮门店占比 |
| --- | --- |
| 永福县 | 2% |
| 资源县 | 2% |
| 灌阳县 | 2% |

数据来源：客如云公开资料整理。

桂林市餐饮市场包容性高，涵盖桂菜、川菜、粤菜、淮扬菜等菜系，从餐饮形式上可以分为正餐、快（简）餐、小吃（面点）、烧烤等（图2）。

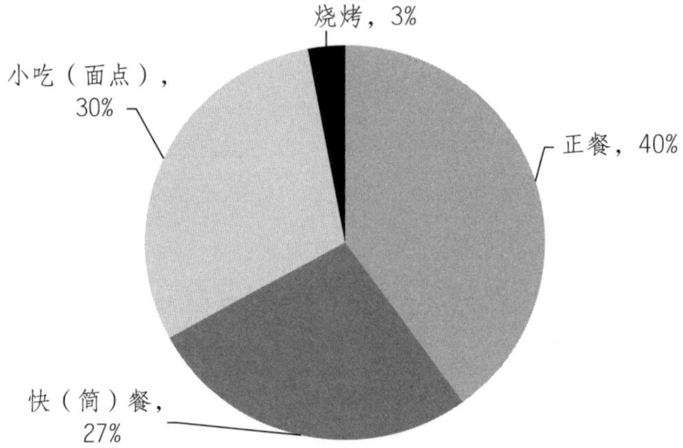


**图2 桂林市餐饮名菜系占比**

数据来源：国家统计局，客如云公开资料整理。

## 三、桂林市餐饮业管理软件现状分析

从桂林市餐饮企业与人口密度、常住人口比率分析得知，桂林市区的餐饮企业分布密集，餐饮企业之间竞争激烈。随着新餐饮模式的不断更新，大部分餐饮企业希望使用餐饮管理软件系统，以帮助其提高运营效率。目前桂林市餐饮常用的软件主要有以下品牌。

### （一）厨房加餐厅收银系统软件

厨房加餐厅收银系统软件是指软件涵盖收银、点餐、结账、后厨原料、加工环节、库存、成本分析、配送、数据分析等加工与销售功能。

### 1. 客如云

客如云成立于2012年，其产品包含OnPOS智能终端硬件、OnOS应用系统、OnCloud云端应用和OnStore开放平台的基于云端技术的产品结构。

### 2. 餐道

餐道创立于2014年，总部位于广州，主要为餐饮企业提供外卖管理系统、配送系统、数据中台、BI数据分析、系统托管等一体化解决方案。

### 3. 二维火

二维火专注餐饮云收银系统的研发和应用，产品主打收银功能，并推出了针对餐饮老板的二维火掌柜，针对服务生的二维火服务生以及顾客专属的二维火小二。

### 4. 聚食汇餐饮管理系统

聚食汇餐饮管理系统广泛运用于餐厅、酒店、酒吧、茶楼、咖啡厅等的餐饮服务，让商家轻松管理移动订餐业务和拓展电子移动商务市场，共同开创网上订餐、移动订餐、美食优惠折扣信息等一站式餐饮服务。

### 5. 思迅餐饮软件

思迅餐饮软件致力于零售流通业，商业自动化与餐饮娱乐行业信息化技术研发与推广应用；有餐饮管理软件、便利店收银软件、超市收银软件、专卖店收银软件、B/S收银软件、SaaS收银软件、O2O软件等，并提供全国范围内4小时覆盖服务网络。

### 6. 三餐美食餐饮管理系统

三餐美食餐饮管理系统是针对中小餐饮店设计的管理软件，可帮助解决餐厅订单数据管理问题；是一款集点餐、收银、餐饮管理于一体的系统；页面操作简单，管理便捷。

### 7. 易石软件

易石软件是业界领先的餐饮连锁、单店企业信息化管理软件品牌，产品包括餐饮ERP、中央厨房、点菜收银、无线点菜、触摸屏点菜、餐饮进销存。

### 8. 上海工理专业餐饮软件

上海工理专业餐饮软件已开发20多年，是点菜宝和定位上餐系统的创始者。软件包括智能预订、微信点菜、手机支付、餐饮云POS、无纸化厨房、餐饮云会员、餐饮云数据、餐饮云供应链等，是智慧餐饮系统，其一万多用户中不乏餐饮百强企业和大型连锁餐饮。

### （二）餐厅收银系统软件

餐厅收银系统软件是指软件只涵盖收银、点餐、结账、菜点打单、会员等销售功能。

#### 1. 点单宝

成立于2013年，总部位于上海，功能包括微信预订、排队、外卖、支付、堂点、收银管理、会员管理、报表系统等。

#### 2. 旗鱼点餐

由深圳旗鱼移动科技有限公司独立研发的产品，支持扫码点餐、智能POS点餐、菜品管理、外卖接单、微信支付、支付宝支付、银行卡支付、现金支付等全渠道收银、订单数据汇总等功能，功能迭代也非常迅速，非常受中小型餐饮商家的欢迎，是非常有潜力的点餐收银系统。

#### 3. 银豹收银

由准动网络科技（厦门）有限公司开发的一款收银系统软件，但不局限于餐饮产业，覆盖的行业非常广，涉及超市、餐饮、服装、生活服务、母婴等行业。相比之下，其在餐饮产业的适用性不强，功能不能完全满足需求。

#### 4. 闪收收银

主打店铺收银，覆盖超市、商店、连锁店、服装店、餐饮等行业，覆盖行业广，但是和银豹收银一样，在餐饮产业适用性不强，功能有点烦琐，可能在商店会更适用。

## 四、桂林市餐饮业管理软件功能发展态势分析

SaaS，是Software-as-a-Service的缩写名称，意思为软件即服务，即通过网络提供软件服务[1]。SaaS平台供应商将应用软件统一部署在自己的服务器上，客户可以根据工作实际需求，通过互联网向厂商订购所需的应用软件服务，按订购的服务种类

和时间向厂商支付费用，并通过互联网获得 SaaS 平台供应商提供的服务[2]。SaaS 应用软件有免费、付费和增值三种模式。付费通常为“全包”费用，囊括了通常的应用软件许可证费、软件维护费以及技术支持费，将其统一为每个用户的月度租用费[3]。

餐饮 SaaS 产品通常分为三个层次：传统餐饮管理软件系统、SaaS 服务模式软件系统、“生态圈型”智能 SaaS 软件系统。传统餐饮管理软件系统，只能满足收银、买单、点餐等基础性功能，扫码点餐、实时进销存数据监测等服务“打通”能力弱。SaaS 服务模式软件系统，通过云端技术进行数据和服务的响应，对于扫码点餐、会员营销、进销存实时管理等，线上动作完成度高于传统软件，但“打通”能力弱。

随着餐饮环境的改变，以上两种 SaaS 模式，已经不能满足餐饮商户日益增长的需求，急需一个对餐企运营各环节触点的全方位实时连接，更着眼于对餐饮业上下游资源的整合，并基于大数据能力提供更多增值服务，有助于餐饮管理系统良性“生态圈”的构建系统。因此，“生态圈型”智能 SaaS 软件系统将在未来相当长的时间里拥有统治力，单一功能型 SaaS 将最先被淘汰出局。另外，随着流量成本上涨，“私域流量”是2019年被提及最多的词汇。

### 1. 针对业态，提供纵深业态服务

以往，餐饮 SaaS 企业都一般采取“大杂烩”式的业态管理方式，即火锅店的管理和茶饮店的管理方式相同，但做过这两个餐饮业态的老板就知道，二者对于餐饮 SaaS 的需求完全不同。

有些智能餐饮系统自身除了具备餐厅自助点餐、服务呼叫、后厨互动管理、前台收银、预订排号以及信息管理等系统功能，还在行业内率先提出“纵深业态服务”理念，发布行业解决方案，针对火锅、西餐、烘焙、茶饮、生鲜等不同业态，定制模块，提供个性化服务。

举个例子，拿近年大热的茶饮业态来说，我们点餐人员经常会遇到这样的苦恼，一到产品上新就头疼，记不住哪款是可以做冷的，哪款是可以做热的，但因为客如云产品提供纵深业态的服务，现在点餐人员只需要单击“冷”“热”两个字，冷饮热饮便可一目了然，效率更高。因此，餐饮企业经营者快速找到适合自身经营业态发展情况的管理软件，可更高效准确地进行经营管理。

### 2. 厨房全透明化数字运营，100% 不漏单

漏单、收银有漏洞、厨房接收信息不及时导致上菜延迟等，都是餐饮业里时常发生的事情。

新一代的厨房显示系统内置的 KDS OS，不但可满足前厅与后厨双向数据互通，

开启更环保的无纸化高效便捷的运营模式，还可方便后厨通过On KDS 2进行接收菜品、制作、完成等进度输入，100%不漏单，做菜进度更加透明化，有效提升客户满意度，缓解前厅服务员的服务压力。同时，实现对后厨加工流程效率管理，生产环节、订单进度、加工过程、催菜、上菜全程数字化，整体提升厨房运营效率，餐厅老板看手机就知道今天大概的毛利是多少，顾客看屏幕即可知道自己所点的菜品现在是处于哪个制作环节，高效又便利。

### 3. 私域流量运营解决方案，让商家真正拥有自己的顾客

大家都在感叹流量红利的消失，事实上这里的流量指的是需要通过付费渠道购买的"公域流量"。而"私域流量"虽然可以免费且在任意时间、任意频次直接触达客户，但如何经营和管理私域流量却成了让餐饮零售企业管理者头疼的问题。

为了帮助餐饮商家快速建立并运营自己的私域流量池，客如云推出了私域流量解决方案，让餐饮商户减少对平台的依赖，拥有自己的顾客流量池。

### 4. 功能更完善，更节能环保

过去，餐饮SaaS系统不稳定是被行业诟病最多的问题，现在客如云的8款硬件产品不光在外观上进行了升级，整体产品稳定性也同比提升25%。此外，在环保低耗的大趋势下，每月每台机器在用电量上也比过去节省了约20千瓦·时，一年则比过去省下约250千瓦·时的电费，而省下的都是商家的成本！

## 五、讨论

有人不看好餐饮，甚至调侃：要是你讨厌一个人，就忽悠他去做餐饮。可餐饮业真的就不行了吗？当然不是！毫不客气地说，很多人不看好餐饮只是因为他们在餐饮红利期内待得太久了，以致在转型期受不了阵痛，但他们又没有适时地根据行业发展的趋势转变发展战略，所以只能在大浪淘沙中被残酷淘汰。自新冠疫情发生以来，更多餐饮企业走向智能化、科技化的道路，依靠科学的数据支持，信息化管理正成为餐饮市场主要管理手段，助力高效运营管理。据分析，市场对于新技术的接受程度有一个固定规律：即前3年渗透率在10%以下，之后平稳增长，10%以后会快速开始上升，未来3年，将会有80%的餐饮企业会实现智能化。希望未来桂林市餐饮企业抓住信息化发展窗口期，早日分享信息化发展成果，为企业发展插上腾飞翅膀。

## 参考文献

[1] 邹志坚．基于SaaS模式的网上银行平台分析与架构设计[D]．北京：北京邮电大学，2011.
[2] 宋丽娜，齐润州．中国SaaS企业应用平台行业研究：在互联网风潮中稳步增长[J]．上海管理科学，2015，37（4）：96–102.
[3] 方建生，杨清云，邱碧珍主编．电子商务：3版[M]．厦门：厦门大学出版社，2016：200.

**【作者】时时同云科技（北京）有限责任公司**，2012年成立，面向正餐、快餐、烧烤、火锅、小酒馆、烘焙、熟食、品牌茶饮等八大餐饮业态商家，提供SaaS模式的智能化整体解决方案等服务；**谢小文**，通讯作者，广西商贸旅游技工学校，高级讲师。

# 消费者研究专题篇

# 桂林米粉的消费行为调查分析

杜清霞　玉佳琪　谭兴勇（通讯作者）

**摘要：** 桂林米粉有鲜食桂林米粉和预包装桂林米粉，两者均占有很大的市场份额。本文通过问卷调查并对数据进行综合分析得知，消费者对桂林米粉食品安全问题关注度高，其中消费者对鲜食桂林米粉中的干拌粉和汤粉喜爱约各占一半，同时期待高品质的桂林米粉，部分游客能够接受一日三餐食用桂林米粉的消费行为；预包装桂林米粉知名度低，部分游客对预包装桂林米粉的消费意愿低，消费者期待方便、美味、实惠的预包装桂林米粉。本文将对鲜食桂林米粉提出营养搭配、细致化服务等发展建议，并对预包装桂林米粉提出加大科研力度、拓展线上线下市场、加大宣传力度等发展建议。

**关键词：** 桂林米粉；消费行为；调查分析；

2018年，来桂林市旅游的游客总人数达1.09亿人次，其中，国内游客1.06亿人次，入境过夜游客274.70万人次，旅游总消费1391.75亿元，同比增长43.2%[1]。桂林米粉是桂林美食的一张名片，其深厚的饮食文化、丰富的品种和多样味感成为游客争相品尝的美食之一。美食是人们生活中不可或缺的一部分，调查显示，超过75%的游客选择当地特色美食作为餐饮方式，而且在餐食选择中会重点考虑环境、服务质量、经济实惠和菜品特色[2]。同时，Cela等学者的研究认为，餐饮在旅游中可以显著促进零售、住宿和交通等多行业的发展，对当地旅游收入的乘数效应为1.65，对当地居民的就业的乘数效应为1.29[3]。为此，2019年桂林市人民政府出台了《关于桂林米粉产业发展的指导意见》，提出：到2021年，全产业链总收入超过100亿元，并继续开展桂林米粉星级店评比活动，到2021年底，完成100家桂林米粉星级店升级改造与评定工作[4]。通过走访桂林市商务局，从业务发展科提供的数据得知，2019年，桂林米粉产业已初步形成较为完整的产业体系。据统计，截至2018年底，桂林市生产、销售米粉的企业及个体工商户共计3400家，产业总值达到近70亿元，实现的产业增加值占GDP比重约2.3%。以三养易食、共盈、粉霸、米粉文化为代表的桂林预包装米粉生产企业有31家，现有品牌35个；拥有鲜食米粉保鲜技术的有5家；在淘宝、天猫、京东等网站开设网店的近100家，品牌约有20个，月销量达到70万盒（袋）。2017年预包装米粉销售额实现1.5亿元，其中网上为1亿元。2018年7月8日，时任桂林市人民政府副市长樊新鸿在桂林米粉发展（北京）座谈会中介绍道，近些年来一批新兴企业攻破了鲜食米粉保鲜技术，桂林米粉已开始形成集生产、加工、配送、销售为一体的产业体系。且从2018年起，桂林市将桂林米粉产业作为"一市一品"重点品牌来进行打造，坚持全产业链整体促进发展，线上线下同步发力，重点把握质量、产量、销量、特色、物流"五个基础"，推进桂林米粉朝着规模化、产业化、标准化、绿色化方向发展，争取到2021年，桂林米粉全产业链实现100亿元目标。基于此，掌握游客对鲜食桂林米粉以及预包装桂林米粉的消费行为方式，可为实现桂林米粉发展目标夯实理论研究的基础，为商家提供准确、客观的数据，以促进就业，从而加快桂林米粉产业发展。

## 一、鲜食桂林米粉调查分析

### （一）数据收集

本问卷于2019年3月至4月进行并完成。通过在桂林火车站、桂林北火车站以及桂林象山景区、木龙湖景区等景点发放纸质问卷进行，调查对象为来桂林市的游客。问卷采用一对一现场发放，工作人员指导被调查者完成或是游客独立完成。调查共发放了200份问卷，收回200份问卷，剔除信息缺失或有明显错误的问卷，有效问卷为190份，有效率为95%。对收回的调查问卷通过Excel软件进行统计。

### （二）调查样本的基本特征

调查样本的基本特征见表1。广西区内的游客有96人，约占51%，广西区外的游客有94人，约占49%。其中，在职人员约占84%，学生约占13%，退休人员占3%，这表明大多数游客具备一定经济能力。进一步对游客进行职业分类分析得知，公司职员约占37%，公职人员约占34%，自由职业 / 无职业约占29%。

表1 样本的基本情况

| 调查项目 | 类别 | 人数 / 人 | 占比 / % |
|---|---|---|---|
| 地区 | 广西区内(除桂林市外) | 96 | 51 |
| | 广西区外 | 94 | 49 |
| 身份类别 | 学生 | 24 | 13 |
| | 在职 | 160 | 84 |
| | 退休 | 6 | 3 |
| 职业类别 | 公司职员 | 70 | 37 |
| | 公职人员 | 64 | 34 |
| | 自由职业 / 无职业 | 56 | 29 |

## (三)数据分析

### 1. 游客对不同类型的桂林米粉选择

桂林米粉主要有桂林卤菜粉、桂林凉拌粉、桂林三鲜粉、桂林牛腩粉、桂林马肉粉等类型。这些米粉从汤汁的有无可以分为汤粉与干拌粉，其中，桂林三鲜粉、桂林牛腩粉、桂林马肉粉是汤粉类，桂林卤菜粉、桂林凉拌粉是干拌粉类。调查数据显示，有113人喜欢桂林干拌粉，约占59%；有77人喜欢品尝桂林汤粉，约占41%(图1)。从数据中可以得知，喜欢干拌粉的游客多一些。

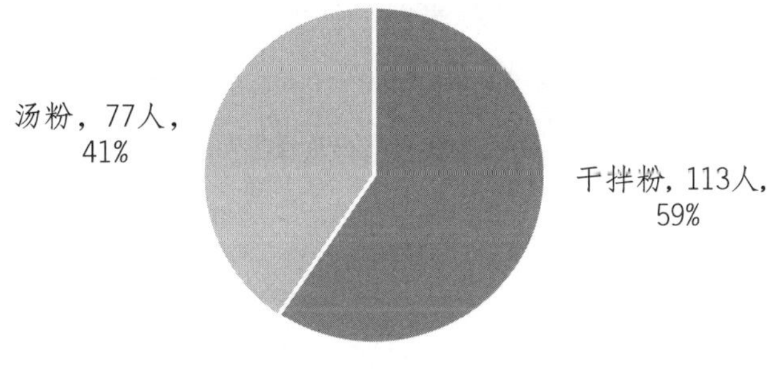


图1 游客对不同类型的桂林米粉选择

### 2. 游客对非早餐食用桂林米粉的接受度

调查数据显示，有136人能够接受非早餐食用桂林米粉，约占72%；有54人不能接受，约占28%。从中可知，游客对非早餐食用桂林米粉的接受程度较高(图2)。

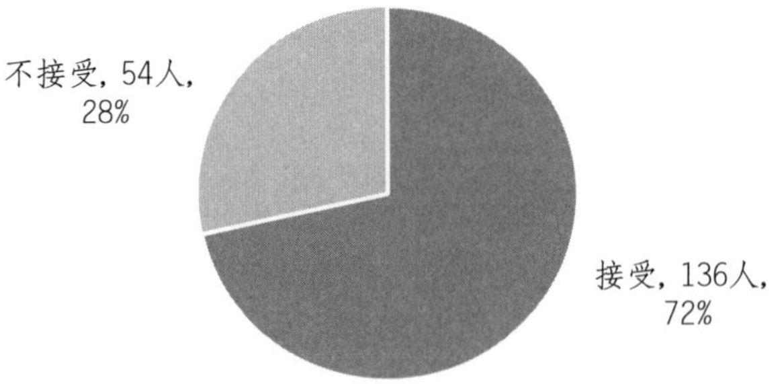


图2 游客对非早餐食用桂林米粉的接受度

### 3. 游客对持续食用桂林米粉的接受度

在本次问卷调查中，停留时间为1～7天的游客有147人（其中，停留时间为1～3天的游客有104人），7天以上的游客有29人。本问卷只统计分析停留时间为1～7天的游客在停留期间食用桂林米粉的情况。经统计，停留时间为1～7天的游客在停留时间内共食用桂林米粉306次。其中，停留时间为1～3天的游客在停留的时间内共食用桂林米粉197次。通过分析可知，游客对持续食用桂林米粉的接受度较高。

### 4. 游客对桂林米粉价格的接受度

在本次问卷调查中，有85人选择8元以下二两一碗的桂林米粉，约占45%；有71人选择8～12元的，约占37%；有27人选择13～18元的，约占14%；有5人选择19～23元的，约占3%；有2人选择23元以上价格的，约占1%（图3）。通过数据分析得知，能接受8元以上二两一碗的桂林米粉的游客约占55%，占一半人数以上。

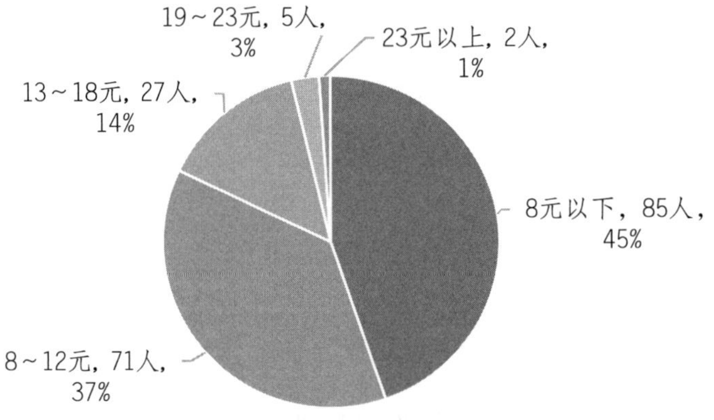


图3 游客对桂林米粉价格的接受度

### 5. 游客对桂林米粉店环境和桂林米粉味道的选择

在本次问卷调查中，有132人觉得吃桂林米粉时味道和环境都很重要，约占70%；有46人觉得只要味道好就行，约占24%；有12人觉得环境比较重要，味道可以一般，约占6%（图4）。味道是一个地方美食独有标志，是一个地方饮食文化精髓；环境是游客能够感知、能够体验的场景，通过分析得知绝大部分游客既注重味道又看重环境。

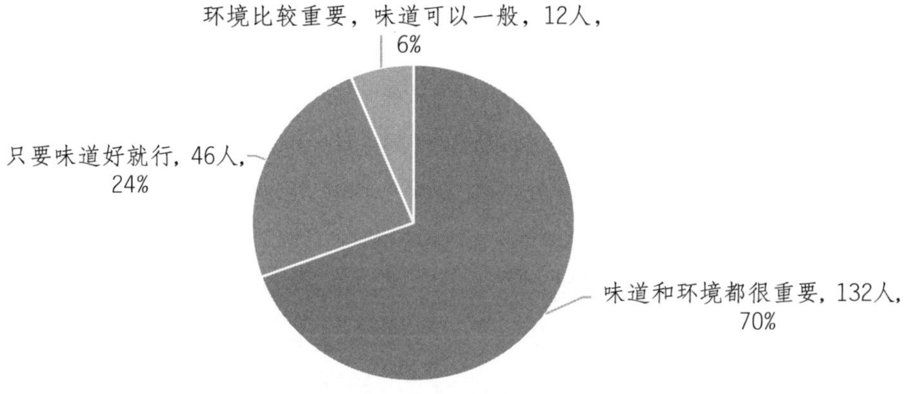


图4 游客对桂林米粉店环境和桂林米粉味道的选择

### 6. 游客对桂林米粉综合因素的评价

本次调查问卷所列综合因素包含桂林米粉的安全、风味、价格、服务、地理位置、环境等六大因素，可多选。调查显示，有114人选择安全卫生，约占60%；有79人选择地理位置，约占42%；有62人选择风味，约占33%；有51人选择服务，约占27%；有50人选择价格，约占26%；有45人选择环境，约占24%。由此可见，安全卫生是游客普遍关注的重点。

## （四）分析结果与对策

### 1. 保障制作桂林米粉过程安全卫生

游客把桂林米粉的安全卫生排在了首位，既反映出游客对食品安全的共性需求，也反映出个体对桂林米粉的安全期待。从供应链的角度分析，桂林米粉存在的安全控制点主要有：①反复加热的基础卤水沉淀物质较多，这些物质可能存在一定的危害；②鲜米粉易存在食品安全隐患，因为大多数米粉早上从米粉企业送至商家时并非是密封包装的，而且配送的米粉一般量较多，在非高峰时段存放时间长，加上又是常温存放等，容易导致微生物快速繁殖从而带来食品安全隐患；③米粉佐料成为消费者关注的焦点，特别是酸豆角、酸菜、酸笋等，有些商家在其中添加过量的防腐剂，甚至为了保持颜色、增加脆性还添加违禁物质。一碗安全的桂林米粉，需要完整的安全供应链作为保障，对此，建议建立全供应链安全监管体系。对于关键环节，如卤汁的制作，建议现做现用，避免重复加热造成食品安全隐患；在配送环节方面，建议将米粉分为小份密封包装，以保证食品安全。

### 2. 注重品质提升，满足不同需求

桂林米粉目前普遍是5元1份（约265g），大部分游客需求超过8元甚至是更高价格的桂林米粉。但目前在游客密集区域供应米粉的企业，有些只是简单区分目标客户，游客一个价，市民一个价，或是增加量不增加质。高价格应该高品质，这是商家的经营之道。要想做好高品质桂林米粉餐饮，应提升环境质量，比如提供冷气或是暖气、卫生间等；提供部分或是全面的服务；增加更多可供选择的配料以满足不同人群的营养需求，例如鸡蛋、酸奶、豆制品、牛肉、鸡肉、鸭肉等。吃出健康是当下人们追求的目标，商家也可以考虑在门店增加人体营养分析仪，根据个体提供营养米粉套餐。

### 3. 餐饮服务更细致化

对能够接受非早餐食用桂林米粉的游客的基础数据进一步分析后显示，共有136位游客能接受中餐、晚餐、消夜食用桂林米粉，其中，广西69人，湖南12人，广东9人，北京7人，山东、云南、贵州各4人，江西、陕西、吉林各3人，福建、重庆、江苏、河北、河南、山西、四川各2人，河南、香港、湖北、安徽各1人。从以上数据分析得知，接受一日三餐食用桂林米粉的人群不受地域限制。由于桂林米粉具有味型丰富、现场制作工艺简单以及时间短等优势，逐渐被人们作为中餐、晚餐，甚至是消夜的美食。因游客到桂林时间是不确定的，游客到景区游玩后用餐时间也是不确定的，故建议桂林米粉餐饮企业在游客密集区域增加服务时间，根据流量做好桂林米粉的供应。

通过对基础数据进一步分析显示，广西区外的游客有60%喜欢品尝汤粉，广西区内的游客有65%喜欢品尝干捞粉。在桂林市区，干捞粉更受市民的青睐，桂林市市民视桂林干捞卤菜粉为桂林米粉中最具特色的米粉，并以此为傲，因此对外也都大力推广干捞卤菜米粉。但有些游客选择汤粉也有其客观需要，如受饮食习惯的影响；参观景区景点之后人体大量缺水，产生对水分生理的需求。建议餐饮企业建立差异化营销策略，以满足不同游客对不同类型米粉的需求。另外，建议增加以100g为一份的小分量米粉供应，在满足游客干捞粉或汤粉的不同需求的同时，也能满足既想品鉴干捞米

粉，又想品鉴汤粉的游客的需求。

## 二、预包装桂林米粉调查分析

### （一）问卷设计与数据收集

此次调查采取半结构式的问卷调查方式，共设置13个问题，由12道选择题与1道让接受调查者根据自身情况填写的主观题组成。问卷在线上、线下同时进行：线上为通过问卷星软件在网上发放，接受调查者线上完成问卷即可直接提交；线下为实地发放纸质问卷，在接受调查者回答完毕后即时回收问卷。

#### 1. 调查内容

①接受调查者对预包装桂林米粉的认知度（是否吃过、听说过）；②接受调查者对预包装桂林米粉的消费意愿；③影响其购买的因素有哪些。

#### 2. 问卷的发放与回收

本次调查的问卷共发放210份，共收回210份，回收率100%。其中，男性共117人，占比约56%，女性共93人，占比约44%；来桂林市旅游者共112人，占比约53%，在桂林市居住、工作、学习者共98人，占比约47%。

### （二）基于问卷的调查分析与结果

#### 1. 预包装桂林米粉的市场竞争力较低

调查显示，在接受调查的受访者中有116人表示吃过预包装米粉，占比约55%。由此可知，受访者大部分吃过预包装米粉，预包装米粉具有一定的知名度与接受度。但在吃过预包装米粉的受访者中，食用过预包装桂林米粉的受访者仅有35人，占比约30%，而食用过预包装螺蛳粉的最多，共有81人，占比约70%。由图5可看出预包装桂林米粉在同类产品的受众度并不是很高，说明其在市场中的竞争力和占有率都较低，没有抓住机遇抢占市场份额并打造出具有竞争力的品牌。近几年来各地各类品牌预包装米粉在当地政府政策的扶持下纷纷快速发展并抢占海内外市场，打响品牌建立知名度，而预包装桂林米粉由于起步晚、发展慢等原因，市场占有率远低于同类竞争者。目前来看，预包装桂林米粉品牌较少、技术较低，因此在价格、质量、创新等方面的竞争力较低。

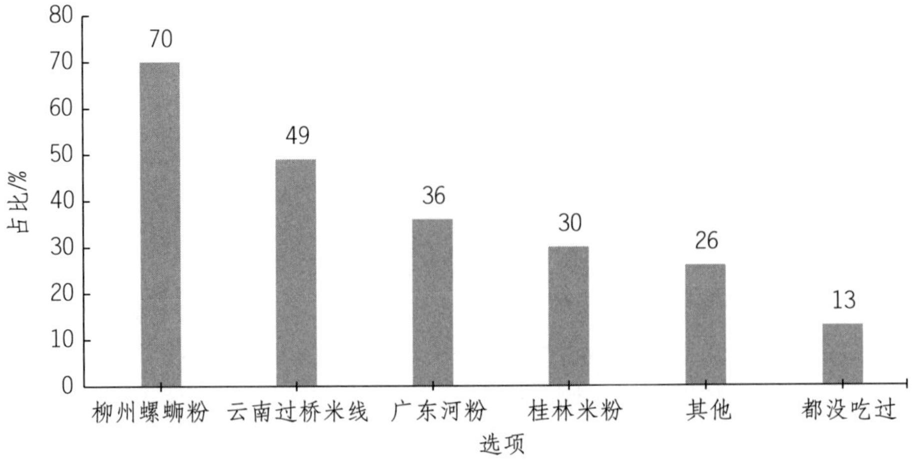


图5　消费者食用过的预包装米粉

## 2. 预包装桂林米粉的知名度较低

通过调查得出的数据可知，在接受调查的受访者中有114人听说过预包装桂林米粉，占比约54%。仅有约一半的受访者听说过预包装桂林米粉，这说明预包装桂林米粉在潜在消费群体中的知名度较低，这一数据也说明预包装桂林米粉的知名度还有很大的提升空间。而纵观国内外市场，难以找到一个能代表预包装桂林米粉的品牌。在淘宝、天猫、京东等平台上的电商品牌仅有20个。上淘宝搜索“袋装 桂林米粉”，销量排第一的老盐街预包装桂林米粉，月销量也仅有6 500多份。如点击“销量”筛选按钮的话，排在第一的则是预包装柳州螺蛳粉，预包装桂林米粉则需往下翻找才能看到。在问到“您是通过什么途径听说预包装桂林米粉的”（可多选）时，听说过预包装桂林米粉的受访者选择通过朋友、同学的人数最多，共83人，占比约73%；其次是通过电视网络的，共41人，占比约36%；户外广告途径紧跟其后，共32人，占比约28%（图6）。这一情况反映了预包装桂林米粉的知名度主要是靠人们的口口相传方式传播。

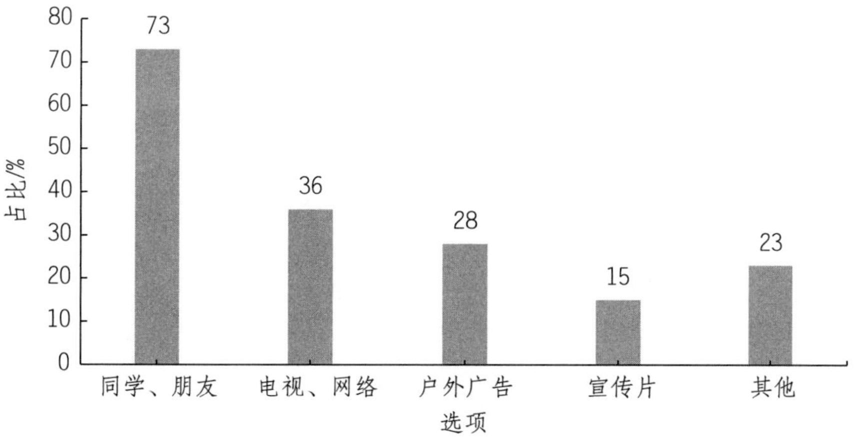


**图6 消费者听说预包装桂林米粉的途径**

### 3. 美味、方便、实惠是消费者对预包装桂林米粉的期望

在接受调查的受访者中，有113人食用过预包装桂林米粉。在问及这部分受访者"对于预包装桂林米粉您更看重以下哪方面"(可多选)时，调查数据（样本量为113份）表明，约80%的受访者选择味道风味，约58%的受访者选择方便食用（图7）。在问及"您可以接受什么价位的预包装桂林米粉（每袋）"时，约53%的受访者表示愿意接受价位在7～8元（图8）。由此说明，鲜食桂林米粉的美味、实惠深入人心，人们对桂林米粉的印象也大多停留在这一阶段，因而对预包装桂林米粉也抱有同样的期待。预包装桂林米粉的产品开发可将此作为参考意见。

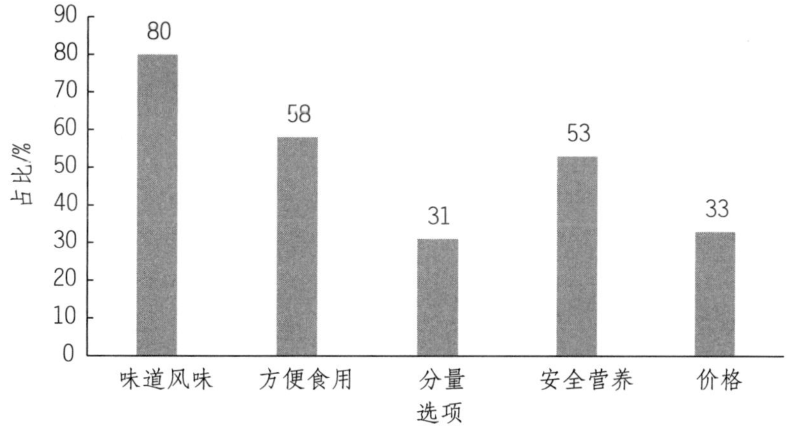


**图7 对于预包装桂林米粉消费者更看重的因素**

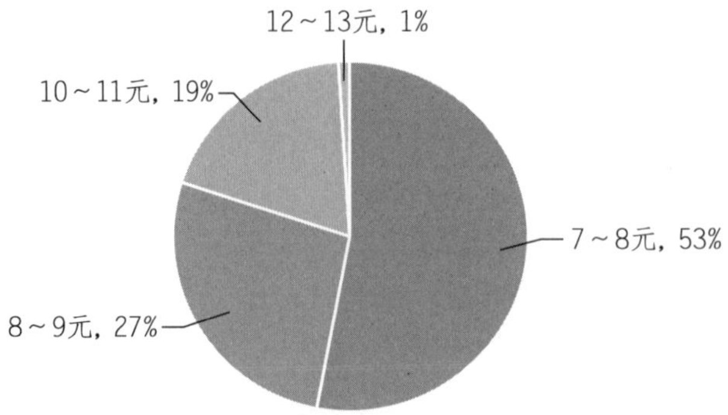


图8　消费者可以接受的预包装桂林米粉价位

#### 4. 消费者对预包装桂林米粉的消费意愿

在问到“若有机会来桂林旅行 / 学习 / 出差工作，您会购买预包装桂林米粉吗”时，约49.52% 的受访者表示会购买，约50.48% 的受访者表示不会购买。两项占比基本持平，说明受访者的消费意愿并不是特别高，这与预包装桂林米粉现阶段的知名度、市场占有率偏低和味道等因素有关。在问题“吸引您购买预包装桂林米粉的因素有哪些”中，约37% 的受访者因其是桂林特产而选择购买，约25% 的受访者因其可作为礼品赠送亲友而购买（图9）。由此可看出，预包装桂林米粉的文化价值是影响消费者购买的最大因素，说明其可借助桂林旅游业的强劲势头进行发展。

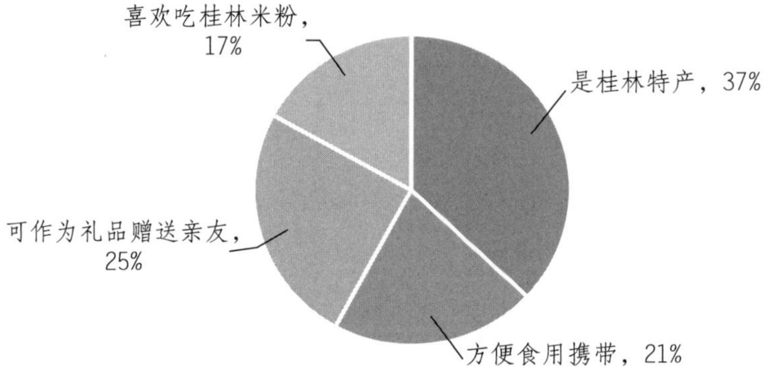


图9　影响消费者购买预包装桂林米粉的因素

### （三）关于预包装桂林米粉食品业发展的建议

#### 1. 加大科研投入，促进产业健康快速发展

预包装桂林米粉的核心技术难关便是米粉的鲜食保鲜技术与卤水等料包的制作

工艺，尤其以米粉的鲜食保鲜技术最难。走访桂林市商务局得知，市场现有的30多家企业只有5家拥有鲜湿米粉加工保鲜技术，自主生产料包的企业只有6家，其他均从上述企业中购置材料贴牌销售。根据调查问卷的结果可知，在食用过预包装类米粉的113位受访者中，约80%的人表示更注重预包装桂林米粉的味道风味，这一期望亦是预包装桂林米粉所面临的困难之一。对于预包装桂林米粉而言，卤水的保质保味需要投入更多的科研技术，因此须加大科研的投入和人才的引进，促进预包装桂林米粉产业模式的创新、产业配套技术的开发，以及全产业链的提升整合，确保预包装米粉的口感与实体店米粉口感基本一致。

### 2. 整合企业布局，扶持龙头企业发展

企业是生产和创新的主体，产业的发展离不开企业的发展，而扶持龙头企业的发展可以增强预包装桂林米粉产业的竞争力，扩大产业规模。龙头企业的发展是进一步打入预包装米粉市场的力量保证，同时有利于打造一流品牌，提升产业知名度。要提升企业的集聚和整合能力，就需要政府出力，建立一个配套齐全的工业园，并对工业园区进行合理的布局；加以政策方面的优惠，以吸引各个预包装桂林米粉企业入驻；加强企业间专业化的分工和协作，形成专业化的预包装米粉食品工业聚集园区，加快产业链的发展，同时亦能增强企业的抗风险能力。

### 3. 加快步伐，开拓线上线下市场

扩大预包装桂林米粉市场占有率，须加快开拓线上线下市场。在汽车站、火车站、机场、购物商场、大型超市等人流量大、人群聚集场所加大投入量，同时政府应积极协助桂林米粉企业获取清真食品认证和出口日本、欧盟、美国等国家和地区的资质认证，促进桂林米粉品牌走出去。桂林旅游业的蓬勃发展亦是预包装桂林米粉发展的机遇，因此企业应积极开发预包装桂林米粉，推动产品升级换代，例如开发预包装桂林米粉伴手礼系列产品，满足外地游客“食”和“购”的双重需求。线上市场的开拓则须建立多渠道营销网络，充分发挥桂林旅游的带动作用，布局好线上销售网络，积极配合与阿里巴巴、京东等企业的合作，打造“网红”品牌，扩大网上销售规模，将预包装桂林米粉纳入淘宝广西特色馆、桂林特色馆、“i游桂林”等电商平台；鼓励企业和个人在淘宝、天猫、京东等知名电商平台中开设网店、微店，销售预包装桂林米粉。

### 4. 加大宣传力度，提高品牌知名度

随着人们对预包装类米粉食品安全和质量要求的提高，产品品牌的辨识作用进

一步增强。名品作为市场竞争利器，是企业软实力的重要内容，而一个响亮的品牌是一个企业的竞争优势与资源，亦是提升产品附加值的重要途径。企业应积极发展自身自有品牌，打造出能代表企业生产水平的预包装桂林米粉品牌，并进行积极的宣传，例如参加成都糖酒会、广交会、香港食品博览会等国内外大型展销会；借助“双11”活动的热度进行网络营销活动的造势与宣传；注重在桂林本地的宣传，积极开展预包装桂林米粉进社区、进景区、进校园大型宣传活动；通过邀请名人代言、制作公益广告等方式加大对预包装桂林米粉的广告宣传。对于优质的预包装桂林米粉品牌，政府应重点推广，并给予企业相应鼓励与资金政策上的扶持。

## 三、讨论

从鲜食桂林米粉调查分析结果推测，未来游客对于高品质的桂林米粉具有较高的期待，快餐化桂林米粉将成为重点发展方向。同时，通过对调查数据进行统计分析得出，预包装桂林米粉面临着以下几个问题：①预包装桂林米粉市场竞争力较低；②预包装桂林米粉的知名度较低；③美味、方便、实惠是潜在消费者对预包装桂林米粉的期望；④消费者对预包装桂林米粉的消费意愿较低。针对上述问题，本文提出以下建议：①政府可加大科研投入，促进预包装桂林米粉产业健康、快速发展，并合理布局，扶持龙头企业发展；②加快步伐，开拓线上线下市场；③加大宣传力度，推进品牌发展。桂林米粉产业化，既包含预包装产业化，也应包含鲜食米粉快餐产业化，两翼发展才是桂林米粉产业的完整发展体系。另外，桂林米粉企业是米粉产业创新的主体，企业应重视对游客的需求分析，以便有针对性地为游客乃至全国各地的人们提供各式各样的桂林米粉，以满足人们高质量的需求。

## 参考文献

[1] 桂林市统计局综合科 .2018年桂林市经济发展情况综述 [EB/OL].（2019-01-03）[2019-08-10].http://www.gltj.gov.cn/tjfx/jdtjfx/201901/t20190130_1088044.htm.

[2] 周久贺，陆鹏 . 桂林市旅游收入影响因素实证研究 [J]. 广西师范学院学报（哲学社会科学版），2019，05（168）：90-98.

[3] CELA A，KNOWLES L，LANKFORD S.Local food festivals in Northeast Lowa communities：A visitor and economic impact study[J].Mannaging leisure，2007，12（2）：

171–186.

[4] 桂林市人民政府 . 桂林市人民政府关于桂林米粉产业发展的指导意见：市政规〔2019〕6 号 [EB/OL].（2019–03–14）[2019–08–10].http://www.guilin.gov.cn/zfwj/201905/t20190515_1129889.htm.

【作者】**杜清霞**，桂林旅游学院，烹饪与营养教育专业2017级学生；**玉佳琪**，桂林旅游学院，酒店管理专业2015级学生；**谭兴勇**(通讯作者)，桂林旅游学院，本科，教授。

# 基于消费者需求的阳朔啤酒鱼发展研究

刘有靓　谭兴勇（通讯作者）

**摘要：** 阳朔啤酒鱼是阳朔县的特色美食，阳朔啤酒鱼产业在阳朔的发展已有30年的历程，已成为阳朔餐饮业的支柱性产业。通过到阳朔向消费者发放问卷并回收整理分析，以及从美团和大众点评收集消费者在网络上对阳朔啤酒鱼的评价内容并对其进行分析，得出阳朔啤酒鱼餐饮业目前存在的问题：消费者对中低端消费需求大，对高端消费需求小；消费者对啤酒鱼餐饮企业的服务关注度高；消费者对环境中温度、噪声与卫生较为关注；消费者来源广，对啤酒鱼感官阈值宽。由此提出相应的发展对策：根据细分客户市场，提供精准营销方案；制定标准化服务指南，引领餐饮企业向标准化管理发展；根据消费者关注度，有针对性地提高用餐环境质量；提供多味型啤酒鱼产品，满足来自不同地域的消费者的需求。

**关键词：** 阳朔啤酒鱼；餐饮业；现状分析；发展对策

阳朔啤酒鱼是阳朔美食的名片，既是当地人喜爱的美食，也是游客来阳朔时喜爱品尝的美食。阳朔啤酒鱼产业在30年的发展中已经遍布阳朔的大街小巷，逐渐成为阳朔餐饮业的重要组成部分。然而，随着社会经济的发展和生活水平的提高，人们外出旅游的行、游、住、食等需求也在悄然发生变化，到阳朔的旅游者也不例外。掌握消费者对阳朔啤酒鱼美食消费的需求，对指导啤酒鱼产业提质升档、创新发展具有重要意义，因此，开展消费者对阳朔啤酒鱼的消费需求研究既有必要性又有迫切性。

## 一、消费者对阳朔啤酒鱼需求问卷调查

### （一）问卷设计

此次调查采取实地问卷调查的方式，共有16道题，每道题都有一定的针对性，其中，15道是选择题，1道是让消费者根据切身体验填写的主观题。阳朔啤酒鱼是桂林的特色美食，因此，在阳朔的居住者、工作者、学习者和来阳朔的旅游者中的大部分人是阳朔啤酒鱼的消费者。为了确保问卷调查结果的有效性与可靠性，调查对象界定为在阳朔食用过阳朔啤酒鱼的消费者。

问卷的情况大体分为以下6个部分：

第一部分是调查对象的基本资料（性别和地址）。

第二部分是调查对象对阳朔啤酒鱼的认知度：是否吃过，听说过，以及了解渠道。

第三部分是调查对象对阳朔啤酒鱼的消费意愿：在阳朔就餐是否会选择啤酒鱼，选择阳朔啤酒鱼的因素是什么，在阳朔吃啤酒鱼有何期望。

第四部分是在阳朔吃啤酒鱼遇到过什么问题。

第五部分是调查对象是否会向亲朋好友介绍阳朔啤酒鱼。

第六部分是调查对象对阳朔啤酒鱼的看法与建议。

### （二）问卷发放与回收

本次问卷调查的对象为在阳朔食用过阳朔啤酒鱼的消费者。调查问卷是在阳朔境内以一对一的形式实地发放，发放的过程中对接受调查者进行甄别，只让符合条件的对象填写。由于是以实地发放的方法开展调查，会有问卷填写不完整的情况，因此本次分析设定：最后一道主观题未填写完整的问卷列入无效问卷。本次问卷累计发放89份，共回收89份，回收率100%，其中，回收的问卷中，男性44份，占比49.44%；女性45份，占比50.56%。来自广西区外的调查者49人，占比55.06%；区内共38份，占比42.70%；有2份未填写省份信息。有效问卷83份，有效率93.26%。

### （三）数据分析

#### 1. 分析方法

分析软件采用问卷星，利用问卷星提供的调查结果分析图，可以形象地展示调查结果。在问卷星上编写问卷，根据纸质版有效问卷切实输入信息到问卷星上，并

且对每份问卷审核，以确保结果的有效性和可靠性，最大程度减少人为计算造成的误差。利用问卷星的分析图，对调查结果进行阐述。

2. 数据分析

基于本次调查的83份有效问卷进行数据分析：

（1）调查对象的基本情况

①调查对象的性别：本次调查有效的问卷中，男性42人，约占50.60%；女性41人，约占49.40%（图1）。

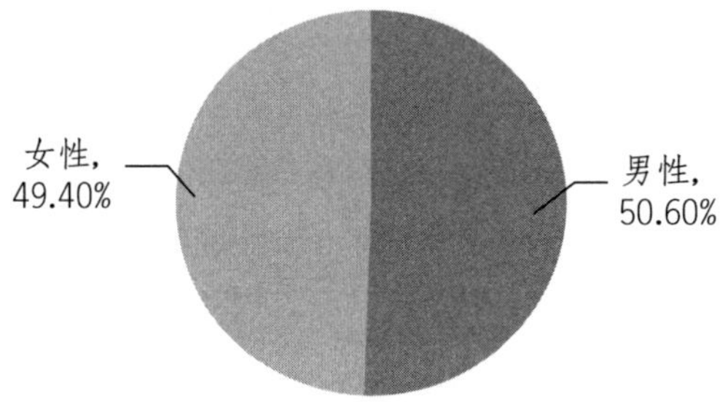


图1 性别分布

②调查对象的地区分布（有1份未填写省份信息）：接受调查者中，广西人为36人，占比最高（图2）。

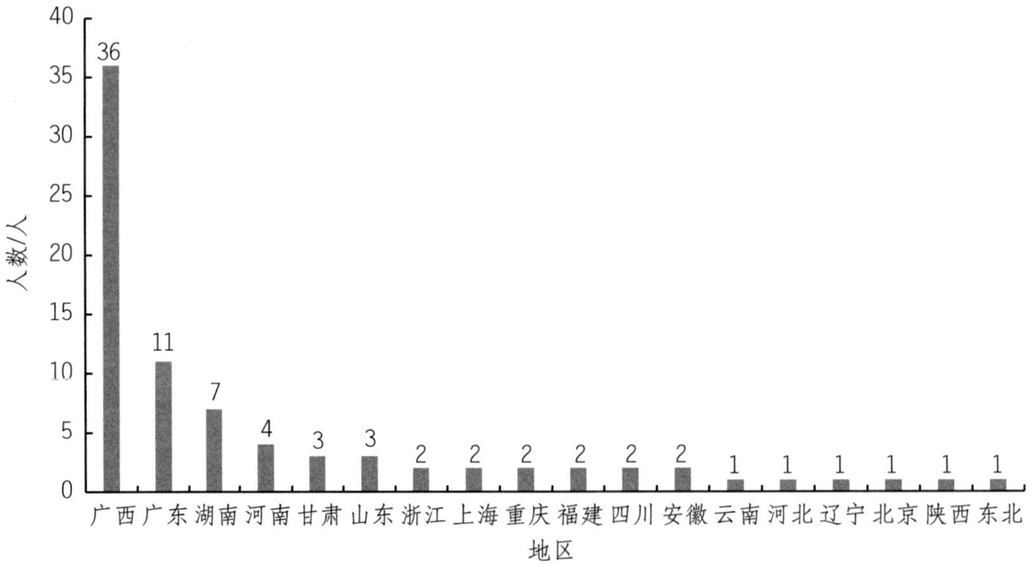


图2 地区分布

（2）调查对象对阳朔啤酒鱼餐饮业的认知

①是否听说过阳朔啤酒鱼：调查对象中，55人听说过阳朔啤酒鱼，占比约66.27%；28人表示没有，占比约33.73%（图3）。

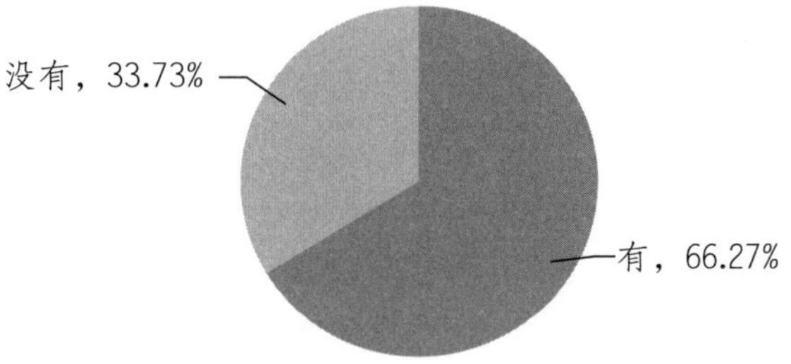


图3　是否听说过阳朔啤酒鱼

②通过何种渠道了解阳朔啤酒鱼：调查结果显示，多数消费者了解到阳朔啤酒鱼是通过朋友介绍（图4）。目前，阳朔啤酒鱼的主流宣传方式是以口碑相传，虽然口碑相传是最好的宣传方式，但是也存在着不足之处。消费者从网络自媒体上了解到阳朔啤酒鱼的不多，宣传单中了解到阳朔啤酒鱼的最少。

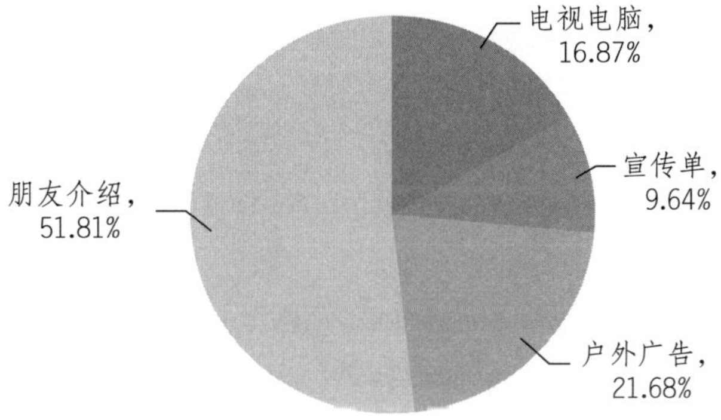


图4　了解阳朔啤酒鱼的渠道

（3）消费者对阳朔啤酒鱼的消费意愿

①选择阳朔啤酒鱼就餐的原因（可多选）：调查结果显示，约59.04%的接受调查者是因为阳朔啤酒鱼是阳朔的特色菜，约30.12%的接受调查者是因为喜欢吃鱼，约25.3%的接受调查者是因为阳朔啤酒鱼的鱼肉质鲜嫩，约19.28%的接受调查者是因为阳朔啤酒鱼的口味好，约7.23%的接受调查者是因为阳朔啤酒鱼餐厅的环境好（图5）。

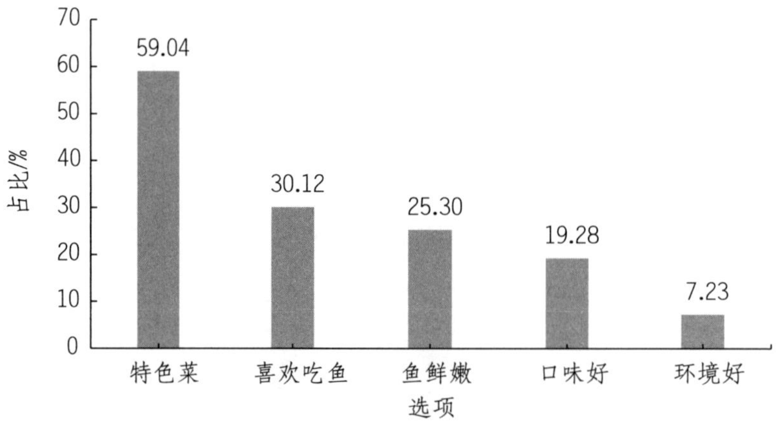


**图5　选择阳朔啤酒鱼就餐原因**

②消费者选择餐厅时考虑的因素：调查结果显示，接受调查者选择餐厅就餐时考虑的因素为有特色的占比约60.24%，干净卫生占比约54.22%，装修有品位、有格调占比约51.81%，适合自己口味和服务态度好占比都是约50.60%，上菜速度快占比约25.30%，价格便宜占比约13.25%，其他占比约4.82%（图6）。

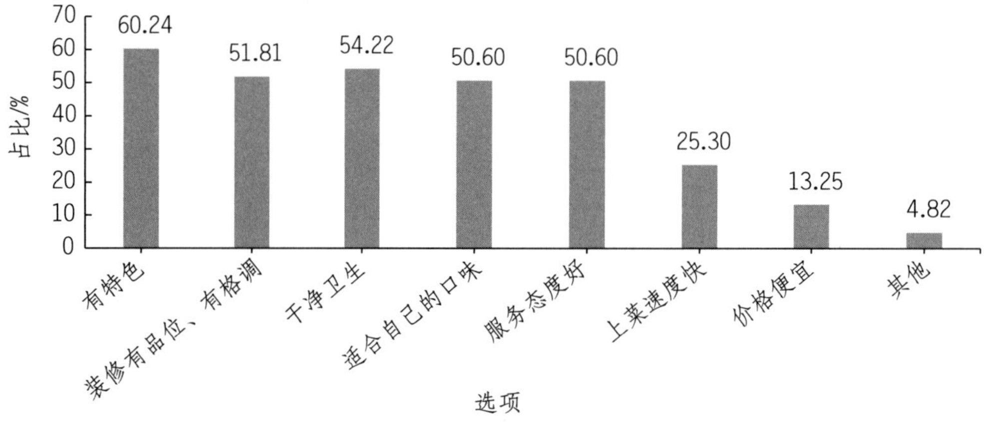


**图6　选择餐厅的因素**

③消费者喜欢阳朔啤酒鱼店的环境：调查结果显示，接受调查者喜欢阳朔啤酒鱼店环境为安静的约占55.42%，热闹的约占40.96%，新颖刺激的占约4.82%，私密的占约3.61%，其他占约7.23%（图7）。

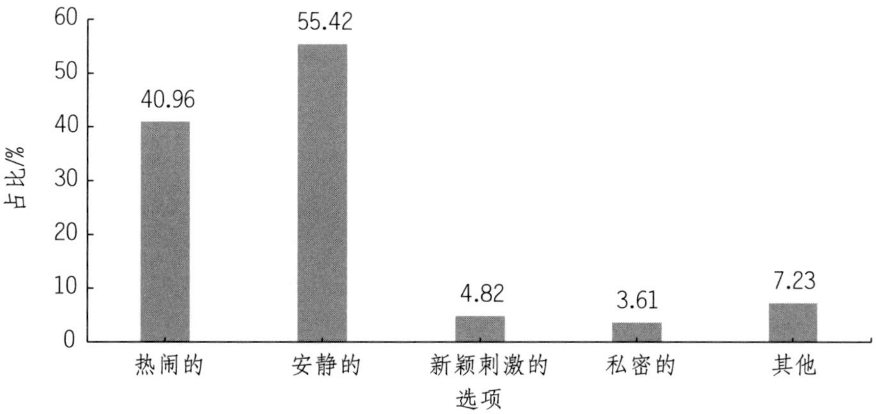


**图7 喜欢的环境**

④消费者喜欢的口味：调查结果显示，接受调查者中，喜欢微辣的占比约48.19%，喜欢中辣的占比约31.33%，喜欢特辣的占比约12.05%，喜欢不辣的占比约8.43%（图8）。

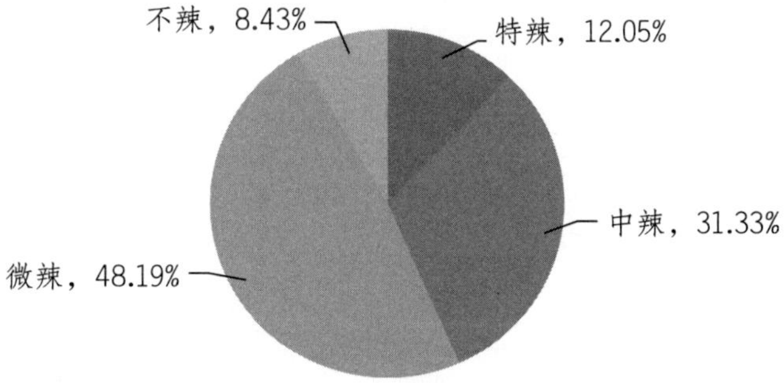


**图8 喜欢的口味**

⑤消费者心中对于阳朔啤酒鱼的期望人均消费价位：调查结果显示，期望人均消费价位为50～100元的接受调查者占比约38.55%，期望人均消费价位为100～150元的接受调查者占比约36.14%，期望人均消费价位为150～200的接受调查者占比约19.28%（图9）。这说明消费者期望的人均消费价位在50～150元之间。

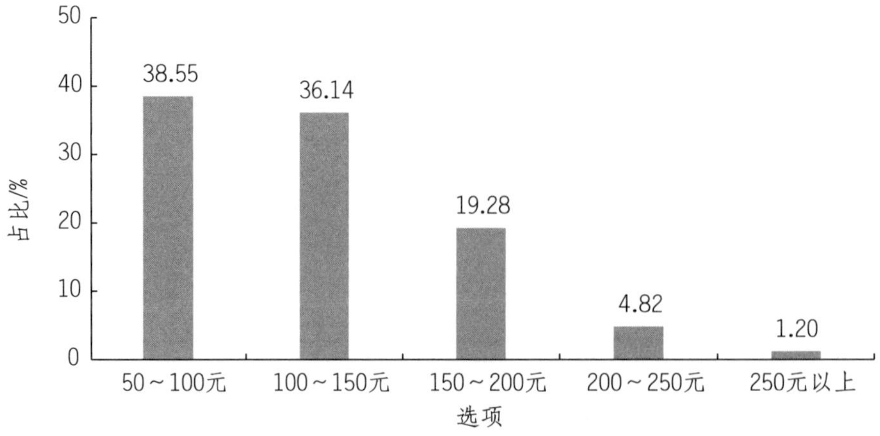


**图9 期望人均消费价位**

⑥消费者评价优秀阳朔啤酒鱼店涉及的因素：调查结果显示，消费者评价一家优秀的啤酒鱼店主要涉及的因素包括口味的把控、鱼的质量、餐厅的口碑等（图10）。这也符合了消费者对于选择一家啤酒鱼店时的要求。

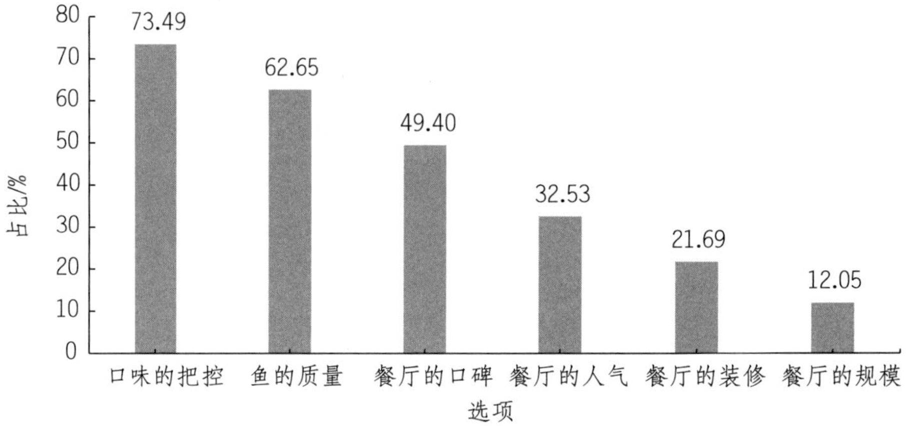


**图10 优秀阳朔啤酒鱼店涉及的因素**

（4）在阳朔吃啤酒鱼遇到过什么问题

①是否遇到过满座排队的情况：调查结果显示，接受调查者中偶尔遇到满座的占比约67.47%，经常遇到满座的占比约15.66%，两者所占比例合计约83.13%（图11）。说明阳朔旅游业强劲有力的发展促进了阳朔啤酒鱼餐饮业的发展。

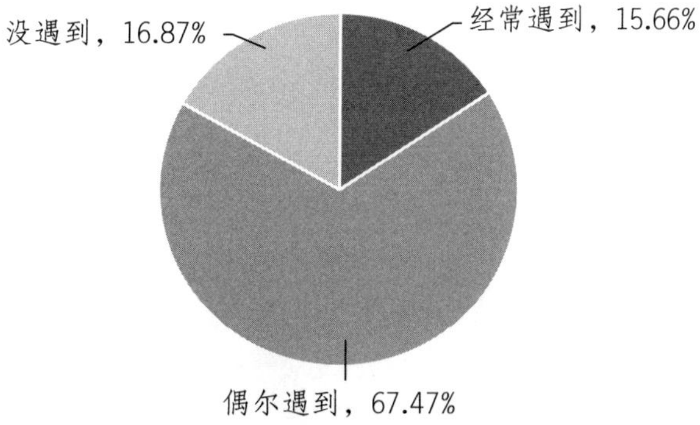


**图11　满座情况调查结果**

②满座时，消费者愿意等待的时间：调查结果显示，满座时愿意等待10～15分钟的接受调查者占比约48.19%，满座时愿意等待15～20分钟的接受调查者占比约26.51%，二者占比合计约74.70%（图12）。从调查结果分析可知，10～20分钟的时间还是比较长的，但多数消费者愿意等待。

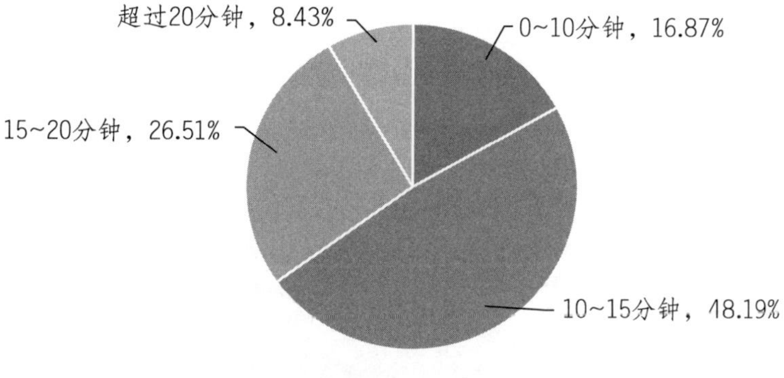


**图12　愿意等待的时间调查结果**

③吃阳朔啤酒鱼时遇到的问题：调查结果显示，约49.40%的接受调查者遇到了服务不周到的问题，约42.17%的接受调查者遇到了口味不合适的问题（图13）。调查发现，阳朔啤酒鱼经营者对服务方面的问题不够重视，对烹制阳朔啤酒鱼的操作没有规范化。另外，就餐空间不足和环境卫生差的问题同样存在。从文献分析和调研得知，环境卫生也是阳朔啤酒鱼餐饮企业需要解决的重点问题。

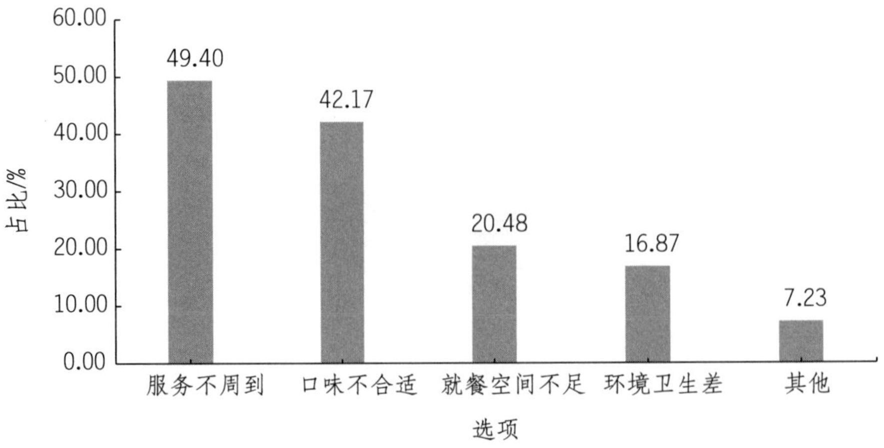


**图13　吃阳朔啤酒鱼时遇到的主要问题**

（5）消费者愿意帮忙宣传阳朔啤酒鱼和是否会再次选择食用阳朔啤酒鱼的情况

①消费者愿意帮忙宣传阳朔啤酒鱼的情况：调查结果显示，约79.52%的接受调查者会把一家优秀的阳朔啤酒鱼店介绍给身边的亲朋好友（图14），这一结果也与消费者了解阳朔啤酒鱼的渠道的调查结果相吻合。

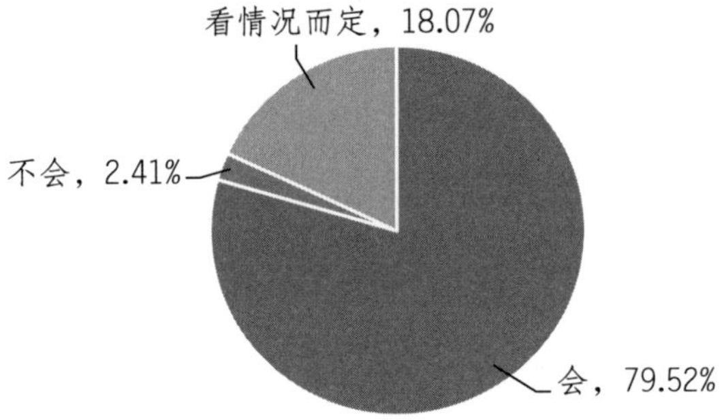


**图14　消费者愿意帮忙宣传的情况**

②消费者再次选择食用阳朔啤酒鱼的情况：调查结果显示，约54.22%的接受调查者表示下次再来阳朔时还会选择食用阳朔啤酒鱼，约40.96%的接受调查者表示对于下次是否再选择食用阳朔啤酒鱼需要看情况（图15）。

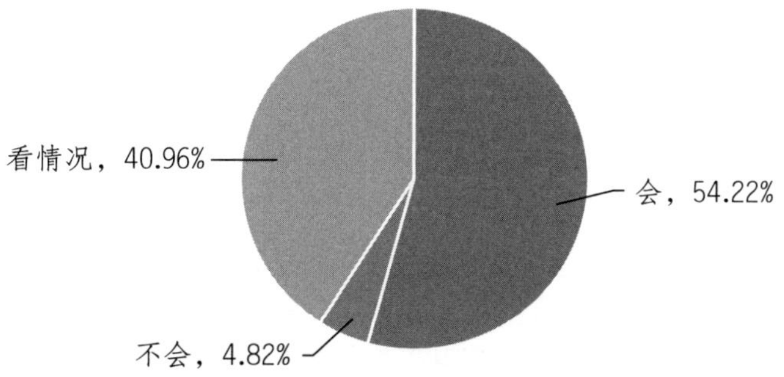


**图15 消费者再次选择食用阳朔啤酒鱼的情况**

（6）消费者对阳朔啤酒鱼的看法和建议

问卷调查表中，最后一题为填空题，收集了消费者对阳朔啤酒鱼的看法和建议。该题采用词频分析法，剔除无关词汇，挑选出关键词进行分析（表1）。表1“第1列”关键词出现的频率最高，所以只从第1列中挑选相应的关键词。

**表1 消费者对阳朔啤酒鱼的建议看法**

| 项目 | 第1列 | 第2列 | 第3列 | 第4列 |
|---|---|---|---|---|
| 关键词 | 啤酒 | 旅游 | 多样化 | 品种 |
| | 口味 | 看好 | 种类 | 偏低 |
| | 价格 | 鱼能 | 排盘 | 偏高 |
| | 阳朔 | 打进 | 眼球 | 别放 |
| | 学生 | 消费 | 湖南菜 | 太高 |
| | 大众 | 群体 | 元素 | 商家 |
| | 消费者 | 意见 | 能辣 | 越做越 |
| | 发展 | 产业 | 美味 | 传统 |
| | 服务 | 广西 | 不太好 | 传承 |
| | 样式 | 桂林 | 味道 | 品牌 |
| | 一名 | 魅力 | 宰客 | 游客 |
| | 建议 | 尊重 | 现象 | 实惠 |
| | 至上 | 权益 | 多用 | 稍微 |
| | 外省 | 多新 | 海鱼 | 迎合 |
| | 服务质量 | 预想 | 谢谢 | 情况 |
| | 新鲜 | 完美 | 配菜 | 可定 |
| | 感觉 | 惊艳 | 多一点 | 有时候 |

（续表）

| 项目 | 第1列 | 第2列 | 第3列 | 第4列 |
|---|---|---|---|---|
| 关键词 | 质量<br>创新<br>优雅 | 店面<br>特色<br>单调 | 再接再厉<br>优惠<br>偏淡 | 搭配<br>周到<br>环境<br>干净 |

从表1中挑出的相关词汇是“口味”“价格”“服务”“服务质量”“学生”。这5个词是消费者对阳朔啤酒鱼的看法和建议中的关键词汇，与之前调查的结果无异。

## （四）分析结果

在调查过程中，广西的消费者占比最高。接受调查的消费者大多数都听说过阳朔啤酒鱼，消费者了解阳朔啤酒鱼的主要渠道是心口相传，从网络自媒体上了解到阳朔啤酒鱼的较少。消费者选择食用阳朔啤酒鱼的主要原因是阳朔啤酒鱼是广西特色菜之一。约19.28%的消费者选择食用阳朔啤酒鱼是因为阳朔啤酒鱼口味好，约50.60%的消费者选择就餐餐厅时考虑的因素是适合自己的口味，约73.49%的消费者看重阳朔啤酒鱼店对口味的把控，但是有约42.17%的消费者遇到了口味不合适的问题。消费者喜欢的口味分布是喜欢微辣的占比约48.19%，喜欢中辣的占比约31.33%，喜欢特辣的占比约12.05%，喜欢不辣的占比约8.43%。消费者选择阳朔啤酒鱼时，还会考虑鱼肉的鲜嫩情况、上菜速度、用餐环境等问题。其中，约55.42%的消费者喜欢在安静的环境用餐，约40.96%的消费者喜欢在热闹的环境用餐。选择餐厅用餐时，约54.22%的消费者会考虑餐厅的卫生环境，约51.81%的消费者选择餐厅用餐时会考虑餐厅的装修格调。约16.87%的消费者在阳朔啤酒鱼店就餐时遇到环境卫生差的问题，20.48%的消费者在阳朔啤酒鱼店就餐时遇到就餐空间不足的情况。这说明，想要经营好一家啤酒鱼店还需要有品位、有格调的装修和干净卫生舒适的用餐环境。接受调查的消费者中，偶尔遇到满座的消费者约占67.47%，经常遇到满座的消费者约占15.66%；满座时愿意等待10～15分钟的消费者约占48.19%，满座时愿意等待15～20分钟的消费者约占26.51%；约49.40%的消费者遇到了服务不周到的问题。可见，服务态度也是影响消费者选择餐厅的重要因素。优质的服务是从消费者未进门开始一直到离店都要给其带来优质的服务，这样才会赢得消费者的再次选择。期望人均消费50～100元的消费者约占38.55%，期望人均消费100～150元的消费者约占36.14%，期望人均消费150～200的消费者约占19.28%。这说明人们的人均消费意愿主要是在50～150元之间，调整好价格梯度才能打开更广泛的市场。此次调查表明，只有不断提升完善，才能使阳朔啤酒鱼更符合消费者的需求，从而使消费者愿意回头消费，并向亲朋好友推荐。

## 二、基于网络文本的消费者调查

### （一）网络文本的数据采集

本次调查采用网络词频分析法对收集的词条进行分析，网络文本数据源于美团和大众点评的评论。美团和大众点评是国内知名度高、使用率高的线上美食代理商，美团和大众点评是消费者在网络上购买阳朔啤酒鱼订单和评论较多的平台。本次调查主要采集了桂林阳朔境内的6家具有代表性的阳朔啤酒鱼店的相关数据，这6家啤酒鱼店分别是谢大姐啤酒鱼、老厨师啤酒鱼、大师傅金奖啤酒鱼、渔夫啤酒鱼、谢三姐啤酒鱼、刘姐啤酒鱼音乐餐厅。

### （二）网络文本的分析

本次调查从美团和大众点评收集了上述6家餐饮店的评论，每家评论不少于50条，经整理汇总分析得出“啤酒”“啤酒鱼”“阳朔”这3个词的词频分别是345、301、154。其中“啤酒”的权重为1，“啤酒鱼”的权重为0.97，说明了此次分析为有效分析。从收集数据中挑选出和阳朔啤酒鱼评价相关的词汇进行统计和分析，数据如表2所示：

**表2　网络文本关键词汇分析**

| 关键词 | 频次 | 权重 | 主要表现 |
| --- | --- | --- | --- |
| 好吃 | 179 | 0.93 | 1. 口味一般。<br>2. 不仅贵还不好吃。 |
| 味道 | 197 | 0.92 | 1. 觉得味道很好。<br>2. 会有服务员过来询问味道如何。<br>3. 觉得味道一般，如家常菜，中规中矩。<br>4. 太咸。 |
| 环境 | 120 | 0.85 | 1. 地理位置好，店面装修好看。<br>2. 环境优美，复古。 |
| 鱼肉 | 47 | 0.82 | 1. 鱼肉鲜嫩细腻，入味。<br>2. 好腥，不新鲜。 |
| 口味 | 57 | 0.81 | 1. 阳朔啤酒鱼适合自己的口味。<br>2. 阳朔啤酒鱼不适合自己口味，觉得口味一般。<br>3. 两次吃的口味不一样。 |

（续表）

| 关键词 | 频次 | 权重 | 主要表现 |
|---|---|---|---|
| 热情 | 66 | 0.81 | 1. 热情的主要表现在进门点菜前的热情迎客。<br>2. 热情主动地端上餐前点心。<br>3. 板着脸面对客人。<br>4. 叫服务员不及时回应。 |
| 上菜 | 37 | 0.80 | 1. 上菜速度快。<br>2. 上菜速度慢，最久的一道菜等了35分钟。<br>3. 上菜不及时。 |
| 分量 | 38 | 0.78 | 分量不达标，斤两不够。 |
| 实惠 | 42 | 0.78 | 套餐实惠，每家店都会出不同的套餐。 |
| 服务态度 | 41 | 0.77 | 1. 刚刚进门点菜到上菜这段时间的服务态度是积极热情的，上完菜后的服务有的店跟不上。但是总体评价还是好的。<br>2. 服务态度差，上米饭茶水速度慢。<br>3. 下雨不肯借伞。 |
| 价格 | 41 | 0.75 | 1. 有的店由于制定的套餐合理，所以会让人觉得价格实惠。<br>2. 价格贵，单条鱼价格342元，还无法开发票。<br>3. 两个人使用88元代金券后花了420元。 |
| 装修 | 28 | 0.73 | 1. 装修雅致优美，有些店的装修带有广西的民族特色。<br>2. 空调不凉，就餐环境热。 |
| 特色菜 | 18 | 0.72 | 慕名去体验阳朔的特色菜。 |
| 干净 | 18 | 0.69 | 1. 环境方面干净整洁，餐具也干净卫生。<br>2. 有苍蝇，后厨有老鼠。 |

### （三）网络文本分析结果

从“价格”和“分量”的表现可以看出存在的问题：价格与分量不符，有些分量少、价格高，有些是分量满意，但是单价过高。有些消费者认为阳朔啤酒鱼人均消费价格太高，单条鱼价格高达342元，并且索要发票不成功；两个人使用了88元的代金券后消费了420元，即加上代金券人均消费是254元。可见，有些阳朔啤酒鱼店人均消费过高。

从“服务态度”“热情”“上菜”的表现可以看出存在的问题：一是服务员在迎客时表现得非常热情，但是客人入座点完菜，后续的服务冷淡，主要表现为对待客人不够热情，客人呼叫不回应，主食和茶水上得慢，不愿意借伞给客人使用；二是上菜慢，上菜最慢的有35分钟，不能及时迅速地把菜上齐。可见，有些阳朔啤酒鱼店在服务方面存在不足。

从“好吃”“味道”“口味”和“鱼肉”的表现可以看出存在的问题：有的消费者认为口味一般，两次去吃啤酒鱼的味道不一样；有的消费者觉得阳朔啤酒鱼太咸；有的消费者甚至认为阳朔啤酒鱼鱼肉不新鲜，腥味重。由此可知，有些啤酒鱼店生产的产品质量波动大，主要原因是缺乏标准化管理。

从“装修”和“干净”可以看出存在的问题：装修虽然精美，但是有些店的空调存在问题，夏天就餐很热；有些店的卫生情况不是很好，存在店面有苍蝇、后厨有老鼠的情况。由此可知，阳朔啤酒鱼店卫生环境方面存在问题。

## 三、游客对阳朔啤酒鱼的需求分析

基于问卷调查与网络文本调查的交叉分析，得出以下具有突出性的5点问题：

### （一）消费者对中低端消费需求大，对高端消费需求小

问卷调查结果显示，消费者对阳朔啤酒鱼的期望人均消费价位在50～150元之间。从网络文本分析结果可知，阳朔啤酒鱼目前存在的问题是有些啤酒鱼店人均消费过高，加之分量少，以致无法达到消费者心中对阳朔啤酒鱼的期望值。

### （二）消费者对啤酒鱼餐饮企业服务关注度高

由问卷调查结果可知，约50.60%的消费者期望能在服务周到热情的饭店吃饭，约49.40%的消费者在吃阳朔啤酒鱼时，遇到服务不周的情况。据网络文本分析结果可知，服务不周主要表现在待客冷漠，回应不及时；主食和茶水上得慢，上菜速度没有达到消费者每道菜的上菜时间不超过15分钟的预期。由此可知，阳朔啤酒鱼餐饮业没有规范的服务标准。

### （三）消费者对环境中温度、噪声与卫生情况较为关注

由问卷调查研究可知，约51.81%的消费者期望在一家装修有品位、有格调的餐厅用餐，约40.96%的消费者喜欢热闹的环境，约55.42%的消费者喜欢在安静的环境用餐。本次调查中，消费者反映餐厅的设备设施方面存在的问题比较明显。调查显示，有些阳朔啤酒鱼餐厅空调坏了不及时修理，以致消费者在夏天用餐会热；杀虫灭鼠的措施做得不是很到位。

### （四）消费者来源广，对啤酒鱼感官阈值宽

由问卷调查研究可知，约62.65%的消费者选择阳朔啤酒鱼就餐时会考虑鱼的质量，并且约25.30%的消费者会考虑鱼的鲜嫩程度，约73.49%的消费者对阳朔啤酒鱼的口味相当重视，但是约42.17%的消费者觉得口味不合适。网络文本分析结果显示，

有的消费者发现两次去吃啤酒鱼的味道不一样；有的消费者觉得啤酒鱼太咸；有消费者甚至觉得鱼不新鲜，腥味重。由此可见，《阳朔啤酒鱼制作技术规范》落实得不是很好。

## 四、阳朔啤酒鱼产业发展建议

### （一）根据细分客户市场，提供精准营销方案

科学合理地开展细分市场工作，可以更加准确地锁定目标市场，挖掘和开拓出新的市场，并为阳朔啤酒鱼企业提供精准的营销方案。不同的客户需求会有不同的消费观，对其进行市场细分，就可以发掘更广的客户群体，以此为依据，可以拓宽客源渠道，同时更好地满足客户的需求。

### （二）制定标准化服务指南，引领餐饮企业向标准化管理发展

服务是第一道见面礼，受关注度高。制定标准化服务指南，目的是规范服务标准，即企业有自己独特的服务体系，员工有规范化的服务意识，引领餐饮企业向标准化管理发展，确保消费者“开心而来，高兴而归”。服务是人对人，影响着消费者的消费心态，服务质量的好坏直接影响着消费者对产品品牌的忠诚度。提升服务质量离不开“个性化服务”“微笑服务”“超常服务”等。规范服务标准能提升消费者的忠诚度，为阳朔啤酒鱼的发展提供保障。

### （三）根据消费者关注度，有针对性地提高用餐环境质量

装修方面融合广西特色元素，特别区分出“热闹区”和“安静区”，控制餐厅整体声音的分贝，营造出恰当的用餐环境氛围。对设备设施严加管理，做到会使用、会维护，特别是对空调的温度控制，做到冬暖夏凉。确保消费者用餐环境舒适，从而提高消费者忠诚度。制定好防虫灭鼠计划，该计划要有周期性、必要性及执行性，确保楼面和后厨干净卫生，确保消费者所食用的食品干净卫生且安全，满足消费者对优质就餐环境的需求。

### （四）提供多味型啤酒鱼产品，满足不同地域消费者的需求

制定阳朔啤酒鱼菜点的制作标准和工艺规范，有利于推动阳朔啤酒鱼餐饮业的发展，挖掘阳朔啤酒鱼餐饮业的增长点。阳朔啤酒鱼标准化不仅能让阳朔啤酒鱼的品质得到保障，还能使阳朔啤酒鱼的烹饪技法得到传承。当然，阳朔啤酒鱼标准化不

是为了“百家一味”，而是基于阳朔啤酒鱼品质的保障实行统一的生产标准，为阳朔啤酒鱼的发展道路夯实基础，同时，鼓励个性化生产，衍生出更多的味型产品，满足不同地域消费者的需求。

**【作者】刘有靓**，桂林旅游学院，酒店管理专业2016级学生；**谭兴勇**（通讯作者），桂林旅游学院，本科，教授。

# O2O餐饮外卖模式下桂林大学生消费行为的调查与分析

马小梅　谭兴勇（通讯作者）

**摘要：** 随着互联网的发展，电子商务逐渐进入人们的生活中，电子商务与餐饮业的结合使得餐饮业消费方式发生了变化，同时，“懒人经济”为O2O餐饮外卖模式的发展提供了机遇。通过对桂林市雁山区大学城3所大学的大学生开展问卷调查，研究其消费行为特征，得出大学生的餐饮外卖消费与生活费成正比、方便性与随机性是大学生消费的动机、网络预订消费平台与支付方式相对集中、影响因素相对均衡等消费倾向。为此，提出准确定位、加大易存性与简易性产品供应、寻求与大学生喜好的网络平台合作、设计卫生实惠的外卖产品供给等对策，希望为餐饮外卖企业提供参考。

**关键词：** O2O餐饮外卖；大学生消费行为；调查与分析

随着互联网的发展，电子商务逐渐进入了人们的生活中，它被运用到各个方面，如餐饮业、旅游业、酒店业及汽车租赁业等行业。电子商务的O2O餐饮外卖模式逐渐成为桂林大学生消费方式之一。中国餐饮O2O外卖的市场前景广阔，据2014年的数据可以说明，用户利用O2O餐饮外卖叫餐的习惯已经形成，46.90%的网民在2014年度使用过外卖[1]。2015年，中国餐饮O2O市场规模为1 802.8亿元，这说明餐饮外卖消费者对O2O模式的认可度较高。同时，O2O餐饮外卖企业获得众多融资。2016年，中国餐饮O2O市场规模为4 170.6亿元，2017年已达7 799.6亿元，发展速度令人惊叹[2]。

O2O餐饮外卖模式使餐饮外卖既可以满足消费者足不出户、方便快捷的用餐需求，又在一定程度上满足了消费者多样化、个性化的需求。实践中，O2O餐饮外卖模式不但可以降低成本，而且通过线上浏览图片、线上预订、线上下单以及送餐上门等形式，可以节约消费者的就餐时间，因此深受消费者喜爱。

目前在桂林市雁山区大学城可使用美团外卖、饿了吗、饿了吗星选、百度外卖、口碑外卖、到家美食汇、淘点点等外卖订餐App。桂林市雁山区的大学生作为一个特殊又庞大的餐饮消费群体，有着和其他餐饮消费者不同的消费行为，值得去研究。

## 一、桂林市雁山区高校调查

### （一）问卷设计

问卷内容分为两个部分，第一部分为个人资料，包括性别、每月可支配资金等；第二部分为订餐原因、订餐频率、消费偏好、外卖价格、常使用的订餐平台以及外卖消费影响因素。

### （二）问卷收集

本文采用了问卷调查法和统计分析法两种方法，问卷调查时间为2019年3月至2019年4月，以雁山区高校学生为调查对象，在校内随机发放问卷，发放问卷325份，回收问卷321份，有效调查问卷321份。

### （三）数据分析

#### 1.样本分析

如表1所示，在被调查的样本中，男生所占比例为49.53%，女生所占比例为50.47%，男女比例总体比较均衡。本次调查的样本均为雁山区高校的学生，年级分布在大一、大二、大三以及大四，大一所占比例为21.18%，大二所占比例为22.74%，大三所占比例为20.87%，大四所占比例为35.20%。

**表1 被调查者的基本情况**

| 描述性指标 | | 人数/人 | 所占比例 |
|---|---|---|---|
| 被调查者的性别 | 男 | 159 | 49.53% |
| | 女 | 162 | 50.47% |
| 被调查者的年级 | 大一 | 68 | 21.18% |
| | 大二 | 73 | 22.74% |
| | 大二 | 67 | 20.87% |
| | 大四 | 113 | 35.20% |

（续表）

| 描述性指标 | | 人数 / 人 | 所占比例 |
|---|---|---|---|
| 被调查者的月生活费 | 800元以下 | 5 | 1.56% |
| | 800～1 000元 | 136 | 42.37% |
| | 1 000～1 500元 | 164 | 51.09% |
| | 1 500元以上 | 16 | 4.98% |

在大学生每月生活费调查中，每月生活费多为800～1 500元之间，其中，月生活费在800～1 000元的学生比例为42.37%，月生活费在1 000～1 500元的学生比例为51.09%；月生活费低于800元或高于1 500元的学生占比较少，月生活费在800元以下的学生比例为1.56%，月生活费在1 500元以上的学生比例为4.98%。

### 2. 消费现状分析

调查结果显示，在321份有效问卷中，有287人通过O2O餐饮外卖平台进行外卖消费，所占比例为89.40%，没有通过O2O餐饮外卖平台消费的人数为34人，所占比例为10.59%。这说明大部分大学生都习惯通过O2O餐饮外卖平台进行餐饮外卖消费。

由图1可知，53.27%的学生外卖订餐频率为每周1～3次，24.92%的学生外卖订餐频率为每周4～5次，而订餐频率在5次以上的学生占比较少，为11.22%。

由图2可知，单笔消费价位在10～15元和10元以内的学生占比最多，其中，56.76%的学生单笔消费价位在10～15元之间，33.02%的学生单笔消费价位在10元以内，仅有11.22%的学生单笔消费价位在15元以上。调查发现，外卖起送价一般在8～10元之间，大学生外卖的单笔消费价位可能受到外卖起送价的影响，但消费水平一般会高于直接到店消费，学生会根据自己的经济状况选择更加适合的餐饮食品。

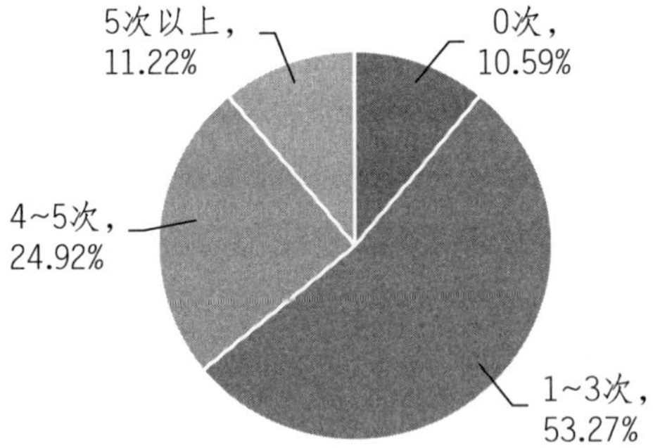


图1　每周通过O2O餐饮外卖平台订餐的频率

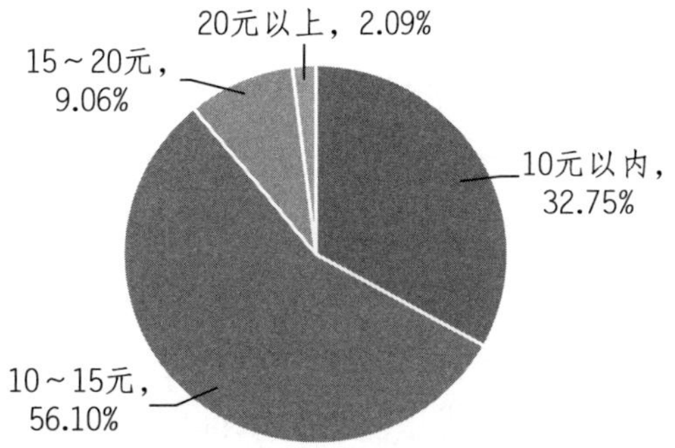


**图2 通过O2O餐饮外卖平台订餐单笔消费价位**

### 3. 大学生消费者消费偏好分析

在外卖平台的选择统计中（表2），美团是学生选择人数最多的，51.22%的学生选择通过美团来进行外卖消费，其次是饿了吗，选择饿了吗的学生占比为40.07%。美团和饿了吗是国内最大的O2O外卖交易平台，有足够的资源进行推广和普及，加大商家的覆盖率，餐饮产品价格也在大学生的消费水平之内，且有很多优惠措施吸引大学生消费者，同时，在这两家平台上进行餐饮外卖消费会更加方便快捷。

**表2 被调查者关于O2O外卖订餐的消费偏好情况**

| 描述指标 | | 人数/人 | 所占比例 |
|---|---|---|---|
| 订餐平台选择情况 | 饿了吗 | 115 | 40.07% |
| | 美团 | 147 | 51.22% |
| | 其他 | 25 | 8.71% |
| 支付方式 | 支付宝 | 128 | 44.60% |
| | 微信 | 98 | 34.15% |
| | 货到付款 | 25 | 8.71% |
| | 其他 | 36 | 12.54% |
| 消费时间 | 早餐 | 0 | 0 |
| | 午餐 | 90 | 31.36% |
| | 晚餐 | 68 | 23.69% |
| | 视情况而定 | 129 | 44.95% |
| 订餐影响要素 | 食品卫生质量 | 88 | 21.84% |
| | 买家评价高 | 63 | 15.63% |
| | 饭菜分量多 | 56 | 13.90% |
| | 优惠力度大 | 68 | 16.87% |
| | 送餐速度快 | 103 | 25.56% |
| | 自已已经去过的餐厅 | 25 | 6.20% |

O2O 餐饮外卖出现之后，外卖订餐成为大学生主要的一种餐饮消费方式。微信、支付宝是最具代表性的第三方支付平台，它们的开发，使用与普及化为 O2O 餐饮外卖的发展提供了便利。调查结果显示，有44.60% 的大学生选择使用支付宝支付，34.15% 的大学生选择使用微信支付，选择货到付款和其他支付方式如交易平台账号的学生占比分别为8.71% 和12.54%。使用第三方支付平台支付的学生比例远远高于货到付款的学生，原因为该支付方式更加方便快捷。O2O 餐饮外卖平台对“通过交易平台账号进行支付”推出了相关的优惠政策，来推广自身的平台，吸引更多的消费者，进而扩大市场。

据调查结果分析，44.95% 的学生订外卖的时间是视情况而定的，31.36% 的学生会在中午订外卖。学生选择订外卖的时间可能受到上课时间的影响，大学生上课时间比较少，吃饭时间比较灵活。大学生课程一般在早上，中午可以提前订购外卖，下课之后就可以用餐，以避开去店里排队的高峰期，所以，中午订餐的概率较大。

在被调查的学生中，25.56% 的学生关心送餐的速度，并根据这个选择商家进行消费；21.84% 的学生关注食品的质量问题；15.63% 的学生将买家评价作为选择的依据，选择买家评价高的商家进行消费；16.87% 的学生关注商家的优惠制度，可能受到大学生消费心理的影响，他们会选择更经济的食品。

### 4. 消费动机分析

由调查结果（图3）可知，订外卖的学生中，43.90% 的学生会因为待在宿舍不想出门而选择订外卖，这说明由于上课课程相对灵活，无形中助长了大学生的惰性，减少了出门的时间，而 O2O 餐饮外卖的发展为大学生提供了便利，也助长了这种习惯。

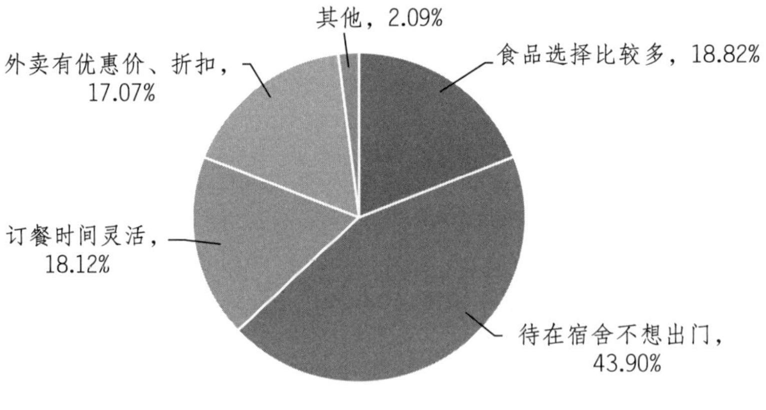


**图3　外卖订餐原因**

## （四）调查问卷分析与结果

### 1. 学生的餐饮外卖消费与生活费成正比

调查显示，桂林大学生的生活费大多为800～2 000元，其中，800～1 000元的占42.37%，1 000～1 500元的占51.09%，1 500元以上的占4.98%。餐饮外卖每周1～3次的占53.27%，每周4～5次的占24.92%。数据显示，生活费1 000～1 500元的占51.09%，与每周1～3次餐饮外卖占53.27%的比率基本一致。分析结果是学生的餐饮外卖消费与生活费成正比，生活费越低消费外卖越少，生活费越高消费外卖越多。按照一个校区有1万人计算，每周大约有2万份外卖，按照每份10元计算，每周外卖的营业额约为20万元。

作为经济尚未独立的消费者，大部分学生的经济来源于家庭收入，少部分来源于大学生生源地贷款或者自己课后兼职，所以大学生在进行外卖消费时会考虑自己的经济状况，选择更经济的餐饮产品。调查发现，随着学生生活费水平的提高，他们在餐饮上的消费也会越来越多。

### 2. 方便性与随机性是学生订餐的动机

在外卖订购渠道上，89.40%的学生会通过O2O餐饮外卖的方式进行消费。分析结果为大学生订外卖时会考虑使用更方便的消费方式，而从订外卖的时间上看，大部分学生订外卖的时间是随机的。

在O2O餐饮外卖模式中，基于学生随机性消费的特点，商家可利用交易平台拓宽交易渠道，将商品信息放在交易平台上，通过平台进行信息传递、交流，也可随时发布团购、打折、促销等相关信息，以吸引更多的消费者。商家可以直接在网上进行商务活动，甚至可以和消费者进行交流、交易，减少流通环节，降低时间成本。商家可进行数据分析，实施精准营销。商家可以根据店铺的评价、消费满意度进行数据分析，查找自身产品的优势与不足，进一步更新和改善产品，提供产品竞争力。如果商家信息发布带有随机性，学生获取信息可能受阻，进而影响学生对商家产品的选择。

对于学生而言，可根据自己的需求寻找适合自己的商品。线上平台汇聚了众多商家的信息，让消费者可以更方便地选择。消费者可根据买家评价，获取商家没有提供的信息，以做出更好的决定。大学生消费者的用餐时间灵活，也希望可以节省自己的用餐等待时间，所以他们根据自己的需求，提前下单，避开排队高峰期，可减少时间成本。

### 3. 网络预订消费平台与支付方式相对集中

调查显示，91.29% 的学生会通过美团、饿了吗选购外卖，78.75% 的学生选择通过微信、支付宝等在线支付方式进行消费，消费平台和支付方式选择相对集中。

目前，在桂林市雁山区高校常用的 O2O 餐饮外卖平台有美团、饿了吗、饿了吗星选、百度外卖、口碑外卖、到家美食汇、淘点点等众多平台，但是大学生消费者使用的平台通常为美团和饿了吗，这两个平台和大量商家合作，加上自己的宣传推广，占据了大部分的外卖市场。在支付方式上，虽然有些外卖平台有自己的支付账号，但从安全性和便利度考虑，大部分消费者还是选择了微信和支付宝。微信和支付宝作为两大第三方支付平台，为 O2O 餐饮外卖的发展提供了便利。本次调查结果为目前或是将来一段时间内在本地区开通 O2O 餐饮外卖商家提供了有价值数据，如果避开美团与饿了吗外卖平台，或是避开微信与支付宝，销售渠道可能会更窄。

### 4. 产品的需求影响因素相对单一

美国著名心理学家亚伯拉罕·马斯洛在《人类激励理论》中提出了需要层次论。他将人类需求像阶梯一样从低到高分为5个层次：第一层次为生存需求，第二层次为安全需求，第三层次为情感需求，第四层次为自尊需求，第五层次为自我实现需求。关于该理论，他表示，每一个人都会有需求，只有当一个需求被满足之后，才会激发下一个层次的需求，也只有一个需求被满足之后，才能让下一个层次的需求发挥出它的激励作用。

大学生消费者在选购外卖时，就是以满足自己第一、第二层次的需求为主，也就是生存与安全的需求。在关于外卖订餐因素的调查中，我们可以发现，学生考虑的因素多集中在价格上。安全的因素虽然是由社会监督管理机构负责，但是学生仍可以通过商家提供的包装材料以及产品特征判断食品的安全性。另外，学生需求单一并非唯一因素，而是集中在产品安全的基础上满足基本生存需求的单一类别因素。在单一类别因素中包含价格、安全、口味、数量、色彩、温度等基本因素，这些因素商家应全面考虑。

## 二、桂林市雁山区高校O2O餐饮外卖的对策

### （一）准确定位是取胜关键

大学校园内的餐饮商家在开店之前应考虑到各个方面的因素，认识到市场的消费趋势和市场竞争的特征，做出相关的调查研究，明确自己的市场定位。要让餐饮店有一个良好的发展，必须意识到市场调查研究的重要性，并对市场做出相关研究和一定的市场分析，做好自己的定位。在大学校园内的消费者大多数为大学生，商家需要确定消费者的消费习惯、消费喜好，并为他们提供相应的产品和服务。

大学生消费者作为一个巨大的消费主力，研究他们的消费行为对市场的良性发展有着重大的意义。由于消费者所处环境的不同，不同消费者的消费需求是不同的，他们的消费行为也存在着非常大的差异。市场上的白领消费者可能更加关注食品的质量，而大学生消费者由于课程的灵活性，用餐时间也更加灵活，他们对外卖的送餐时间则更为关注。

餐饮商家应该根据对大学生外卖消费行为的调查情况做出一个相对应的销售方案。总而言之，准确定位是每一个餐饮商家赢得市场的关键，只有明确自己的定位，再做出对应的服务，才能赢得市场，走得更长、更远。

### （二）加大易存性与简易性产品供应

易存性与简易性餐饮产品的成本一般较低，所以在出售时它们的价格相对于其他产品也会低一些。对于大学生消费者来说，价格仍是他们需要考虑的因素，简易性餐饮产品的价格一般为6～10元，这也符合大学生消费者的平均餐饮消费水平。

大学生消费者选择外卖订餐的一个原因，是可以根据自己的需求控制送餐的时间。但是实际消费时仍然会存在外卖不能及时送达的情况，在这种情况下，外卖的质量、口感都会下降，所以，商家应及时解决这个问题。尽管目前大部分商家外卖的送餐时间在20～30分钟，但是，在每天中午和下午的用餐高峰期，随着订单的增多，外卖送餐时间也会增加，如果刚好送餐地点分散，那么外卖很可能无法在规定好的时间内送达，这会对商家口碑造成影响，消费者的用户满意度也会下降。

而易存性与简易性餐饮产品的制作烹饪时间短，可以在短时间内为消费者烹制大量餐饮产品，及时满足消费者的需求。

### （三）寻求与大学生喜好的网络平台合作

在大学生的外卖订购方式中，大部分学生倾向于使用网上订餐平台，只有少数

学生通过其他方式订餐。餐饮外卖商家应与这些网上订餐平台达成合作，建立与大学生消费者的连接，打开并扩大市场份额。

随着互联网的不断发展、信息技术的不断升级和智能手机的普及，消费者的消费支付方式发生了很大的变化。目前，支付宝、微信、刷卡支付是消费者最常用的电子支付方式。O2O餐饮外卖商家可以通过这些第三方支付平台，与消费者完成消费交易。

### （四）设计卫生实惠的外卖产品供给

大学生消费者在网上订购外卖时，并不能清楚地了解外卖的食品卫生安全质量，所以在消费时会更加关注这个问题。外卖从消费者下单再到消费者手中，需要经过一个很漫长的流程，而消费者并不能参与其中，无形中加剧了消费者关于外卖的感知风险性。如果在消费过程中，发生一次卫生质量问题，他们就会认为这个商家的所有餐饮产品都不值得信任，导致满意度下降，并减少消费，甚至不消费。所以外卖商家在销售外卖食品时更应该关注食品的卫生质量，从食材的选购、存储、加工、烹饪到外卖送餐应制定一套严格的标准化程序，对参与其中的人员进行定期培训和考核，来保证食品卫生安全质量。

据统计，在网上外卖平台订餐的消费者平均消费价位为15～25元。在这个价位里，消费者大多数是已经工作的职场消费者，而大学生的消费水平大多会低于这个价位。在本次调查中，可以发现大学生消费水平在10元左右，建议商家外卖价格以此为基准，在一定范围内浮动，既可吸引消费群体，也可保证商家利益。

## 三、讨论

2019年，在桂林高校的大学生超过10万人，大部分来自市外，每天都在学校内或社会上进行餐饮消费，是餐饮刚性消费者，因此大学生是桂林市餐饮重要的消费群体。本文从O2O餐饮外卖视角出发，探究其消费方式，旨在掌握大学生的消费行为规律，为商家提供可参考的科学数据，以更好地服务学生，同时也想引起餐饮产业专家、企业家、管理者的关注，以共同提升大学生餐饮服务质量。

## 参考文献

[1] 颜宏斌 . 浅谈中国餐饮外卖 O2O 模式的现状与发展 [J]. 商业现代化，2015（22）：53–54.

[2] 艾瑞咨询 .2018年中国智慧餐饮行业研究报告 [R/OL].（2018–03–23）[2019–05–20]. https://report.iresearch.cn/report_pdf.aspx?id=3185.

【作者】**马小梅**，桂林旅游学院，酒店管理专业2015级学生；**谭兴勇**（通讯作者），桂林旅游学院，本科，教授。

# 行业热点专题篇

# 基于游客感知与期望的阳朔餐饮产业标准化发展研究

谭兴勇　张彪（通讯作者）　邱添　谢一晗　张安妮　郑文瑾

**摘要：** 阳朔县实施餐饮业标准化已有多年，带动了一批餐饮企业蓬勃发展。本文以采用网络文本调查的1 330家餐饮企业游客感知评价以及问卷调查游客感知与期望内容为研究基础，通过计算均值、因子分析、方差分析、相关性分析等分析得出游客对餐饮产业标准化的感知低于游客的期望，阳朔优质餐饮标准化企业规模偏小且较为集中，阳朔餐饮标准化取得一定的成效，啤酒鱼特色餐馆优势突出等结论。本文依据服务业组织标准化工作指南以及评估细则，结合调查分析结果提出阳朔餐饮企业标准化发展建议：一是提供以游客感知为导向的标准化服务规范指南，错峰提供个性服务，引领餐饮产业标准化服务提升；二是引入大众点评第三方平台评价指标，促进阳朔餐饮业标准化发展；三是保持啤酒鱼餐饮企业标准化服务水平，扩大特色餐饮企业标准化建设的规模；四是以优质标准化餐饮企业为依托，培育多个餐饮中心。

**关键词：** 阳朔餐饮业；感知；期望；标准化发展

阳朔是联合国推荐的旅游目的地，去阳朔旅游的游客数量不断增长。数据显示，自2014年开始至2017年，阳朔游客年平均增幅保持在10%以内，2018年提升较为明显，增幅超过了25%，达到了1 751.95万人次[1]。近年来，为了提升阳朔餐饮服务业水平，各级政府以服务业标准化建设为契机，大力推进餐饮业标准化工作。在国家层面，2012年国家旅游局正式授予阳朔“全国旅游标准化示范县”称号，标准化管理在阳朔旅游业餐饮业中得到很好的推广；2017年，阳朔县“国家基层标准化改革创新先行区”项目获得立项，使阳朔县餐饮业标准化实现了从实施到创新，从跟随到引领的转变。在地方层面，2013年，桂林市人民政府出台了《关于加快推进服务业标准化建设的意见》；2015年，桂林市质量技术监督局批准的第二批服务业标准化试点单位中将阳朔大师傅美食城作为餐饮业试点单位；2016年，阳朔县大师啤酒鱼成为广西壮族自治区区级服务业标准化试点单位。标准化管理在阳朔县餐饮业中得到深入的开展。李晓莉、保继刚在《期望、感知与效果：来自奖励旅游者的实证调查》中采用了 Oliver 的期望差异理论[2]。根据 Oliver 的期望差异理论，如果游客感知高于期望，则游客会非常满意；如果两者相当，则游客会比较满意；如果感知低于期望，则游客会不满意[3]。本文结合理论分析游客感知与期望各种因素之间的关系，为阳朔餐饮业提质升档、提升阳朔餐饮业竞争力提出合理化的发展建议。

餐饮服务的对象是消费者，Cullen 以爱尔兰的都柏林为例，研究了影响顾客进行餐厅选择的各类因素，其中，服务、环境、产品是主要影响因素[4]。丁玉勇、杨福臣、黄文垒在针对江苏餐饮业标准化现状的分析中提到，目前虽然有一些餐饮企业实施了标准化，但是数量少、覆盖面窄，特别是地方特色餐饮企业在标准化实施方面存在很大的欠缺[5]。扬智茹在晋中市旅游餐饮业方面提出标准化管理，这对于提升旅游餐饮服务水平、改善就餐环境、面向阶梯化和品牌化发展具有重要意义[6]。

然而，餐饮业标准化既不同于产品标准化，也不同于各种行业标准化指导文件，而是在餐饮业中建立标准化示范单位，再通过示范单位推动行业标准化的发展。因此，有必要对前期在餐饮业实施标准化的试点单位以及其带动的一批实施标准化的餐饮业企业进行有针对性的研究，在掌握阳朔县餐饮业标准化管理取得的成效与存在的不足的同时，提出在餐饮业创新发展中促进标准化的建议。

## 一、分析依据与研究内容

餐饮业标准化是指一批餐饮企业按照中国国家标准化管理委员会发布的《服务业组织标准化工作指南》制订、发布和实施标准而达到统一的管理方式。实施标准化的目的是推动餐饮业转型升级，提升餐饮业整体质量水平和市场竞争力。《服务业组织标准化工作指南》在国内被认为是餐饮业实施标准的指导性、纲领性文件。关于餐饮企业实施的标准化水平评估，标准化委员会制定有一套评估考核体系，主要依据是考核评估分表。为此，本文拟以《服务业组织标准化工作指南》（GB/T 24421.2）[7] 中的标准体系以及服务业标准化试点评估计分表关于游客感知的要求、游客感知的内容为消费体验、感知与期望，并以此提出分析研究的内容。

游客对餐饮业感知内容大致可以分为 3 个维度：符号与标志、餐厅环境、服务与产品。符号与标志属于服务通用基础标准体系中的符号与标志标准；餐厅环境属于服务保障体系中的环境标准；服务与产品属于服务提供标准体系服务中的提供规范。在服务业标准化试点评估计分表中对符号与标志、餐厅环境、服务与产品满意度相对应的内容都分别设置了评分标准。

据此，提出研究内容：第一，阳朔服务业标准化餐饮业的规模是多大；第二，实施的成效与期望显示怎样的规律；第三，阳朔餐饮业标准化的特色企业有哪些。

## 二、研究设计

根据分析依据和研究内容，针对游客对阳朔餐饮业标准化实施的成效与期望的研究内容将通过问卷调查分析其结果，而阳朔服务业标准化餐饮业的企业规模与阳朔餐饮业标准化的特色企业的研究内容将通过网络文本数据分析与问卷调查分析后再进行交叉分析。

### （一）问卷调查

#### 1. 问卷设计回收

根据上述的分析依据以及提出的研究内容，结合以往研究成果设计问卷，问卷主要分成3部分：第一部分是游客的个体特征；第二部分是游客对阳朔县餐饮业标准化的感知评价；第三部分为游客对阳朔县餐饮业标准化的期望。第二、第三部分参考李克特五级量表的问卷体系，将关于阳朔餐饮业标准化指标陈述的内容，按照程度高低，从“非常不规范”到“非常规范”给予5分到1分的评价。为充分了解阳朔县餐饮业标准化实施现状，本研究利用线上问卷发起了基于标准化的阳朔餐饮业发展研究社会问卷。此次问卷调查面向近年来去过阳朔县的游客，回收问卷242份，有效问卷回收率100%。变量的定义和赋值见表1。

**表1　模型变量设定**

| 自变量名称 | 自变量定义 | 均值 | 标准差 |
|---|---|---|---|
| 阳朔用餐过程中认为餐饮业提供的服务（X1） | 非常规范＝1，比较规范＝2，基本规范＝3，不规范＝4，完全不规范＝5 | 2.60 | 0.79 |
| 就餐过的阳朔餐饮单位中所看到的各种符号和标识（X2） | 非常规范＝1，比较规范＝2，基本规范＝3，不规范＝4，完全不规范＝5 | 2.57 | 0.81 |
| 就餐过的阳朔餐饮单位中服务人员仪容仪表、服饰、工牌（X3） | 非常规范＝1，比较规范＝2，基本规范＝3，不规范＝4，完全不规范＝5 | 2.66 | 0.82 |

（续表）

| 自变量名称 | 自变量定义 | 均值 | 标准差 |
|---|---|---|---|
| 就餐过的阳朔餐饮单位中领位、上茶、上菜、买单等服务流程（X4） | 非常规范=1，比较规范=2，基本规范=3，不规范=4，完全不规范=5 | 2.61 | 0.80 |
| 就餐过的阳朔餐饮单位中环境卫生状况（X5） | 非常规范=1，比较规范=2，基本规范=3，不规范=4，完全不规范=5 | 2.55 | 0.74 |
| 分享阳朔餐饮企业的意愿（X6） | 非常愿意=1，比较愿意=2，基本愿意=3，不愿意=4，完全不愿意=5 | 2.62 | 0.93 |
| 对就餐前选择的餐厅是不是标准化管理的看法（X7） | 非常在意=1，比较在意=2，基本在意=3，不在意=4，完全不在意=5 | 2.38 | 0.97 |
| 选择的年龄段（Y1） | 22岁及以下=1，23~30岁=2，31~45岁=3，46~55岁=4，56岁及以上=5 | 2.31 | 1.10 |
| 个人在阳朔单次用餐可接受的消费金额（Y2） | 50元及以下=1，51~100元=2，101~150元=3，151~200元=4，201元及以上=5 | 2.71 | 1.14 |
| 对阳朔餐饮企业是否实施标准化管理的看法（X10） | 非常有必要=1，比较有必要=2，有必要=3，不必要=4，完全不必要=5 | 1.62 | 0.82 |
| 对阳朔标准化餐饮业的总体评价（X11） | 非常规范=1，比较规范=2，基本规范=3，不规范=4，完全不规范=5 | 2.64 | 0.75 |
| 问卷填写基于的年份（Y3） | 2020 = 1，2019 = 2，2018 = 3，2017=4，其他年份=5 | 2.85 | 1.19 |
| 性别（X13） | 男性=1，女性=2 | 1.69 | 0.46 |
| 旅行方式（X14） | 跟团游=1，自由行=2 | 1.92 | 0.28 |
| 游客职业（Y4） | 个体=1；学生=2；企业单位人员=3；行政事业单位人员=4；退休、失业；其他=5 | 3.21 | 1.22 |
| 整体游客感知（X16） | X1、X2、X3、X4、X5、X6、X11 | 2.61 | 0.68 |
| 整体游客期望（X17） | X7、X10 | 2.00 | 0.75 |

### 2. 信度与效度分析

#### （1）信度分析

为了检测问卷数据的信度与效度，本文使用SPSS2.0软件对其进行分析。信度系数采用Cronbach'α标准。α系数在0.7以下，说明指标设置不合适，需要重新修改；在0.7～0.8之间，说明指标设置正常，是刚好达标的水平；在0.8以上，说明指标设置效果较好。通过SPSS分析出Cronbach'α值为0.882（表2），大于0.8，这说明消费者对阳朔餐饮企业服务的需求调查问卷具有较高的可信度。

**表2 Cronbach'α信度系数分析表**

| Cronbach'α | 项数 | 个案数 |
|---|---|---|
| 0.882 | 9 | 242 |

（2）效度分析

为了检测问卷的效度，本文采用KMO值和巴特利特球体来对其进行检验分析。一般来说KMO值介于0到1之间，如KMO低于0.5时不宜进一步去做因子分析；如KMO值在0.6至0.7之间时适合做因子分析；如KMO大于0.8时较为合适做因子分析。本问卷KMO值为0.900（表3），意味着研究数据可以用于进一步分析。

**表3 效度分析表**

| KMO和巴特利特检验 | | 参数值 |
|---|---|---|
| KMO取样适切性量数 | | 0.900 |
| 巴特利特球形度检验 | 近似卡方 | 1273.807 |
| | 自由度 | 36 |
| | 显著性 | 0.000 |

（3）结果与分析

①游客对餐饮业标准化感知低于游客期望。

感知是游客在阳朔县用餐后觉察、感觉、注意、知觉的一系列过程。通过梳理问卷，将X1、X2、X3、X4、X5、X6、X11七题列为一组，该组涉及餐饮企业服务、餐厅标识、人员仪表、服务流程、环境卫生、分享意愿、总体评价，可概括为“游客感知”的因子。游客期望是游客在阳朔县用餐的餐前餐后对标准化管理抱以什么样的态度，将第X7、X10两题列为一组，该组涉及在阳朔就餐前对标准化的看法和是否实施标准化的看法，可概括为“游客期望”因子。从表1中可以看出，游客感知的综合平均值为2.61。而在表1中看出游客期望的综合平均值为2。经过方差分析得知，游客对餐饮业实施标准化有较高期望值（表4）。

表4　游客感知与游客期望方差分析表

| 类别 | 平方和 | df | 均方 | F | 显著性 |
|---|---|---|---|---|---|
| 组间 | 54.400 | 8 | 6.800 | 45.845 | 0.000 |
| 组内 | 34.560 | 233 | 0.148 | | |
| 总数 | 88.960 | 241 | | | |

显著性为0，小于0.01，表明游客感知与游客期望具有显著差异。

通过对游客不同年龄、消费预算、到阳朔旅游的年份和职业4个变量进一步分析，Y1游客年龄均数折线走向见图1；Y2不同预算开支游客均数折线走向见图2；Y3不同年份到阳朔的游客均数折线走向见图3；Y4游客职业均数折线走向见图4，分析显示，只有退休人员、失业人员和其他人员游客感知与期望较为接近。

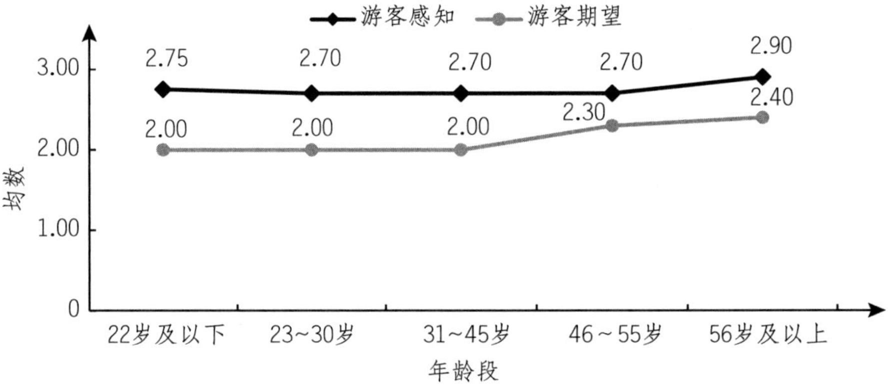


图1　不同年龄段对标准化的看法

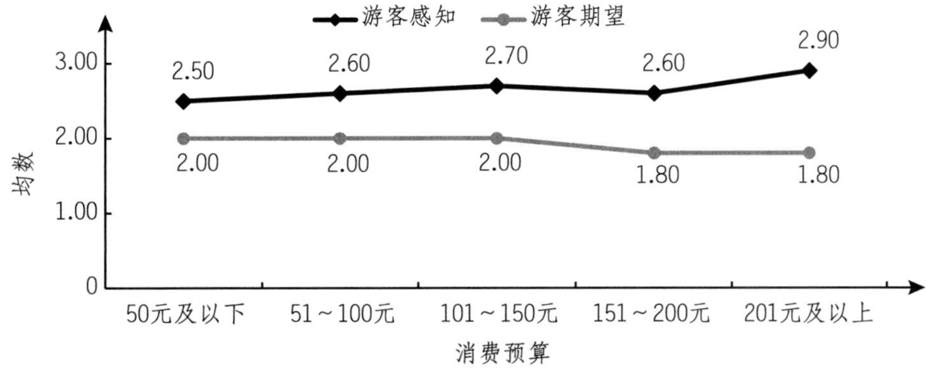


**图2 不同消费预算对标准化看法**

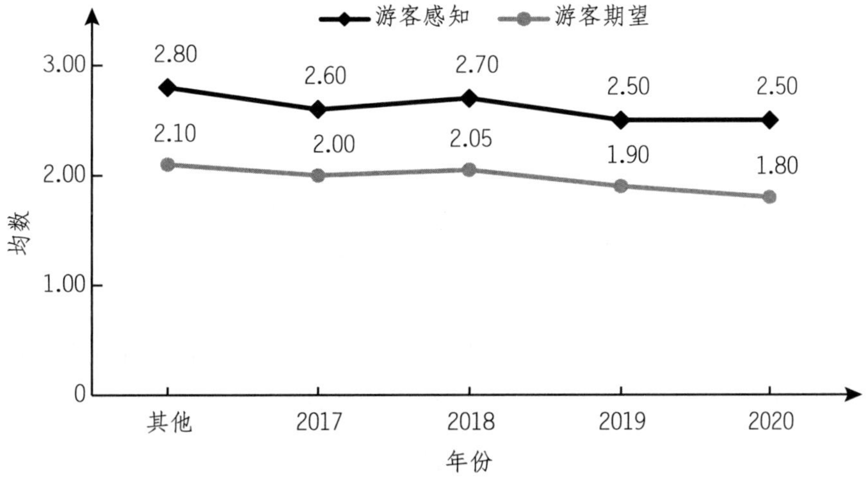


**图3 不同年份游客对标准化看法**

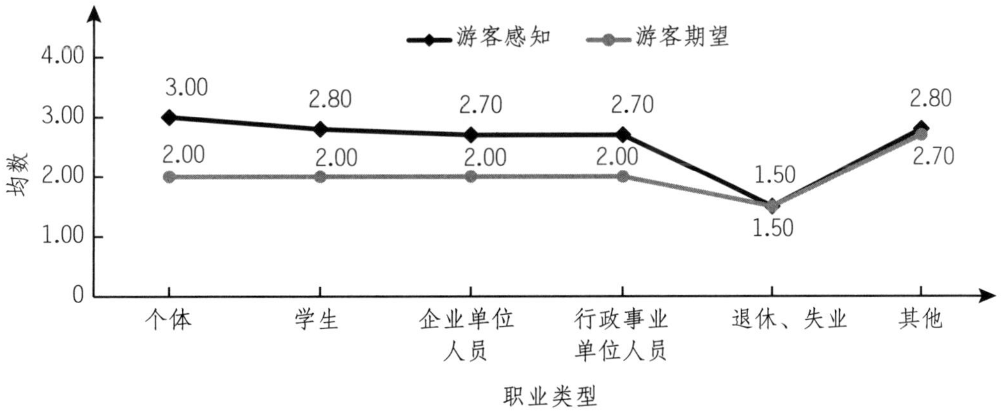


**图4 不同职业对标准化看法**

②游客对阳朔县餐饮标准化服务评价为一般，部分类型游客评价的满意度较高。

从表1中可以看出X1、X2、X3、X4、X5、X6、X11七题的平均值分别为2.60、2.57、2.66、2.61、2.55、2.62、2.64，无论是从游客对阳朔县餐饮企业实施标准化的感知程度来看，还是从游客对餐饮标准化的内心需求看法来看，各项指标都处在中线水平上。综合平均值为2.61，这也说明游客对阳朔标准化实施的感知为“比较规范”这一总体评价也处在中线水平上。但是，通过对游客感知七题的选项进行分类统计，合计共有1 694项数据，其中选择1（非常满意的）共有280项，占比16.53%，表明依然有部分游客对阳朔已实施的标准化感到非常满意。其中，从年龄划分看，选择1（非常满意）的游客主要为23～45岁段，占比39.2%。从职业划分看，选择1（满意与非常满意）的游客，主要为学生、行政事业单位人员与企业单位人员，占比34%。

## （二）网络文本调查

### 1. 网络文本数据收集

大众点评是国内外十八大主流点评网站之一，使用者数量大、范围广、点评增长速度快，具有一定的代表性[8]。大众点评对餐饮企业评价分为总评分和口味、环境、服务三项细评数，其中口味评判对象是餐饮企业的产品。总评分所包含的口味、环境、服务与本文研究分析的游客对餐饮企业的感知依据一致。2020年2月22日使用python软件在一天内收集了大众点评平台上的共计2 309家阳朔餐饮业数据，经过去除评分数量不足2分的餐饮企业，一共筛选出2分以上（含2分）的餐饮企业1 325家，并作为本次研究分析的商家总数。不同分值的餐饮企业见图5。

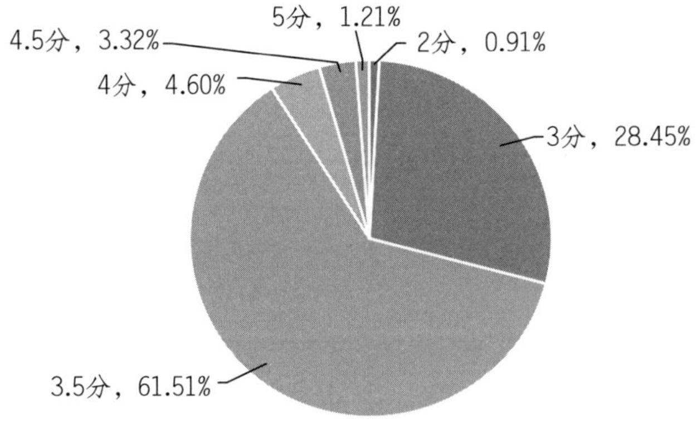


图5　不同分值的阳朔餐饮企业

根据调查统计分析，评分为2分的商家为12家，占比0.91%；评分为3分的商家为377家，占比28.45%；评分为3.5分的商家为815家，占比61.51%；评分为4分的商家为61家；占比4.60%；评分为4.5分的商家为44家，占比3.32%；评分为5分的商家为16家占，占比1.21%。总评分显示为2至5星的标准定级制，星级高代表大众认可度高，星级低代表大众认可度低。阳朔县餐饮企业3.5分左右的商家较多，整体评价中等偏上。由于餐饮数量过多，本文只列举总分为5分的餐饮企业，见表5。阳朔县大师傅啤酒鱼标准化试点企业（大众点评名称为大师傅金奖啤酒鱼）有3家，进一步分析显示阳朔县大师傅啤酒鱼标准化试点企业旗下的店铺全部集中在4~5分。

**表5　总分在5分以上的餐饮企业**

| 序号 | 编号 | 名称 | 总分 | 评论数/条 | 地址 | 口味 | 环境 | 服务 |
|---|---|---|---|---|---|---|---|---|
| 1 | 17760517 | 椿记烧鹅西街店 | 5.00 | 27 975 | 叠翠路与桂花路交口东南角 | 4.86 | 4.77 | 4.86 |
| 2 | 96083407 | 大师傅金奖啤酒鱼壹号店 | 5.00 | 8 417 | 抗战路3号 | 4.83 | 4.84 | 4.83 |
| 3 | 65389978 | 渔夫啤酒鱼抗战路店 | 5.00 | 6 599 | 抗战路76号 | 4.86 | 4.85 | 4.84 |
| 4 | 43386489 | 渔太泰漓江小馆西街店 | 5.00 | 5 451 | 桂花路11号 | 4.83 | 4.91 | 4.85 |
| 5 | 2114497 | 山色西餐厅音乐餐厅 | 5.00 | 3 469 | 西街城中路2号 | 4.82 | 4.90 | 4.86 |
| 6 | 110513506 | 大师傅金奖啤酒鱼蟠桃店 | 5.00 | 3 403 | 蟠桃路129号 | 4.82 | 4.83 | 4.82 |
| 7 | 132439649 | 大师傅金奖啤酒鱼悦享店 | 5.00 | 1 838 | 龙岳路12号 | 4.82 | 4.84 | 4.82 |
| 8 | 23083455 | 生态苑农庄 | 5.00 | 1 750 | 高田镇竹莞寨村6-1号 | 4.88 | 4.82 | 4.88 |
| 9 | 33510334 | 那家小店私菜小馆 | 5.00 | 943 | 兴坪古镇步行街新街108号 | 4.88 | 4.86 | 4.91 |
| 10 | 92963592 | 梁姐啤酒鱼榕潭店 | 5.00 | 654 | 阳朔县兴坪古镇榕潭路34号 | 4.81 | 4.79 | 4.80 |
| 11 | 6445874 | 老街坊餐吧 | 5.00 | 583 | 新街12号 | 4.85 | 4.82 | 4.88 |
| 12 | 9872794 | 山水缘饭店 | 5.00 | 485 | 兴坪镇榕潭街 | 4.88 | 4.88 | 4.89 |
| 13 | 76882665 | 阿金老菜馆 | 5.00 | 434 | 兴坪古镇步行街新街104号 | 4.87 | 4.86 | 4.89 |
| 14 | 112514375 | 青江渡生态农庄 | 5.00 | 279 | 福利镇094省道白马山 | 4.87 | 4.87 | 4.87 |

（续表）

| 序号 | 编号 | 名称 | 总分 | 评论数 / 条 | 地址 | 口味 | 环境 | 服务 |
|---|---|---|---|---|---|---|---|---|
| 15 | 688702714 | 谢大姐啤酒鱼十里画廊店 | 5.00 | 114 | 抗战路冠粤大酒店旁 | 4.88 | 4.88 | 4.88 |
| 16 | 1192318571 | 鱼之味啤酒鱼店 | 5.00 | 80 | 凤鸣西路22号 | 4.81 | 4.82 | 4.81 |

### 2. 结果与分析

#### （1）阳朔县优质餐饮企业偏少

根据网络文本中“口味”“环境”“服务”分数相加，再计算均值，在3.7分以上的企业有346家，占商家总数的26.11%；3.8分以上的企业有209家，占商家总数的15.77%；3.9分以上的企业有146家，占商家总数的11.02%，4~5分的企业121家，占商家总数的9.13%，数量偏低。从上述数据分析来看，阳朔虽然存在一定规模的优质餐饮企业，但是规模较小。

#### （2）以啤酒鱼命名的餐饮企业优势明显

在5分的16家餐饮企业中，以啤酒鱼命名的有8家，占比50.00%；在4.5分的44家餐饮企业中，以啤酒鱼命名的有22家，占比50.00%；在4分的61家餐饮企业中，以啤酒鱼命名的有19家，占比31.15%。另外，4分以上的以啤酒鱼命名的餐饮企业的平均评论数为5 247条，远超其他餐饮企业，这表明实施标准化较好的餐饮企业拥有更高的热度，在客源基础以及回头客方面都占有较大的优势。由此可以看出，地方特色美食啤酒鱼企业不仅受到阳朔本地人的喜爱，也受到外地游客的青睐。

#### （3）特色企业空间分布主要集中在县城商业区

根据网络文本中的“店铺地区”与“店铺地址”，利用GIS构建空间分布，显示啤酒鱼餐饮企业主要集中在阳朔县中心城区以及西街周边地区。阳朔县中心城区共有422家餐饮企业，占商家总数的31.85%，是阳朔餐饮企业较为集中的地区。阳朔特色优质餐饮啤酒鱼企业同样大量存在于该地区。阳朔餐饮企业的分布从中心区域逐渐向景区发展，这与黄淑娟等学者从住宿、道路交通、旅游景点、购物、娱乐、旅游人群6个方面研究餐饮业空间格局影响因素，结果表明购物设施对餐饮业空间集聚影响较小，其他要素都与餐饮空间集聚具有显著相关的关系的结论相似[9]。

## 三、结论与建议

### （一）结论

#### 1. 餐饮企业标准化中优质企业规模较小

从问卷分析数据中可知，游客对餐饮企业的标准化整体评价一般，回答为非常满意的占16.53%；从网络文本调查数据中可知，4分以上优质企业占9.10%。通过对问卷满意以上占比与网络文本4分以上两组数据进行结合分析得出，阳朔餐饮企业标准化中优质企业规模不大。

#### 2. 特色餐饮企业标准化特色明显

在优质的餐饮企业中，特色餐饮企业标准化特色明显，主要表现为占有率高、热度高，目前主要集中在阳朔县城商区以及兴坪镇上。

#### 3. 游客对标准化期望高于感知

游客对标准化期望高于感知，游客对餐饮企业的标准化感知评价为一般。另从网络文本分析得知3.5分企业占63.10%，显示游客感知与现有企业一致。年龄在23～45岁的学生、企事业单位工作人员选择满意与比较满意选项较多，或与该年龄段人员文化知识水平较高、对网络较为熟悉、选择优质餐饮企业就餐概率大有关。

### （二）建议

#### 1. 提供以游客感知为导向的标准化服务规范指南，错峰提供个性服务，引领餐饮业标准化服务提升

对2018年1月至12月峰值变化进行分析可知，寒暑假、节假日属于旅游旺季，游客以学生、家长为主，其他时间属于旅游淡季，游客以退休人员为主[10]。淡季餐饮标准化感知与期望较为接近，退休人员期望满意度高。餐饮标准化服务对象是游客，在旅游旺季游客能选择优质餐饮店就餐有限，整体服务水平提高才是根本，其中抓好游客感知口味、环境和服务又是餐饮业标准化根本中的根本。

#### 2. 引入大众点评第三方平台评价指标，促进阳朔餐饮业标准化发展

游客就餐属于一次性顾客，选择餐厅的参考信息来源主要是网络。目前大众点

评是游客选择餐饮的主要信息来源之一，建议行业协会和旅游、市场、商务等行政部门与其合作，根据布局选树一批餐饮标准化示范企业，带动餐饮业标准化发展。

### 3. 保持啤酒鱼餐饮企业标准化服务水平，扩大特色餐饮企业标准化建设的规模

阳朔名菜除了啤酒鱼，还有田螺酿、柚子炒鸡丝、福利牛排、兴坪清水鱼等美食，建议围绕美食非物质文化遗产、传统技艺，进一步发展特色餐饮企业极具地方特色的美食来支撑特色餐饮企业发展的良性互动。

### 4. 以优质标准化餐饮企业为依托，培育多个餐饮中心

国家标准化改革试验区深入推进，以遇龙河山水田园风光为中心，随着漓江核心景区兴坪镇、县行政中心新区的兴起，游客就近就餐带动一批餐饮企业的发展。应注重以优质标准化餐饮企业为依托，通过优质企业连锁发展带动一批标准化餐饮企业发展壮大。

## 参考文献

[1] 阳朔县统计局 . 阳朔县2018年国民经济和社会发展统计公报 [R/OL].（2019-07-02）[2020-05-06].http://www.yangshuo.gov.cn/zfxxgkzl/sifb/201907/t20190702_1296576.htm.

[2] 李晓莉，保继刚 . 期望、感知与效果：来自奖励旅游者的实证调查 [J]. 旅游学刊，2015（10）：60-69.

[3] OLIVER R L .A cognitive model of the antecedents and consequences of satisfaction decisions[J].Journal of Marketing Research，1980，17（14）：460-469.

[4] CULLEN F. Factors Influenciing restaurant selection in dublin[J]. Journal of Foodservice Business Research，2005，7（2）：53-85.

[5] 丁玉勇，杨福臣，黄文垒 . 江苏餐饮业标准化现状及思考 [J]. 扬州大学烹饪学报，2014，3（1）：54-57.

[6] 扬智茹 . 晋中市旅游餐饮业现状调研与分析 [D]. 太原：山西农业大学，2017.

[7] 全国服务标准化技术委员会 . 服务业组织标准化工作指南：第二部分　标准体系：GB/T 24421.2—2009[S]. 北京：中国标准出版社，2009.

[8] 祖长生 . 饭店收益管理 [M]. 北京：中国旅游出版社，2016.

[9] 黄淑娟，李启瑄，车磊 . 旅游城市餐饮业空间格局及影响因素：以桂林市为例 [J].

华中建筑，2019，37（1）：57-60.
[10] 桂林市经济社会统计年鉴编委会．桂林市经济社会统计年鉴 [M]. 北京：中国统计出版社，2018.

【作者】**谭兴勇**，桂林旅游学院，本科，教授；**张彪**（通讯作者），桂林旅游学院，硕士，讲师；**邱添**，酒店管理专业2016级学生；**谢一晗**，酒店管理专业2016级学生；**张安妮**，酒店管理专业2016级学生；**郑文瑾**，酒店管理专业2016级学生。

# 桂林市旅游团餐营养环境的评价

赵冬　何依潞　王乙焮　磨鸿娟　滕浩

**摘要：** 为了解桂林市旅游团餐营养环境，进一步为建设健康旅游目的地提供参考，本文利用餐馆营养环境评价方案(Nutrition Environment Measures Study in Restaurants, NEMS-R)，从团餐的营养质量、烹调方式、营养信息等方面对桂林市10家典型的旅游团餐企业的营养环境展开调查和评价。结果显示：糯米加工制作的主食比重达到了21.43%；蔬菜水果类供应少，其中水果人均消费量不足45g；无奶制品提供，仅3家提供豆制品；动物性食物数量充足，但“炸、烤、煎”的烹调方式占到24.00%。餐饮菜品营养信息缺乏，游客选择健康食物范围窄，团餐营养质量有待提高，建议旅游团餐企业开发健康主食，提供更丰富的膳食选择，并实施餐饮食品营养标签标识制度。

**关键词：** 旅游团餐；营养环境；营养质量；营养信息

旅游团餐，即旅游团队餐 (Tour team meal)，是指经旅行社与餐饮服务企业提前签订协议确定的以配套桌餐或自助餐为供餐方式的旅游团队就餐形式[1]，已成为旅游服务过程中的重要内容。目前，桂林市共有行业指定的旅游团餐接待单位30余家，可为游客提供特定营养环境[2]。

营养环境主要由营养质量、烹调方式、价格、促销手段、食物类型、营养信息等要素构成，这些要素能够对食客的膳食选择产生深刻影响[3]，因此，营养环境评价常作为政府机构制定餐饮食品营养和社会经济发展政策的有效方法[4]，这也为建设健康旅游项目提供了可行方案。

近年来，我国学者开始关注对餐饮营养环境的评价，初步形成了适合中式快餐营养环境的评价方案[5-6]，但对营养环境评价在特定人群、特定区域的应用鲜有报道。本研究应用营养环境评价方法分析了桂林市旅游团餐营养环境，旨在为建设健康旅游目的地提供理论依据。

## 一、对象与方法

### （一）对象

选择游客人数多、影响面广的10家指定旅游团餐接待单位，以这10家单位所提供的所有食物为研究对象，包括主食类（含糕点）、蔬菜水果类、鱼禽肉蛋类、奶及奶制品、大豆坚果类，以及各食物烹调方式等信息。

### （二）方法

以餐馆营养环境评价方案 (NEMS–R) 为框架[3]，根据《中国居民膳食指南 (2016)》中的食物推荐量，从食物营养质量、烹调方式、营养信息等方面调查并分析10家旅游团餐企业所有食物的营养质量及其营养特征[5]。

为保证调查的可靠性，在进行第一次调查之后的1～2个月，由同一调查员对同一单位进行再次调查，确保再测信度。数据采用 Excel 2016进行统计和分析。

## 二、结果与分析

### （一）旅游团餐的营养质量

#### 1. 主食类

旅游团餐中主食类食物调查结果如表1所示。除米饭、粉类、中式包点等主食之外，旅游团餐中糕点占所提供主食的比例较大，达到了21.43%。这些糕点类食物主要由糯米加工制成。研究发现，糯米加工食品的血糖峰值显著高于葡萄糖和粳米，不利于餐后血糖控制[7]。调查发现，仅有2家单位分别提供了紫米、红薯等杂粮，但供应量有限，如蒸红薯在营业不到一半时间便全部供应完。另外，在部分中式包点、粥类等主食中添加了小米、燕麦等杂粮，均为3种杂粮包和杂粮粥。

中国营养学会推荐每日膳食中增加全谷物和薯类摄入量[8]，全谷物含有膳食纤维、B 族维生素、维生素 E、矿物质、植物化学物等谷物全部天然成分，可降低2型糖尿病、心血管疾病的发病风险[9]；甘薯具有降低大便干硬、排便困难的风险[9]。可见，旅游团餐中全谷物、薯类等粗粮杂粮的种类较少，并不能满足特殊生理特点的游客营养需要。

**表1 旅游团餐中主食类食物供应情况**

| 主食类别 | 数量 | 占比 / % | 是否含有杂粮（数量） |
|---|---|---|---|
| 中式包点 | 22 | 31.43 | 有（3） |
| 糕点 | 15 | 21.43 | 无 |
| 饼类 | 11 | 15.71 | 无 |
| 粥类 | 9 | 12.86 | 有（3） |
| 粉类 | 7 | 10.00 | 无 |
| 米饭类 | 6 | 8.57 | 无 |

### 2. 畜禽肉蛋水产类

畜禽肉蛋水产类均属于动物性食物，蛋白质含量高、氨基酸组成适合人体需要，但饱和脂肪酸相对较高，容易增加肥胖和心血管疾病风险。旅游团餐中动物性食物供应情况如图1所示，动物性食物品种数为298种，其中畜肉类为42.62%、禽肉类23.15%、水产类29.86%、蛋类4.36%，中国营养学会建议，适量摄入畜肉量，保持摄入一定量的鱼、禽、蛋类[8]。可见，桂林旅游团餐中畜禽肉蛋水产类中，除蛋类食物之外，其余食物供应比例能够适应营养要求。与2012年中国居民动物性食物摄入来源组成相比[11]，旅游团餐畜禽肉水产类食物的供应情况可为游客提供良好的营养环境。而蛋类食物供应较少，可能与蛋类的烹调方法有关，游客可以在早餐时选择水煮蛋，即可满足一天对蛋类菜品的需求。

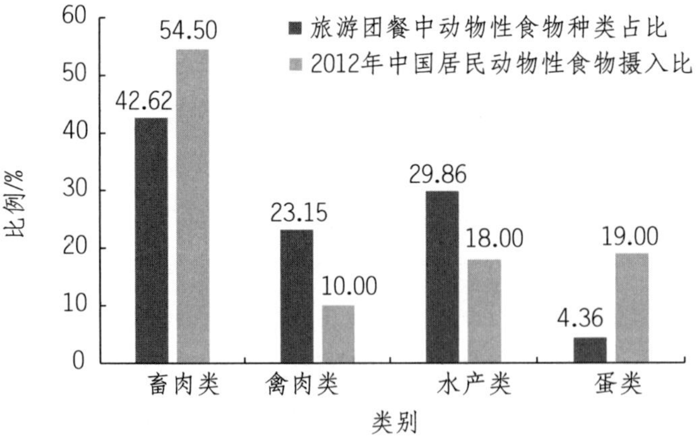


**图1 旅游团餐中动物性食物供应情况**

### 3. 蔬菜和水果类

调查显示，旅游团餐中纯蔬菜制作的菜品共有53种，蔬菜与各种动物性原料混合烹调的荤素搭配菜品共有132种。荤素搭配食物中深色蔬菜占比超过50%的菜品仅有2个，其原料为胡萝卜和番茄；含香菇、木耳等菌藻类的菜品为15个，占所在菜品原料量为12.57%。可见，旅游团餐中蔬菜提供量较少，游客对蔬菜的选择范围及选择量会更少，远低于《中国居民膳食指南（2016）》推荐要求的每日摄入300～500g的蔬菜要求，其中深色蔬菜占一半以上[8]。

调查中，旅游团餐提供的水果均为新鲜水果，但数量有限，每次推出3～5种。根据旅游团餐每餐所消耗的水果量与游客就餐人数，各类水果人均消费量如表2所示，这与中国营养学会推荐摄入量相差较远[8]。

**表2 旅游团餐中水果消费情况**

单位：g

| 水果种类 | 柑橘 | 黄桃 | 芒果 | 马蹄 | 香蕉 | 火龙果 | 西瓜 | 哈密瓜 |
|---|---|---|---|---|---|---|---|---|
| 人均消费量（可食部） | 28.8 | 16.6 | 25.6 | 9.4 | 44.2 | 21.9 | 37.8 | 23.2 |

### 4. 其他类食物供应情况

奶类是膳食钙和优质蛋白的主要来源，而大豆富含脂肪、蛋白质和大豆异黄酮、植物固醇等有益成分。然而，调查发现所有旅游团餐企业并未提供任何奶及奶制品，仅在3家团餐单位发现含大豆原料制作的菜品，为油豆腐、腐竹和水豆腐，分别占所在菜品质量的4.67%、5.54%和78.85%，其余旅游团餐供应单位未提供大豆及豆制品。大豆除含有丰富的蛋白质之外，还含有较多磷脂、不饱和脂肪酸、膳食纤维，且富含赖氨酸，可替代部分动物性蛋白，多吃大豆类食物有利于预防心血管疾病。

## （二）旅游团餐中食物的烹调方式

旅游团餐供应单位所提供食物分为荤菜、荤素搭配、素菜（叶菜类）、主食（糕点），各类菜品烹调方式统计如表3所示。由表可知，荤菜所使用的主要烹调方式包括炸、烤、煎等。炸、烤、煎的主要特点是温度高，蛋白质、脂肪、维生素等营养素会被破坏，甚至产生丙烯酰胺这类有害物质[11-12]。鱼含有较高营养价值的必需脂肪酸、蛋白质，而大部分鱼类荤菜基本采用油炸方式烹调，如油炸漓江鱼、香酥漓江鱼、啤酒鱼等。

表3　旅游团餐中食物的烹调方式

| 菜品类别 | 品种数量（不含重复）/ 种 | 主要烹调方式及比例 |
| --- | --- | --- |
| 荤菜 | 170 | 炸、烤、煎（24.0%） |
| | | 炒、卤、盐焗（29.9%） |
| | | 蒸（15.5%） |
| 荤素搭配 | 128 | 煎、炒、烧（43.5%） |
| | | 煮、焖、炖（28.7%） |
| | | 蒸（24.7%） |
| 素菜（叶菜类） | 53 | 炒（100%） |
| 主食（含糕点） | 70 | 油煎或油炸（28.0%） |
| | | 汽蒸（47.0%） |

根据调查，荤素搭配食物所含蔬菜种类主要为根茎类，主要有煎、炒、煮、焖、烧、炖等方烹调式，对于纯蔬菜（叶菜）的烹调方式主要为旺火急炒。无论哪种方式，对蔬菜中维生素 C 的破坏率都很高，煮、焖、烧、炖等烹调方式的时间长，水溶性维生素会遭到破坏，尤其是叶酸[14]。此外，不同类型蔬菜的处理方式营养素保留水平不同，根据潘兴昌等人研究，团餐的烹调方式对根茎类蔬菜中的矿物质含量影响不大[15]。

旅游团餐中主食主要为中式包点、糕点和饼类，使用油煎或油炸烹调方式占28.0%，主要集中在糕点、饼类两大类主食上。这种烹调方式尽管对碳水化合物影响较小，但会增加油脂使用量，且油脂在高温下会发生裂解变质，不利于游客健康，尤其是不利于血脂异常、高血糖、高血压的中老年游客的健康。

### （三）旅游团餐服务的营养信息

食物营养信息展示对消费者合理选择食物具有重要指导意义，各国政府均对本国食品营养信息展示要求做出了规定。《食品安全国家标准　预包装食品标签通则》（GB 28050—2011）[16]规定了对预包装食品营养标签信息展示的要求，要求标示核心营养素及钠元素的含量和营养素参考值，但所要求进行的营养标签标示并未对餐饮食品做出要求。

调查发现，所有旅游团餐供应单位的菜品均未标示有任何有关营养标签的提示，仅在餐厅醒目位置贴有部分食物特殊营养功能，如罗汉果茶具有清咽利嗓、控制血糖等功效，油茶具有健脾消食、祛寒避瘴、解表止泻等功效。

## 三、讨论

旅游团餐是在旅游团事先约定的餐饮单位以自助餐形式的一种旅游餐饮消费，是老年旅游饮食消费主要类型之一[17-18]。随着中国老龄化的加剧，旅游团餐将呈现快速发展趋势，提供优质、营养、安全的餐饮食品，对打造健康旅游基地、提高全民营养健康、增加企业竞争力具有重要的意义。

根据调查分析与评价，旅游团餐中糕点类主食以具有地方特色的糯米制作为主，且主要使用油煎、油炸的烹调方式，游客往往为体验地方特色美食而选择糕点类食物。然而，这些地方特色美食并不符合现代健康要求。因此，建议在产品开发上融入更多健康元素，如利用当地知名燕麦片、葛根、藕粉、山药粉、罗汉果、六堡茶，开发制作低热量、低血糖生产指数的特色糕点，以预包装形式替代餐桌即食。

肉类食物多以五花肉、鸭肉为原料，这类食物除提供丰富蛋白质外，还提供了大量饱和脂肪酸，不利于肥胖及心血管疾病的预防[19]。大豆及其制品类食物提供量极少，不能为游客合理搭配植物性蛋白提供选择的可能，而对于蔬菜水果类，其消费选择数量和种类极其有限，奶及奶制品没有提供。因此，在食物供应的结构上，旅游团餐企业应提供更多不同品类的食物，为游客膳食平衡管理提供条件，并借助桂林建设首批健康旅游示范基地的机会，为游客提供健康餐饮服务。

在营养信息方面，旅游团餐供应单位可率先在本单位内菜品中进行标签标识。除标示基本营养素含量与推荐值之外，还可以研究开发营养信息系统或健康标识[20]，如借鉴加拿大心脏病及中风基金会对餐馆菜品开展“健康核查程序（HCP）”[21]，加贴健康食品标识。

综上所述，桂林旅游团餐营养环境有待进一步提高，主要手段包括可供选择食物应该更加丰富多样，开发制作更具特色、更营养的主食或菜品，并在菜品中实施营养标签标识制度，建立营养标签企业标准，为游客提供更合理、更全面的膳食选择性。

## 参考文献

[1] 河北省服务标准化技术委员会 . 旅游团队餐饮服务企业评定规范：DB 13/T 2678—2018 [S]. 2018.

[2] BOWEN D J, BARRINGTON W E, BERESFORD S A. Identifying the effects of

environmental and policy change interventions on healthy eating[J]. Annual Review of Public Health, 2015, 36（3）: 289–306.

[3] GLANZ K, SALLIS J F, SAELENS B E, et al. Healthy nutrition environments: concepts and measures[J]. American Journal of Health Promotion, 2005, 19（5）: 330–333.

[4] VANDEVIJVERE S, SWINBURN B. Creating healthy food environments through global benchmarking of government nutrition policies and food industry practices[J]. Archives of Public Health, 2014, 72（1）: 7.

[5] 兰晓芳，赵朱雪子，周天怡，等．北京市海淀区部分快餐店套餐营养环境调查 [J]. 中国食物与营养，2017, 23（4）: 69–73.

[6] 兰晓芳，周天怡，赵朱雪子，等．餐饮营养环境的评价方法 [J]. 中国食物与营养，2016, 22（11）: 84–87.

[7] 潘海坤，王淑颖，范志红．糯性加工食品餐后血糖及饱腹感评价 [J]. 食品科学，2016,37（17）: 225–229.

[8] 中国营养学会．中国居民膳食指南（2016）[M]. 北京：人民卫生出版社，2016: 2–4.

[9] MCRAE M P. Health benefits of dietary whole grains: an umbrella review of meta–analyses[J]. Journal of Chiropractic Medicine, 2017, 16（1）: 10–18.

[10] 王姣红，蔡文兰，胡波．食用熟甘薯促进产后排便的效果观察 [J]. 护理学杂志，2009, 24（22）: 52.

[11] 琚腊红，于冬梅，房红芸，等．2010—2012年中国居民膳食结构状况 [J]. 中国公共卫生，2018, 34（10）: 1373–1376.

[12] 王子萌，苑宁，张蕴哲，等．烹调方式对食物营养素的影响研究 [J]. 粮食与油脂，2018, 31（8）: 4–6.

[13] 李楠楠，范志红．不同烹调方法对鱼营养价值及感官评价的影响 [J]. 食品科学，2012, 33（5）: 93–97.

[14] 朱瑞欣，王璐，范志红．蔬菜烹调的差异化综合营养评价 [J]. 中国食品学报，2018, 18（10）: 252–257.

[15] 潘兴昌，赵洪静，门建华，等．蔬菜中钙、磷、钾、钠烹调保留因子的研究 [J]. 营养学报，2007, 29（1）: 43–45.

[16] 中华人民共和国卫生部．食品安全国家标准　预包装食品营养标签通则: GB 28050—2011[S]. 2011.

[17] 孙乐．常州城区老年居民旅游消费行为分析研究 [J]. 吉林省教育学院学报，2017, 33（4）: 156–159.

[18] 张科．基于 IPA 法的四川旅游团餐游客满意度实证分析 [J]. 内江师范学院学报，

2018, 33（12）: 99–104.

[19] LADDU D, HAUSER M. Addressing the nutritional phenotype through personalized nutrition for chronic disease prevention and management[J]. Progress in Cardiovascular Diseases, 2019, 62（1）: 9–14.

[20] NI MHURCHU C, EYLES H, JIANG Y, et al. Do nutrition labels influence healthier food choices? Analysis of label viewing behaviour and subsequent food purchases in a labelling intervention trial[J]. Appetite, 2018, 121（2）: 360–365.

[21] WHITE C M, LILLICO H G, VANDERLEE L, et al. A voluntary nutrition labeling program in restaurants: Consumer awareness, use of nutrition information, and food selection[J]. Preventive Medicine Reports, 2016, 4（12）: 474–480.

【作者】**赵冬**，桂林旅游学院，硕士，副教授；**何依潞**，烹饪与营养教育专业2017级学生；**王乙焮**，烹饪与营养教育专业2017级学生；**磨鸿娟**，烹饪与营养教育专业2017级学生；**滕浩**，桂林旅游学院，硕士，助理讲师。

# 发扬桂林市食材特色　促进健康旅游餐饮产业发展

朱明媛　秦春晓

**摘要：**桂林山清水秀，出产于斯的特色食材，养生、宜人，养育了世世代代的桂林人，只可惜她们像是待字闺中的美少女。乘着打造国际旅游胜地的东风，是时候让她们露出迷人的本色，助力桂林腾飞了。

**关键词：**桂林特色食材；健康养生；旅游餐饮

桂林是一个历史悠久、山清水秀的地方，勤劳智慧的桂林人民在长期的实践中，孕育出了与气候、文化、食材、习俗相应的饮食文化，从而使得桂林人能世世代代在此繁衍不息……

## 一、当地的特色食材

俗话说，靠山吃山，靠水吃水。桂林不但山水美，食材也很丰富。生于斯、长于斯，心灵手巧的桂林人民就地取材，烹饪出了各种美味佳肴。

中国是农耕民族，一直有着天人合一的思想，在长期与大自然和谐相处的过程中，发现了用食物调理身体健康的方法。

在此，我们只品味几道桂林当地药食同源的食材。

### （一）荔浦芋头

芋头，又称青芋、芋艿、毛芋，是一种呈碱性的食物，营养价值和土豆相似，而且不含龙葵素，吃起来口感细软，绵甜香糯，易于消化。虽然长江流域和江南的不少省份都有芋头，但桂林的荔浦芋是芋头中的上品，而且自古以来就是皇家的御用之品。

1. 性味和功效

中医认为，芋头性平，有益胃、宽肠、通便、解毒、化痰散结的功效，常用于补中益肾，疗热止渴，调节中气。

2. 以芋头为原料的菜品

荔浦芋扣肉，是桂林逢年过节几乎家家桌面上都有的一道菜。此外，芋头的做法还有清蒸芋头、鲜芋头炖鱼、芋头鸡、红烧芋头、芋头糕、芋头粳米粥等，花样繁多，不胜枚举。

（二）荸荠

荸荠，俗称马蹄，又称地栗，为扁圆形，直径4cm左右。荸荠表皮紫黑，肉质洁白，味甜多汁，清脆可口，自古有“地下雪梨”之美誉，北方人视之为“江南人参”。桂林市临桂区、荔浦市的马蹄上乘，以个头大、皮薄肉嫩、水分充足、清甜无渣、爽脆可口而享誉海内外。桂林市雁山区柘木镇魏家渡一带出产的马蹄，自古就是皇家的贡品。

1. 性味和功效

中医认为，荸荠性寒，具有清热解毒、凉血生津、利尿通便、化湿祛痰、消食除胀的功效，可用于治疗黄疸、痢疾、小儿麻痹、便秘等疾病。

2. 荸荠的吃法

荸荠通常当作水果生吃，也做成菜吃，如拔丝荸荠、荸荠炒青菜、荸荠红枣冰糖水、荸荠炒肉片、荸荠炒虾仁等。此外，还可以和肉末一起做成丸子馅、饺子馅等。

在桂林，用马蹄做的一种传统点心就是马蹄糕，大街小巷常碰见有人在卖。如果上火了，吃点马蹄糕也是不错的选择。

（三）茶油

茶油，是油茶籽油的俗称，又名山茶油、山茶籽油，是从山茶科山茶属植物的普通油茶的成熟茶籽中提取的纯天然高级食用植物油。世界上百分之九十的山茶籽油来自中国，而广西是国内山茶籽的四大重要产区之一。桂林地区生态环境良好，种植在四周群山之中的茶树因独特的气候和生长条件，结出的山茶籽更是佳品，如龙胜县、全州县的茶油，其品质良好。

### 1. 茶油的营养成分和功效

茶油营养丰富，含脂肪酸（不饱和脂肪酸、油酸、亚油酸）、山茶苷、茶多酚、磷脂质和皂苷、鞣质及具有消炎功效的角鲨烯，可以防治血栓形成及降低胆固醇，具有防治冠心病、抗凝、促进母乳分泌、防治胆结石、美容、乌发等功效。

### 2. 茶油的通常用法

茶油拌面：空腹食用，可调理胃肠、腹泻、绞肠痧。

茶油煎荷包蛋：每日食用一个，可保护喉咙，预防脑卒中和高血压。

茶油炒红菜：经常食用，可预防糖尿病，以及妇女产前后抽筋、产后肚皮松纹。

茶油拌生鸡蛋：可止咳及润嗓子。

茶油加姜丝炒肉：可清肝润肺，消红退肿。

## （四）香猪

香猪为偶蹄目猪科猪属，以体小早熟，肉味鲜而闻名。香猪又名“迷你猪”，属矮小猪种。其肉蛋白质含量高达21.8%，高于普通猪31.1%～70%；脂肪低，仅占普通猪的18.86%～28.10%；热量也较低，是普通猪的60.85%～76.1%；钙磷含量和比例几乎与鸡蛋完全一致。更为独特的是，香猪肉中含有一种丰富的不饱和脂肪酸的特殊物质，它具有多种药理性，可使血管内皮细胞合成的抗炎物质增多，使血小板形成的血栓素 A2减少，起到预防血栓形成的作用，还有较强扩张血管的活性，对美容和保健有特殊效果，对预防心血管疾病有独特功效，符合人体生理和健康需求，非常适宜制作成保健食品。香猪早在宋朝便成为皇室贡品，当今作为保健食品开发，前景十分广阔。

香猪的特点可以说是一小（体型矮小灵巧，6～7斤的小猪，早熟，两三个月即成佳品）、二香（肉嫩味香，肉质细嫩，味带醇香，汤清甜，进口齿颊留芳，回味深长，素有“一家煮肉四邻香”“颊齿余香三日长”之美名）、三纯（即基因纯合，似人类基因，有极高的医用研究价值）、四净（香猪产地位于恭城县西岭镇的银象养殖场，那里山清水秀，无任何工业污染，以放牧野食为主，拒绝喂肥壮素等添加剂，所养殖的香猪为纯净无污染的绿色食品）。

银象养殖场把野山猪作为种猪来配种，并根据人们青睐绿色食品口感好和营养高的消费特点，确定了用生态理念来养殖香猪。精心使用调配的饲料，不添加任何促长激素，采用“辅料 + 精料 + 猪草”的生态模式喂养。精料用米糠、玉米粉等，辅料用谷壳、玉米棒等进行加工而成的粗饲料，另外辅以蔬菜、红薯和象草。

硒为动物机体必需的矿物元素，是谷胱甘肽过氧化物酶的重要组成部分，对其活性有重大影响：机体抗氧化能力，调节机体的甲状腺激素代谢、免疫功能和细胞生长。有机硒对猪肉的品质，尤其是对肉色有显著的改善作用，可提高猪肉的保水力和抗氧化水平，从而延长猪肉的货架期。

### （五）罗汉果

罗汉果，是葫芦科多年生藤本植物的果实，别名拉汉果、假苦瓜、光果木鳖、金不换等，被人们誉为“神仙果”“东方神果”，是桂林名贵的土特产。

桂林的永福县和临桂区种植罗汉果历史悠久，中国百分之九十以上的罗汉果产于这两地。

近几年，桂林还研发和种植出富硒无籽的罗汉果。科学研究表明，硒具有抗氧化、抗病毒、延缓衰老、提高免疫力等多种功效。

#### 1. 性味和功效

罗汉果性味甘凉，归肺和大肠经，具有清肺利咽、化痰止咳、润肠通便的功效，主治咳喘、咽痛、便秘等。

#### 2. 用法

罗汉果除泡水喝之外，还可以用于烹饪。食用罗汉果茶、罗汉果降脂茶、罗汉果瘦肉汤、罗汉果粳米粥等，可以清肺热、促睡眠、提精神。

此外，桂林的很多米粉店熬制卤水时还配放罗汉果，既美味，又养生。

### （六）白果

白果，又名鸭脚籽、灵眼、佛指柑、银杏、公孙树籽，是银杏的种仁。白果除含有淀粉、蛋白质、脂肪、糖类之外，还含有维生素 C、维生素 $B_2$、胡萝卜素和钙磷钾镁等元素，以及银杏酸、白果酚等，营养丰富。

虽说别的一些省份也有白果，但桂林自古就有种植白果的历史，且桂林的白果品质上佳，桂林市灵川县海洋乡桐木村就有千年的白果树，是中国的白果树之王。

#### 1. 白果的性味和功效

中医认为白果味甘、苦、涩，性平，归肺经和肾经，主要作用是敛肺气、定喘咳、止带浊、缩小便以及治哮喘、痰咳、白带、白浊、遗精、淋病、小便频数等。

### 2. 用白果作食材的菜品

白果炖鸡、白果炖老鸭、白果炖排骨、白果炒虾仁、白果粥等，这些菜品对肺部和呼吸道的疾病均有很好的食疗作用。尤其是白果老鸭汤，滋阴润肺，得到人们的广泛喜爱。

在此想提一下白果粥。喝白果粥的桂林人不多，但它是辅助治疗很多疾病的营养药膳——它敛肺定喘，收涩止带，益元气，补五脏，延缓衰老，是一长寿药膳。年老体弱、五脏虚衰、久病体疲、劳伤亏损，或具食欲缺乏、慢性腹泻、心慌气短、失眠健忘、阳痿早泄、月经失调等气血、津液不足的病症，久服白果粥，效果明显。白果粥以早餐空腹时食用为佳，宜热食，淡食，勿过饱，不可同时食用萝卜和喝茶。内火太盛的老年人在夏季不宜食用。

## （七）艾叶

艾草，又称艾蒿、家艾、香艾等，为菊科植物，我们所说的艾叶，是它的叶子。艾草在我国几乎遍布全国，在桂林，田间地头、山脚下、坡地、河边、小路边常见。

### 1. 性味和功效

艾叶味辛、苦，性温，归肝、脾、肾经，具有温经止血、散寒止痛、祛湿止痒的功效。主治吐血、衄血、咯血、便血、崩漏、妊娠下血、月经不调、痛经、胎动不安、心腹冷痛、泄泻久痢、霍乱转筋、带下、湿疹、疥癣、痔疮、痈疡等。

《本草纲目》记载，艾以叶入药，性温、味苦、无毒、纯阳之性，通十二经，具回阳、理气血、逐湿寒、止血安胎等功效，亦常用于艾灸，故又被称为“医草”。

### 2. 用法和吃法

在桂林，通常把艾叶熬水泡脚，可以温阳祛湿、调治感冒、补肾。还有就是小吃店几乎都有的艾叶粑，艾叶粑以艾叶为食材，配以糯米粉、芝麻花生，味道香甜。

桂林市高新区鸾东市场黄阿姨灰水粽的主人——黄素珍女士，不仅做“灰水粽”做到“一代粽师”，而且她做的艾叶粑别具特色，荣获了“第六届民族地方美食大赛金奖”。

## （八）桂林米粉

桂林米粉是历史、文化与当地食材完美结合的产物。传说秦始皇为了南征，打通通往岭南的粮道，派遣了大量的士兵南下开凿灵渠，这个过程中才有了形似面条的米粉。

#### 1. 米粉的营养价值

米粉富含淀粉及铜、铁等元素，营养丰富。

#### 2. 功效与作用

米粉膳食纤维丰富，能促进肠道蠕动；能量充足，能增加身体蛋白质；暖胃，调治胃寒症状；健脾养胃，补血益气。

#### 3. 桂林米粉的现状

已有两千多年历史的桂林米粉是桂林人的最爱，是最深入人心的一道美食，如今它早已飞出桂林，飞出广西，现在几乎飞到国内的各个省份。在网上或实体店，我们也能见到各种各样的速食桂林米粉，外地人、在异乡的桂林人很容易品尝到桂林米粉。

桂林米粉之所以能取得今天的成绩，与米粉背后的历史和文化是分不开的：秦始皇下令修建灵渠，这是众所周知的历史，而米粉又是在这样的背景下孕育出来的，再加上兴安自2007年以来，每年都举办米粉节，米粉的影响力逐年提升，这才得到了广泛的认可。

以上只是具有药食同源功效的桂林特色食材的略举，还有许多值得我们去挖掘。

## 二、如何发扬桂林的食材特色，促进健康旅游餐饮业的发展

### （一）中央政府和自治区政府重视

2019年2月，自治区政府主席陈武主持召开自治区十三届人民政府第27次常务会议，审议了《关于以世界一流为发展目标打造桂林国际旅游胜地的实施意见》。

目标已确定，如何来打造呢？有硬件，有软件，硬件的打造大家有目共睹。在此，我们只从饮食的角度来谈谈。

饮食文化历来与旅游是相辅相成的。游客外出旅行离不开衣食住行，他们每到一个地方，都会考虑几个问题：住什么地方？看什么景点？吃什么？民以食为天。吃，为天人的事！

游客在每一个旅游目标地待的时间都不会很长。所以，在选择吃的时候就会考

虑这个地方最有特色的美食。比如，我们到了新疆，就想品尝新疆的大盘鸡、烤馕、羊肉串、葡萄干、哈密瓜；到了天津，就迫不及待地想品尝天津的狗不理包子、耳朵眼炸糕、十八街麻花。

广州的上下九步行街几乎是每一个到广州的外地人必去之地。这里不是旅游景点，却每日从早到晚人山人海。为什么？因为它是广州传统小吃和土特产的汇集点。在这里，你可以吃到富有广东特色的各种传统小吃，买到各种传统特产以及各种煲汤原料。

桂林有世界一流的风景，是旅游的天堂，但不是饮食的天堂。常听游客说，桂林不得不来，但来了之后总觉得缺点什么。桂林缺文化吗？桂林缺内涵吗？都不缺。我们缺挖掘和宣传。

饮食，是文化的一个重要组成部分。我们何不乘着打造桂林国际旅游胜地这一东风，挖掘桂林本地特色食材，把桂林打造成饮食的天堂，助力桂林成为国际一流的旅游胜地。

### （二）利用桂林的特色食材打造饮食天堂

我们看看桂林的吃：虽说桂林也有不少步行街，但东西南北菜荟萃，具有桂林饮食特色的菜品不突出，健康养生的药膳就更不用说。此外，游客对于桂林的特色菜、健康养生菜更是全无概念。

留住游客的胃，就必须用吸引人的食材。用食物养生防病调理的方法，在我们中国历史悠久：中国传统医学经典《黄帝内经》就提出了“五谷为养，五果为助，五畜为益，五菜为充，气味合而服之，以补养精气”的膳食种类和配伍原则。如果从养生、防病、调理的角度推出桂林特色食材，不失为吸引游客的一大亮点，也是促进当地经济发展的一大举措。

桂林已经建有崇华中医一条街，可以考虑在此建立当地特色食材的药膳坊，也可以在城区的某些地方找几家酒店试点，从桂林健康科学研究会派驻专家指导。

在继承中医用药食同源的方法调养方面，广东做得最好：地地道道的广东人多擅长煲各类药膳，比如头痛了，就会煲川芎白芷鱼头汤；湿气重、脾胃虚寒，就会用广东出产的五指毛桃煲猪龙骨；上火了，就会想到喝王老吉。如今王老吉已经享誉全国。

由于介绍桂林特色食材药膳在养生、防病、调理的文章太少，可以考虑组织一批养生专家动笔宣传，让更多的人知道。如果本地人知道了，就会慢慢地改变自己的饮食习惯，在饮食中逐渐渗透药食同源养生、防病、调理的饮食理念，以达到上医治未病的目的，减轻医院负担和国家医疗支出。如果游客知道了，到桂林旅游或购物时，就会有意识地选择相应的菜品和食材。同时，也可建立食材来源追溯制，增加透明度，让客人吃得放心、安心、舒心。

在这次抗击新冠疫情的战斗中，遵循自然之道的中医绽放了耀眼的光彩。我们应抓住这个契机，宣传我们的国粹中医，引导百姓养成分餐、使用公筷（勺）的良好习惯，培育健康文明的餐桌新风尚。

我们相信，利用桂林特色食材打造健康药膳，其前景一定是广阔的。

健康饮食的发展，终将助推桂林的旅游养生事业迈向更加美好的未来！

## 参考文献

[1] 图解经典编辑部 . 黄帝内经 [M]. 长春：吉林科学技术出版社，2017.

[2] 岳桂华，杨高华 . 中草药大全 [M]. 北京：化学工业出版社，2016.

[3] 余自强 . 煲好汤 [M]. 广州：广东科技出版社，2012.

[4] 杨月欣，王光亚，潘兴昌 . 中国食物成分表 [M]. 北京：北京大学医学出版社，2002.

[5] 雷子 . 食物是最好的医药 [M]. 北京：中医古籍出版社，2006.

**【作者】朱明媛**，桂林健康科学研究会专家组成员，高级工程师，中医文化学者；**秦春晓**，《健康科学报》副总编，高级养生保健师。

# 桂林市川味火锅的发展现状及发展研究

阳桂玉　李杰（通讯作者）

**摘要：**在餐饮市场竞争激烈的情况下，桂林市川味火锅在发展中遇到了前所未有的巨大挑战。本文主要通过使用问卷调查法、文献研究法和案例分析法相结合的研究方法，研究桂林市川味火锅的发展现状及其发展中遇到的问题，如产品老化，创新能力不足，产品营销不到位，行业监管不力造成的一系列违法行为，等等，并针对这些问题提出一系列解决措施，如主动创新，提升产品特色，借助网络手段对产品进行营销，加强行业监管力度，等等。本文还对桂林市川味火锅未来的发展趋势做出了一定的预测，给川味火锅未来的发展方向提出了一些意见。本文希望能够找到目前桂林市川味火锅困境的解决方法，并研究其未来的发展趋势，让桂林市川味火锅行业朝着更好更快的方向发展。

**关键词：**餐饮市场；创新能力；网络营销；行业监管；发展趋势

川味火锅作为川渝地区特色风味川菜的重要种类，主要起源于清朝的重庆码头，虽然最初只有零星的发展，但是到了改革开放后就形成了一个非常热门且具有发展潜力的产业。随着改革开放的步伐不断推进，川味火锅进入了桂林市餐饮市场。在将近40年的发展中，桂林市的川味火锅业占据了桂林市餐饮市场相当大的份额。川味火锅店在桂林市几乎随处可见，在全国也是如此。川味火锅店在迅猛发展的过程中，也遇到了许多的困难与挑战。首先，近年来人们对健康养生越来越关注，而川味火锅的特点是高油、高盐，与人们所追求的健康养生不太相符，难免会造成消费者数量减少的现象。其次，人们对服务的要求越来越高，而桂林市川味火锅店的服务员文化程度普遍不高，综合素质低，难以满足消费者的需求。最后，桂林市川味火锅店大部分还是沿用比较传统的火锅形式，缺乏创新，使消费者形成了一定的厌倦期，从而降低了收益。

这一研究与桂林市当地的社会经济、餐饮产业紧密联系，研究成果将有利于改善桂林市川味火锅当前遇到的难题；同时也有利于经营者了解消费者的需求，了解桂林市川味火锅未来的发展趋势，有助于川味火锅的产业发展。

## 一、川味火锅的起源及发展现状

### （一）川味火锅的起源

火锅对于中国人民尤其是川渝地区的人民来说是一种特有的美食文化，也是一份独特的情怀。据我国史料记载，早在商周时期，用火烧锅煮（涮）食物这种烹调方法就已经出现。古代在祭祀或庆典之时，要“击钟列鼎”而食，即众人围在鼎四周，把牛羊肉等放入鼎中煮熟来吃，这就是火锅的萌芽[1]。但是川味火锅的起源时间要晚于商周时期，正宗川味火锅大约在清朝道光年间出现，经多方学者的考证，川味火锅真正的发源地位于长江之滨的酒城泸州的小米滩[2]。当时在长江上跑船的工人们由于各种原因经常住在码头上，停船就生火做饭，但是他们做饭的工具只有一个瓦罐。他们会直接在罐中装水，把各种蔬菜放进去煮。由于码头边寒冷潮湿，而辣椒和花椒有驱寒祛湿的功效，所以他们还会把辣椒和花椒加入其中一起煮。在当地跑船的工人们觉得这样煮后食物的味道非常美味，所以就这样一传十,十传百地传开了。这种烹调方式被人们传播到重庆后，当地人又对这种烹调方式做了一番改进。在重庆当地简称“棒棒”的苦工们见到这吃法后，就去收集一些牛内脏与当地的船工一起烹煮食用。大家都觉得这些食物经过这样烹制之后不仅非常美味，而且可以让人的身体变暖和增加饱腹感。后来，开始有人专门售卖这种食物。他们挑着两个筐子，一头放菜品，一头放炉子，炉子上方一口分格子的锅，锅内沸腾翻滚着一种麻辣的汤汁。这些挑担子的人每天都跑到码头边、桥头去叫卖。工人们见这样不仅方便而且便宜，渐渐地就不自己生火做饭了，每个人认定一格，即吃即烫，直至吃饱。这种食用方法一直延续到民国二十三年（1934年），才有人把它搬进了小饭店，把这些担头移到桌上，但是泥炉依然，只是将分了格的铁盆换成了赤铜小锅，卤汁、蘸汁由消费者们自行搭配，以求干净而适合众人的口味。慢慢地，这种小饭店越开越多，在重庆对岸江北的一条小街上几乎全都是这种饭店，并且吃的人相当多，这就是“重庆毛肚火锅”的起源。后来，人们为了记住这种吃法是从小米滩传过来的，就干脆把这条街称作“小米街”[3]。抗日战争时期，川味火锅逐渐兴盛起来，一些社会地位高的人以食用川味火锅为荣。

### （二）川味火锅的发展现状

川味火锅从清朝的道光年间发展到现在，无论是火锅的口味、规模还是档次、格局，都逐渐体现出了多元化的特点，这也使得越来越多经营者投身火锅行业中，因此火锅行业的规模也越来越壮大。同时，川味火锅行业在餐饮业中也占据了重要的地位。据《2010年中国餐饮百强企业经营情况分析报告》分析，2010年火锅类企业营业额321.26亿元，占百强营业额的23.02%，其中超大规模的火锅企业众多，有14家火锅企业占据着前50强的位置[4]。而川味火锅则占据了其中12强之多。然而，川味火锅在发展势头如此良好的情况下也面临着许多问题。

首先，川味火锅行业的操作规范标准缺乏，相关部门监管力度仍需加强。近几年，有媒体报道某些不良商家为了使火锅底料味道更加好、颜色更加吸引人，开始往火锅底料里面添加一些对身体有害的物质，比如罂粟壳、地沟油、飘香剂等危害人体健康的添加剂。这些问题都是由媒体事先曝出，而非政府监管部门主动监管发现，比如"海底捞火锅北京劲松店后厨事件"，由此可见政府监管部门监管力度仍需加强。其次，火锅产品没有创新，传统火锅产品缺少变化。从当前火锅店的口味来说，锅底口味多为麻辣、酸辣等口味，而烫菜则为毛肚、鸭肠等几十年不变的食材，没有什么创新产品。但是，随着改革开放以来经济的发展，国民生活水平越来越高，人们对吃的要求也越来越高，现如今的川味火锅已经不再能满足人们的需求了。最后，商家经营成本高，利润减少。2018年9月，我国消费者价格指数（CPI）同比上涨2.5%，涨幅创同年3月份以来新高；食品价格上涨3.6%，在食品原料中，鲜菜、鲜果和鸡蛋价格分别上涨14.6%、10.2%和6.2%[5]。近年来，各地最低工资标准也有所涨幅。经过对比，2018年各地的最低工资标准较上一年均有所上涨，如北京2017年第一档最低工资为2000，2018年增长到了2140元；广西2017年第一档最低工资为1400元，2018年增长到了1680元，所以经营者需要支付员工的工资成本也有所增加。随着房价的不断上涨，一些房地产投资者购买新房的成本变高，他们为了收回成本也不断地提高租金，这也导致经营者的投入增大。从食品原材料的价格上涨、经营者需要支付员工工资的增加和店铺租金的上涨这几项来看，商家的经营成本近年来不断上涨，而利润则不断下降。

## 二、桂林市川味火锅的发展现状分析

### （一）桂林市川味火锅的客户市场情况

通过发放问卷调查得到的数据（本次调查回收有效问卷共109份）显示，被调查者中喜欢吃火锅的人数比例达到了77.06%，一般喜欢吃的达到了22.02%，而不喜欢吃的只占到了0.92%（图1）。从这份数据来看，喜欢吃火锅的人群占大多数，火锅行业的客户群体比较大，客源比较多。从个人喜爱的火锅口味来看，喜爱麻辣口味的消费者占71.56%，喜欢吃清淡口味的消费者占22.94%，喜欢吃海鲜口味的消费者占5.50%（图2）。从川味火锅的锅底和菜品风味来看，多以麻辣口味为主，清淡口味为辅。由此可见，川味火锅在桂林市火锅行业市场上占据了很大的优势，比较受消费者的喜欢，市场前景比较广阔。从消费者消费的频率和时间上看，经常吃火锅的消费者占42.20%，不常吃火锅的消费者占44.07%，分季节吃的消费者占11.01%（其中，

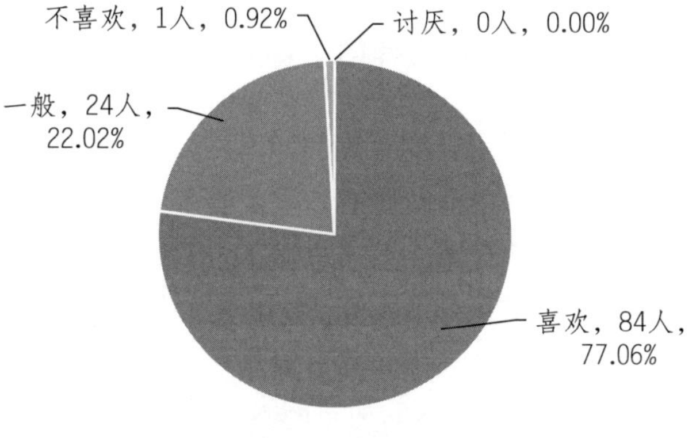


**图1　消费者对川味火锅的喜爱度**

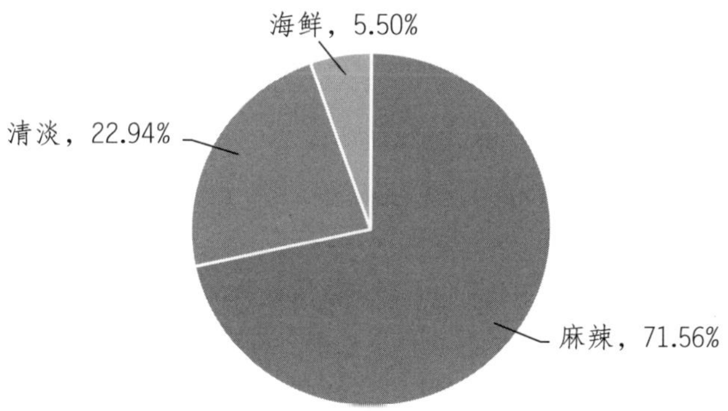


**图2　消费者喜爱的火锅口味**

冬季占95.5%)，每一天都是火锅节的占2.75%(图3)。由此可见，桂林市火锅行业的淡旺季不太分明，客源稳定。从以上三点来看，桂林市川味火锅的市场客源广、稳定，发展前景比较良好。

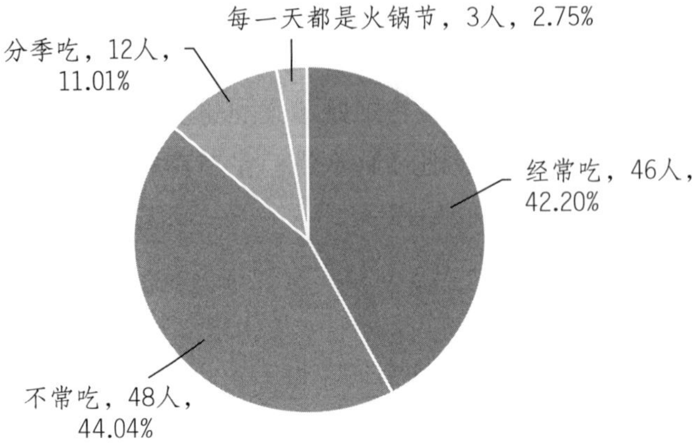


**图3　消费者食用火锅的次数**

### (二)桂林市商业中心川味火锅店铺的主要分布情况

调查显示，桂林市川味火锅店多分布在商业中心，但是桂林市又是一个多中心分布的城市，分布在桂林市区知名的商业圈有中心广场、联达广场、叠彩万达广场、七星万达广场、万福广场、桂林商贸城、桂林甲天下广场等各大大小小的商业中心，几乎每一个广场都有川味火锅店。可以说，川味火锅店辐射到了桂林市大街小巷。在这些川味火锅店中，不乏一些全国知名的连锁品牌，如大龙燚火锅、小龙坎火锅、秦妈火锅、海底捞火锅等。但是，这些知名的火锅品牌大多分布在中心广场、万达广场等繁华的商业中心，其他商业中心川味火锅店的品牌分布力量比较薄弱。从火锅店分布的数量来看，中心广场至少有10家，大龙燚火锅、小龙坎火锅、秦妈火锅、海底捞火锅都在其中，而七星万达广场则分布了5家，其中也不乏一些大型的连锁品牌，如海底捞火锅、小龙坎火锅等。可见，桂林市川味火锅的店铺分布以商业中心为主，街道为辅。

### (三)桂林市川味火锅客户市场需求情况

在桂林市餐饮市场中，串串火锅、麻辣香锅、冒菜等川味菜品很常见，如三顾冒菜、小郡肝串串香、辣么么麻辣香锅等，它们在大众点评平台上评分很高，非常受消费者的欢迎。由此可见，大部分消费者喜爱的口味为麻辣，只有少部分喜爱其他口味，这一点与川味火锅的特点(以麻辣、酸辣为主)一致。不过，因为广西靠近广东地区，所以桂林部分消费者的口味也较为接近广东，不喜辣，而川味火锅为了迎合不吃辣的消费者的口味也做出了改良，推出了番茄锅、菌汤锅、海鲜锅等一系列口味的产品，因此，川味火锅能满足大部分消费者的口味要求。其次，在消费者的价格接受能力方面（图4），能接受人均价格在50元以下的消费者占13.76%，能接受人均价格在50～100元之间消费者占66.97%，能接受人均价格100～150元之间的消费者占10.09%，不在乎价钱的消费者占9.17%。由此可见，大部分的消费者能接受的人均价格为50～100元。最后，问卷显示（复选题），桂林市客户选择吃火锅时最关心的是价格，其次是口味，然后依次是卫生、口碑、店内环境、服务态度，最后是交通位置（图5）。从比例看，消费者在选择一家火锅店就餐时，除价格外，也很看重店铺的口味、口碑、卫生和店内环境。

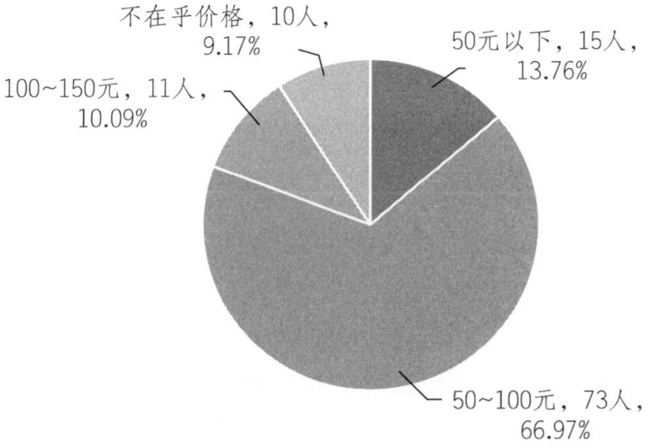


**图4 消费者能接受的人均价格**

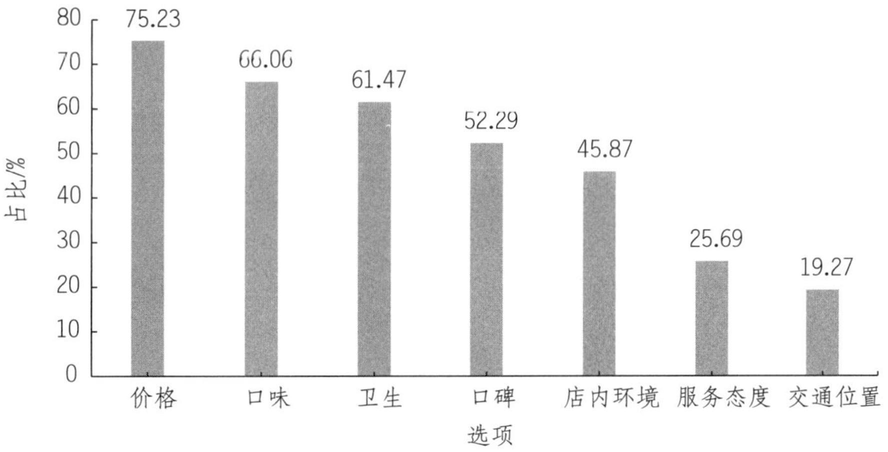


**图5 消费者选择吃火锅时看重的因素**

### （四）桂林市川味火锅的发展优势

首先，桂林市位于南岭山系的西南部，北连接湖南、贵州，属于丘陵地区及典型的喀斯特地貌，多溶洞和河流。桂林市处在低纬度地区，气候类型属于亚热带季风气候，由于气候特点，降水量充沛，平均年降水量可达到1 887.6 mm，年平均相对湿度为76%，再加上有漓江，江边寒冷潮湿，桂林市特殊的地理位置和气候，造成了桂林市本地阴冷潮湿的现象。为了适应这一气候，桂林人开始吃辣，从桂林当地特有的桂林传统美食桂林米粉的卤水由18种香料熬制而成，配菜则主要是用辣椒炒制的腌菜等可以看出，桂林当地的用餐口味是酸香干辣相结合的，跟川味火锅的特点（以麻辣、酸辣为主）基本一致，所以川味火锅在桂林市不缺乏市场。其次，桂林市川味火锅的价格大部分集中在人均50～100元之间，而根据问卷数据显示，桂林市火锅消费者能接受的火锅价格在50～100元的占66.97%，所以桂林市川味火锅的价格比较符合消费者对价格的要求，符合当地的消费标准。最后，桂林市是一个世界闻名的旅游城市，外来游客多，川味火锅闻名全国，其中也不乏前来尝鲜的游客，客源市场比较大。

## 三、桂林市川味火锅发展中所面临的问题

### （一）食品安全问题频发，行业监管力度仍需加强

我国当前的食品监管体系是以国家机关为主导的，地方政府机关依照《中华人民共和国食品安全法》及有关规定确定各监管部门的监管职责。《中华人民共和国食品安全法》规定，“违法生产经营的食品货值金额不足一万元以上的，并处五万元以下罚款；货值金额一万元以上的，并处货值金额五倍以上十倍以下的罚款；情节严重的，吊销许可证”。然而，在惩罚如此严厉的情况下，还是有一些不法商家在进行违法行为。首先，一些商家为了牟取利益，提升火锅口味，竟然在火锅底料中添加“一滴香”“火锅红”等添加剂，甚至有一些不良的商家在火锅中添加罂粟壳、地沟油等危害人体健康的违禁品。其次，一些不良商家以次充好，使用假牛肉、假羊肉代替真的牛肉、羊肉，供应不新鲜的鸭肠、鹅肠等动物内脏。这些行为屡禁不止，某些不良商家总是抱以侥幸的心理，做出某些损害消费者的违法行为。鉴于这些问题，相关部门监管力度仍需加强。

### （二）传统火锅创新能力不足，市场竞争激烈

首先，桂林市川味火锅市场上火锅产品呈现出产品单一、缺乏特色等特点。传统火锅的菜品无非就是一些动物的内脏和蔬菜，多以牛肚、鸭肠、黄喉等为主，再加一些常见的蔬菜；火锅底料，以牛油锅和清汤锅为主。桂林市川味火锅市场上无论是从装修还是从口味上来看，雷同现象严重，只要有一家火锅店稍有改变，其他店铺都会争相模仿，但单纯的模仿并没有从根本上创新，直接导致火锅市场上竞争激烈的现象。其次，其他各地风味火锅产品的竞争。在桂林市餐饮市场上还存在着北方火锅、潮汕火锅等类似产品，这些产品的知名度不低于川味火锅，且他们的产品除锅底口味不一样之外，主要烫菜是一样的，而且用餐的形式也一样，以烫、涮为主。这些无一不影响着川味火锅的市场，所以川味火锅要想在市场竞争中取得优势，必须要做出创新。

### （三）传统川味火锅对人身体健康的危害

调查显示，38.53% 的消费者认为食用火锅会给人的健康带来危害，而61.47% 的消费者认为不会（图6）。虽然有大部分的消费者认为川味火锅不会危害身体健康，但食用川味火锅其实是可能会给人体健康带来危害的。首先，麻辣火锅会严重刺激胃肠壁黏膜，引起胃酸和胀气，除容易引发食管炎、胃炎外，也有可能引发腹泻。有便秘或痔疮的患者，如果吃多了麻辣火锅，可能使病情复发或加重[7]。其次，火锅的热量比较高，容易导致肥胖；火锅中还含有大量的嘌呤，容易导致痛风。在问卷中，有45.87% 的消费者认为火锅会导致肥胖，32.11% 的消费者认为火锅会引发卒中（图7）。再次，在吃火锅的过程中，由于需要现场烹制，所以火锅锅底加热的时间较长，容易使亚硝酸盐过高，从而引起食客食物中毒，有12.84% 的消费者认为食用火锅太久会引发中毒。最后，30.28% 的消费者认为菜品没烫熟，会有寄生虫。确实，由于火锅是一种由消费者自己烹饪的食物，部分食物不容易掌握熟度，在消费者食用的过程中，这些食物会携带着大量的寄生虫进入人体，危害人体健康。

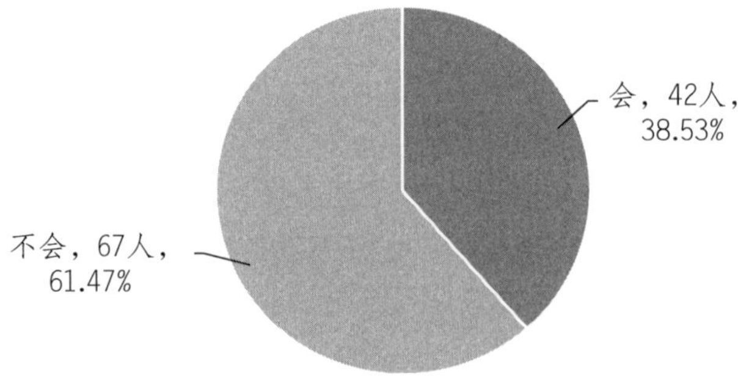


图6 火锅是否或危害消费者

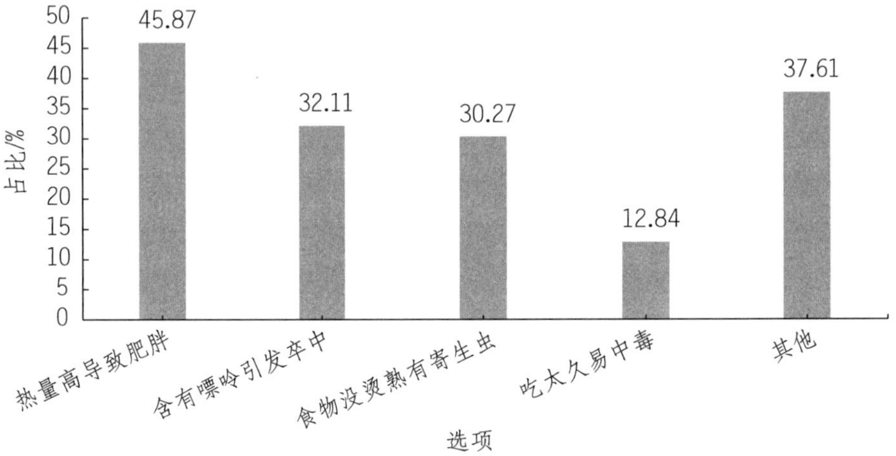


图7 危害身体的因素

## （四）经营者的经营成本上升，利润下降

首先，2008年开始实施新的《中华人民共和国劳动合同法》后，企业的用工成本较过去有所上升，人工成本在餐饮业成本中占有更大的比重[8]。人工在餐饮服务业中是不可或缺的一部分，且占据了支出总成本20%～40%，所以随着人工成本的增加，经营者的利润将逐渐减少。其次，餐饮原材料的价格不断上涨。随着改革开放以来经济的不断发展，消费者价格指数逐年增高，尤其是食品类价格上涨比较多，直接影响了火锅经营者的成本投入。再次，市场竞争逐渐激烈，火锅经营者需要投入大量资金成本来升级产品，吸引消费者，以增加收益。最后，店铺门面租金价格的上涨也增加了经营成本的投入，影响经营者的利润。随着物价的上涨以及房子价格的上涨，店铺租金一年比一年高已经成为一种常见的现象。由此可见，随着经济的发展，食品原材料价格上涨、升级产品的投资增加、人工成本和店铺租金增加，这些使经营者投入的经营成本越来越高，而利润随着这些经营成本的增加也越来越少了。

### （五）营销宣传投入不足，宣传效果不佳

桂林市川味火锅市场上各大大小小的川味火锅店不计其数，但真正知名的又有几家呢？除了小龙坎火锅、大龙燚火锅、海底捞火锅、秦妈火锅等全国连锁的知名品牌，桂林市本地川味火锅店被众人熟知的又有几家呢？可以说是寥寥无几了。造成这一现象的最大原因就是产品的营销宣传不足。小龙坎火锅等知名连锁品牌被众人熟知，是因为他们在产品宣传营销上面投入了大量的资源，而桂林市本地川味火锅店大部分都没有对其产品进行专业的营销推广，只是靠顾客的口口相传，但是这样的力量是不够的。想要提高知名度，还是需要营销推广，但这正是桂林市川味火锅行业所缺乏的，所以才造成了桂林市川味火锅店的知名度低这一现象。

### （六）服务水平质量低，顾客归属感较差

伴随着体验经济时代的到来和体验式消费的冲击，顾客的消费心理和消费行为正在发生变化，顾客对服务质量的追求愈加明显，顾客的需求朝多元化方向发展、顾客对企业的忠诚度变得越来越低，新的消费趋势给以火锅为代表的传统服务型企业带来了新的挑战[9]。调查显示，有72.48%的消费者认为桂林市川味火锅店服务态度问题令他们不太满意（图8）。造成顾客不满意的主要原因是服务水平低。那么是什么导致桂林市川味火锅店的服务水平低呢？首先，员工的培训力度不够，员工没有经过专业的培训就上岗，不具备专业的服务技能。其次，人员配备不足，服务速度慢，且主动服务顾客的时间短，所以造成了顾客满意度低的情况。最后，由于没有健全的激励机制去激励员工的主人翁意识，员工的服务意识不强，员工没有主动去服务顾

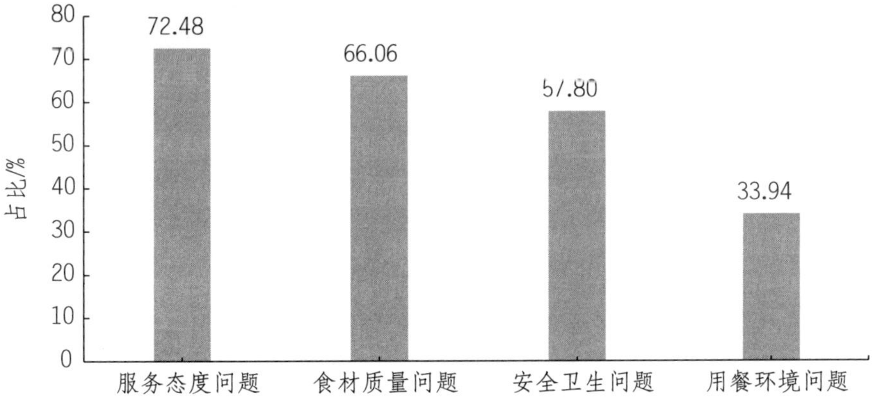


**图8　消费者对火锅的不满之处**

客的意识，同时也懒于主动去服务顾客，所以造成了顾客不满意的现象。由此可见，桂林市川味火锅店的服务水平低，顾客归属感较差。

## 四、桂林市川味火锅的发展提升策略

### （一）严格规范行业市场

首先，制定行业标准。相关部门应该制定符合桂林市川味火锅行业市场的技术操作规范、产品安全卫生标准等一系列管理规范标准，让监管部门有法律法规、标准作为依据。其次，监管部门加强监管力度。监管部门应当严格按照政府部门制定的行业规范进行监管，对于违规违法行为应当加大惩罚力度。最后，提升更新检测手段及技术。对于当前爆发出的食品安全问题，政府技术部门应当尽快找出一些有效的监测方法，给监管部门提供一些便利且有效的技术支撑。

### （二）成立桂林市川味火锅协会，共同提升发展

桂林市川味火锅市场上除了一些连锁品牌能够共享资源，其他火锅店都是各自经营，所以就导致了桂林市川味火锅市场凝聚力不足、不好管理的现象。桂林市为了培训考评厨师、交流技术，特意成立了桂林市餐饮烹饪协会，桂林市川味火锅市场也可以效仿桂林市餐饮烹饪协会成立一个火锅协会。火锅协会的成立可以使商家们联合起来共享资源、分享行业内的情况、交流提升技术等，达成共赢的局面。同时，火锅协会的还可以不定期联合举行一些活动，比如举办“火锅美食节”，给消费者送上福利，刺激消费者进行消费，以增加收益。最后，火锅协会还可以起到监督的作用，如成立监督小组，对协会成员进行不定期的检查，避免一些成员实施不法行为，净化桂林市川味火锅的市场。

### （三）提升产品特色，积极创新

川味火锅虽然烫菜丰富，但是每个火锅店的菜品都大同小异，很难有哪个店有创新，反复出现的这些菜品极其容易造成消费者的厌倦心理，因此要不断地进行创新来满足消费者的口味。首先，可以从锅底的口味上进行创新。经营者可以在锅底口味上增加投入，研发出一些具有桂林特色的火锅锅底或者创新口味的锅底吸引消费者。比如，近期在网络上风靡的奶茶口味锅底和桂林当地人喜爱的螺蛳粉口味，这些都可以吸引一批前来尝鲜的消费者。其次，在锅底造型上下功夫。比如，可以用锅底做

一些特殊的造型来吸引消费者。比如，有些火锅店的锅底造型就十分新颖，他们将牛油锅底做成卡通人物的造型，吸引了一大批消费者。再次，火锅菜品，经营者可以借鉴一些成功的火锅店的菜品来进行改革和创新，如“顾客自行采摘的豆芽”。桂林老表记鸭脚煲店的部分菜品就是顾客自行采摘的，这样非常符合当下流行的绿色健康食品这一主题，吸引了大批消费者。最后，可以从火锅形式上进行创新。经营者可以增加一些旋转的单人小火锅来吸引一些单独吃火锅的人群。巴奴集团旗下品牌火锅呷哺呷哺的经营模式主要是以单人的吧台小火锅为主，大桌为辅，一人一锅安全又卫生，非常适合现在消费者追求的安全卫生要求。再者，这种食用火锅的形式也可以吸引一批想一个人吃火锅，不想去大桌吃火锅的消费者，这样的就餐方式非常适合他们。

### （四）商家严格把控食品安全，给消费者提供安全产品

食品安全卫生质量一直是食客关注的重点，中国知名连锁火锅品牌海底捞火锅于2017年在北京劲松分店被暴出后厨发现有老鼠的踪迹、员工使用火锅勺来掏下水道、洗碗机两个月不清洗等行为，这些行为加剧了顾客对餐饮业食品安全卫生的重视。调查显示，有77.98%的消费者认为桂林市川味火锅店是存在卫生问题的（图9），其中，他们最关心的是食材质量与安全卫生问题。为了消除消费者的顾忌，商家应当采取必要的措施。首先，在采购上严格按照标准采购安全合格的食品，且合理储存食品。其次，在操作上严格按照操作规范进行操作，操作人员进入操作间之前进行严格规范的消毒，使用专业且干净卫生的工具进行食品处理；可开放厨房，公开操作或者允许鼓励消费者进后厨参观，让消费者进行监督。北京海底捞劲松分店在经历“老鼠门”事件后，经过一段时间的整治，为了重拾消费者的信心便鼓励消费者进入后厨参观，监督工作人员的工作流程，最终渡过了这一次难关，重拾了消费者的信任。最后，由于科技的发展，人工智能技术发展逐渐成熟，商家可以联合起来建议政府部

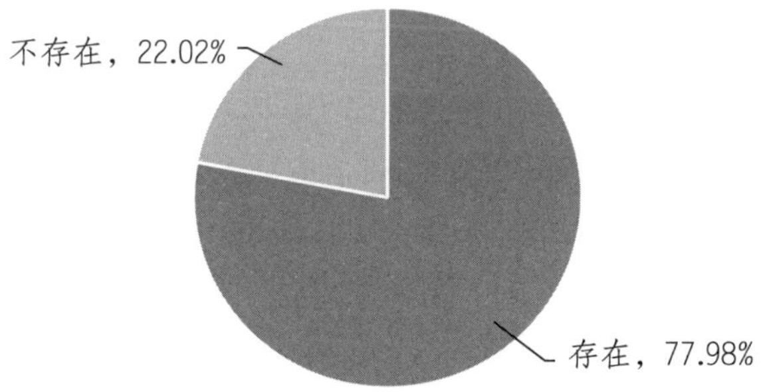


图9　火锅是否存卫生问题

门组建一套人工智能的远程监控系统，在后厨安装监控器，实时监控操作流程，实时发送监控情况到政府监管部门储存，让政府监管部门随时能监管，同时也能展示给消费者看，使消费者放心消费。

### （五）合理制定营销宣传策略，提升营销宣传效果

在“互联网+”的时代，餐饮企业不仅要迎来很大的发展空间，也将会面临很多挑战，营销策略俨然成了餐饮发展的关键点[10]。所以，桂林市川味火锅想要发展良好，必须合理地制定营销宣传策略，提升宣传效果。首先，在优惠促销上，调查显示（图10），有62.39%的消费者认为送优惠券可以吸引他们消费，52.29%的消费者认为酒水免费可以吸引他们，32.11%的消费者认为送果盘会吸引他们。所以，经营者可以制定一些优惠活动来吸引消费者。其次，在宣传渠道上，网络的时代经营者可以利用网络渠道来宣传店铺，如请“网红”拍短视频，注册微信公众号不定期发送推文等。最后，经营者可以结合一些节假日确定主题不定期举办主题活动，利用活动来吸引消费者，也可以借鉴其他火锅店的宣传策略，结合自己的实际制订宣传营销策略吸引消费者。

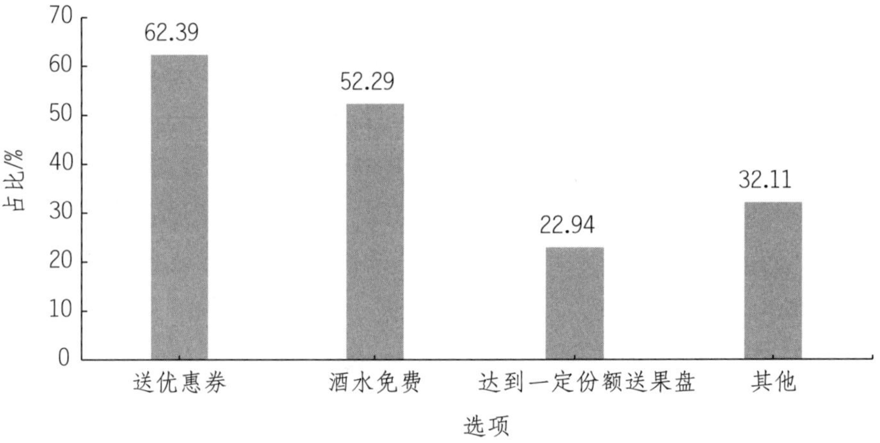


图10　能吸引消费者的优惠手段

### （六）加强员工服务技能培训，增强员工的服务意识

连锁餐饮企业的服务满意度直接影响到企业的品牌形象，关系着企业未来的发展[11]。知名火锅连锁品牌海底捞火锅以其人性化的服务吸引了大批忠实消费者。海底捞在新员工入职时会给员工进行专业培训，这种培训细致到如何使用结账设备，帮助外地来的员工快速地融入本地，而且在新员工入职时，海底捞还会给员工分配师

傅，这样做不仅消除了员工的不安全感，同时也能够使员工快速地学习掌握服务技能。在对待员工激励方面，海底捞集团非常大方，他们发现员工有做得优秀的地方就会给员工进行奖励，同时在工作时间也给了员工适当的权利，员工可以视情况给顾客送一些店内菜品等，这样做不仅增强了员工的服务意识，同时也增强了员工的主人翁意识。正是由于海底捞的这些措施才让海底捞的名气远传四海八方，同时以服务吸引了一大批忠实拥护者。调查显示，有72.48%的消费者对桂林市川味火锅店的服务态度不太满意，所以为了提升消费者的就餐兴趣，必须提升员工服务技能与增强员工服务意识。首先，经营者请专业的培训师对员工进行专业系统的技能培训，提升员工的专业服务技能。由于员工的受教育程度与文化水平参差不齐，经营者为了更好地管理员工，应当对员工进行统一的技能培训，提升员工的服务技能，让消费者有更好的用餐体验。其次，制定合理的奖惩激励制度，激励员工，增强员工的服务意识。经营者可以制定适当的奖惩制度，激发员工的工作积极性，从而增强员工的服务意识。再次，更新设施设备，优化客户的用餐环境，提高客户的用餐体验。经营者可以重新合理规划空间风格，为消费者提供舒适的用餐空间。最后，可以加入人工智能服务等新的服务形式，提升消费者的用餐体验。马云的无人餐厅一经面世，就受到了社会各界的热议与体验，餐厅内从选座、点餐、上菜等一系列工作均由机器人完成，这一新奇的服务形式打破了传统的人力服务，而且服务过程都是标准化的，能提升消费者的满意度和体验感。

## 五、桂林市川味火锅未来的发展趋势

川味火锅作为桂林市餐饮市场重要的组成部分，在未来的发展上应该具有独特性，要有完整的发展规划，力求做到绿色低碳节能环保，给顾客一个良好的用餐体验。首先，不断地追求特色。刘胜辉认为，无论是在火锅业还是餐饮业，产品特色化已经成为整个商业活动的发展趋势。谁的特色越明显，就越具有吸引力，也越容易被消费者记住[12]。在桂林市川味火锅市场上，店铺具有特色已经成为很多商家吸引消费者的一大手段。有些商家主打锅底特色，如黄粱一梦火锅店把锅底的造型做成各种卡通形象吸引消费者；有些商家主打菜品特色，如御食鲜火锅店把菜品都卤制一遍，火锅和卤菜结合，吸引了一大批爱吃火锅和卤制品的消费者；有些商家主打服务特色，如海底捞以提供人性化的贴心服务来吸引消费者。这些手段都是为了把自己的店铺从众多火锅店中区分出来，利用自己的特色更好地吸引消费者，以增加收益。其次，趋向于绿色环保低碳节能发展。环保是当今乃至以后社会的一大热议主题，也是未来各行业发展的一大趋势，桂林市川味火锅行业只有顺应这一绿色环保的主题才能更好更快地发展。当今社会人人都想为环保事业贡献一份自己的力量，如果商家能将这一主题运用到店铺经营中，让顾客用餐时都能为环保事业贡献一份力量，这样将能让店铺更好地生存和发展。再次，在营销方面更加趋向于网络营销。随着网络技术的发展，中国网民的数量越来越多，网络推广已经成为中国餐饮业推广的主流，而现代的年轻人更加趋向于网络搜索，看网友评论来选择就餐的餐厅。如重庆汇山城火锅店通过抖音平台的宣传营销，吸引了大批消费者。因此，网络营销的重要性越来越明显。调查显示，桂林市川味火锅消费者中74.31%的消费者是从美食类App的推荐上获取一家餐厅的信息（图11）。近几年来，桂林市川味火锅市场上越来越多的商家进驻美团、大众点评等平台。由此可见，利用网络营销推广，可成为桂林市川味火锅行业的主要推广手段。最后，人工智能服务火锅店出现。随着人工智能服务的出现，无人餐厅开始进入人们的视野，马云的无人餐厅成功刺激了经营者的经营意向。同时，无人餐厅可以很大程度地节省经营者人工成本的支出，从而达到降低成本的目的。位于七星区的桂林首家无人自助售餐机于2017年开业，一经亮相就受到了消费者们的热烈追捧，吸引了大量的消费者前来体验，每天都能售出超过200份的菜品。由此可见，人工智能服务的火锅店将可能出现在桂林市川味火锅的市场上。

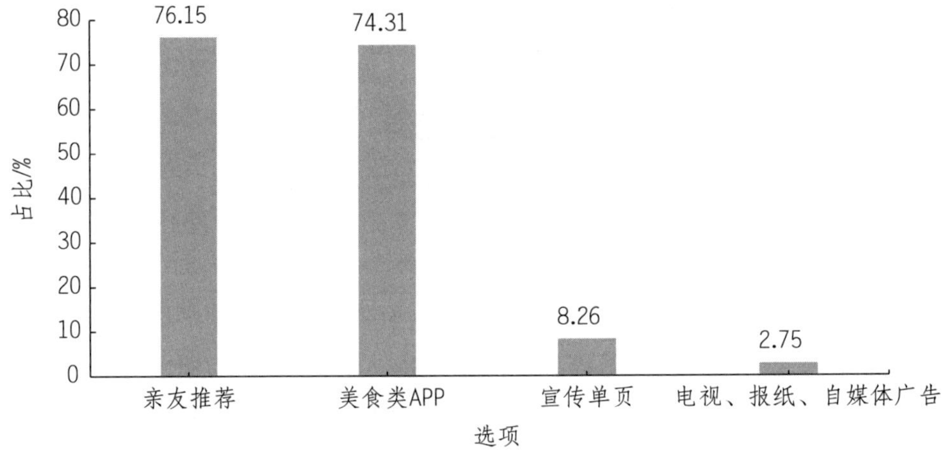


**图11 顾客获得渠道**

## 六、结论

综上所述，随着经济的发展，人们对用餐的要求越来越高，桂林市川味火锅行业在发展中遇到了巨大的挑战。在面临挑战的同时，桂林市川味火锅也遇到了新的发展机遇，经营者要积极创新、改革、完善当前机制，并且牢牢抓住机会才能更好更快地发展。本文通过研究，最终得出了以下结论。首先，桂林市川味火锅的消费者市场非常广阔，市场发展的前景良好，但是在桂林当地市场上还有许多同类的产品在参与市场的竞争，所以桂林市川味火锅在发展中是机遇与竞争并存的。其次，川味火锅在多年的发展中，遇到了许多挑战，比如产品老化、缺乏创新、食品安全质量问题频发、服务质量差、顾客满意度低等问题。本文针对这些问题提出了解决的对策，以期帮助川味火锅行业在桂林市场上更好更快地发展。最后，本文还对桂林市川味火锅未来的发展趋势做了一定的研究，为桂林市川味火锅经营者未来的发展提供了参考意见。

## 参考文献

[1] 宋尾 . 火锅：最重庆的水码头文化 [J]. 中国三峡，2012（4）：49–53.

[2] 天涯部落 . 嘉美膳食《四海香火锅》[DB/OL].[2020–06–10].http://groups.tianya.cn/post–183457–274952656774326168183613–1.shtml.

[3] 美食城 . 四川火锅介绍 [EB/OL].[2020–06–10].https://m.meishic.com/6035.

[4] 中国烹饪协会 .2010 年中国餐饮百强企业经营情况分析报告 [J]. 餐饮世界，2011（5）：26–29.

[5] 2018年9月份全国居民消费价格指数（CPI）同比涨2.5%，涨幅创3月份以来新高[EB/OL].（2018–10–17）[2020–06–10].https://m.chyxx.com/view/684796.html.

[6] 潘涛，卢一 . 川味火锅行业面临的问题及机遇研究 [J]. 四川烹饪高等专科学校学报，2012（6）：45–47.

[7] 吃火锅的警示 [J]. 湖南安全与防灾，2014（12）：56.

[8] 餐饮业人工成本占总成本的比例是多少？如何合理控制人工成本？[EB/OL].（2013–07–18）[2020–06–10].https://m.wenda.so.com/q/1374131261062979.

[9] 贺璐平 . 顾客欣喜在服务质量和顾客忠诚之间的中介效应研究：以火锅行业为例[D]. 重庆：西南政法大学，2017.

[10] 周小珍，汪筱兰 . 互联网 + 时代潮汕牛肉火锅的营销策略研究：基于消费者满意度视角 [J]. 现代经济信息，2017（30）：272–273.
[11] 竹新奥 . 我国连锁餐饮企业经营管理创新研究 [J]. 经贸实践，2018（22）：230.
[12] 张鹭 . 刘胜辉谈中国火锅行业未来发展趋势 [J]. 北方经贸，2014（1）：128.

**【作者】阳桂玉**，桂林旅游学院，酒店管理专业2015级学生；**李杰**（通讯作者），桂林旅游学院，本科，讲师。

# 桂林市东南亚风味主题餐厅存在问题及对策

秦宇　孙卉（通讯作者）

**摘要：** 本文以桂林市东南亚风味主题餐厅为主要研究对象，通过文献研究、问卷调查、实地调研对桂林市东南亚风味主题餐厅的现状进行研究，找出存在的问题，发现桂林市东南亚风味主题餐厅存在环境氛围营造差、菜品创新能力差且菜品单一、服务质量差等问题。本文根据所发现问题提出了相应的解决对策，如加强对东南亚风味主题餐厅的环境氛围营造，增加菜品，提高菜品质量和创新度，以及提高服务质量等。

**关键词：** 主题餐厅 ；东南亚风味；桂林

主题餐厅是通过一系列围绕一个或多个历史或其他的主题为吸引标志，向顾客提供饮食所需的基本场所[1]。它的最大特点是给予餐厅某种特定的主题，围绕既定的主题来营造餐厅的环境氛围，使餐厅所营造出来的环境氛围成为吸引客人进来消费的诱导性因素。主题餐厅最早起源于20世纪90年代，全球第一家主题餐厅是1994年在美国开的"热带雨林"餐厅，其新颖的餐饮概念、别具特色的装饰和布置，使到餐厅就餐的客人既可以品尝到美味佳肴，又能体会到某种文化氛围。2000年，"热带雨林"餐厅进驻我国。而我国第一家本土主题餐厅是2001年在北京开业的"禅酷"餐厅。自从主题餐厅开始在我国出现以来，众多餐饮业的经营者对这方面充满了兴趣，各种各样的主题餐厅相继在各个发达、旅游城市迅速兴起。然而主题餐厅在发展过程中却出现了诸多问题，致使大多数主题餐厅经营发展的时间都不能够长久。

本次调查以桂林市东南亚风味的主题餐厅作为研究对象，发放"桂林市东南亚风味主题餐厅基本情况"问卷160份，回收有效问卷154份，回收率为96%；发放"桂林市东南亚风味主题餐厅顾客满意度调查"问卷120份，回收有效问卷100份，回收率为83%。本文针对桂林市东南亚风味主题餐厅目前的发展现状及问题进行研究，并提出改进策略，以期为桂林市主题餐厅的可持续发展提供基础。

## 一、桂林市东南亚风味主题餐厅的现状及问题

Zenithal 认为，顾客感知价值就是顾客在获取产品或服务时对得到利益与付出成本进行权衡后对产品或服务的综合评价[2]。一般而言，消费者的就餐体验主要从菜品质量和服务质量两个方面感知，而主题餐厅别具特色的环境氛围也是顾客感知的一个重要方面。据统计，桂林市区和阳朔县大约有13家东南亚风味的主题餐厅，主要分布在桂林的旅游胜地和商业中心；菜色以泰国菜、印度菜和南洋菜为主；客源以35岁以下的年轻人为主，受女性顾客欢迎；就职业而言，学生、白领、企事业单位人群较多。本节根据问卷调查和实地调研，从主题餐厅的环境氛围、菜品质量和服务质量等方面分析总结出目前桂林市东南亚风味主题餐厅存在的问题。

### （一）环境氛围的营造流于表面，缺乏深度

餐厅环境相关调查结果如图1至图4所示。其中，如图1所示，顾客对环境氛围的满意度为26%，而不满意度为56%，由此可知，顾客对桂林市东南亚风味主题餐厅的氛围展示总体上是不满意的。通过实地考察发现，桂林市东南亚风味主题餐厅在环境氛围的营造方面很多只是进行最简单的装修，如非越星马泰主题餐厅，在环境氛围这方面只是随意地摆放了几个菠萝，放了一些椰子树和树叶装饰而已。主题餐厅要营造浓郁的主题环境氛围不能只是对餐厅进行表面上的装修和装饰，还需要经营者对东南亚国家的装饰风格进行深层次的了解，深入挖掘东南亚的文化内涵，设计、提供具有东南亚特色的风格和服务。

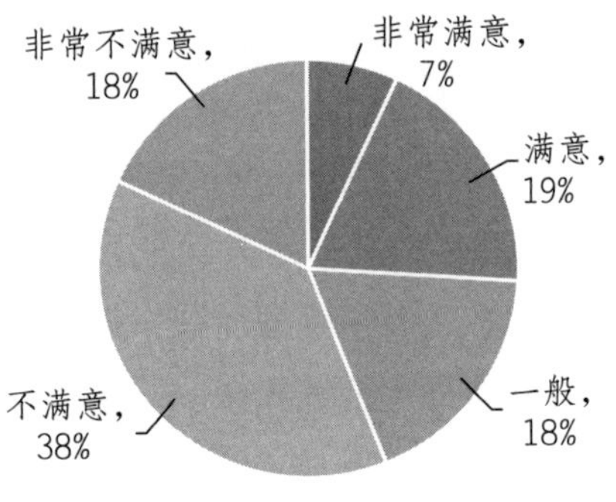


图1 环境氛围满意度调查结果

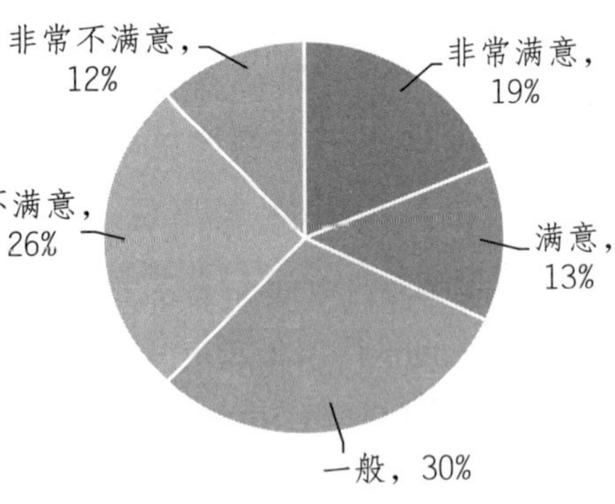


图2 主题餐具满意度调查结果

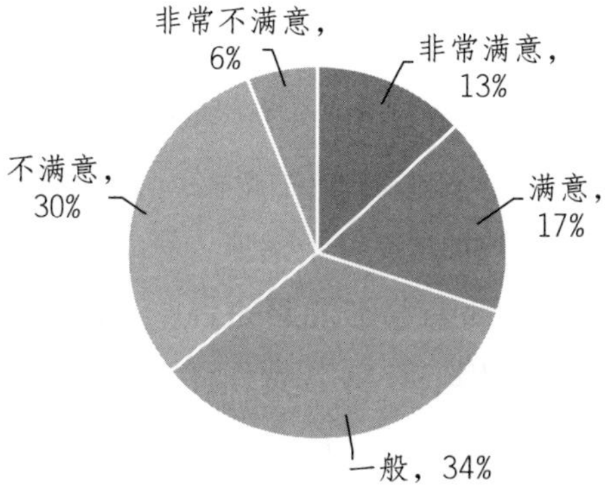


图3 颜色搭配满意度调查结果

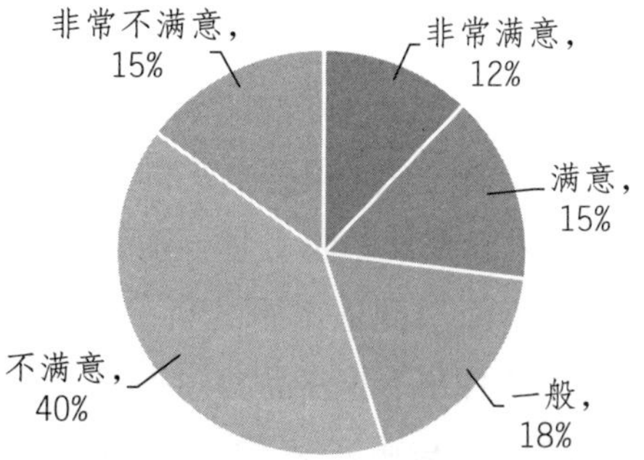


图4 主题陈设品满意度调查结果

## （二）菜品单一相似，创新能力差

通过到菲越星马泰、乌先生东南亚小馆以及飞泰餐这些东南亚风味主题餐厅进行实地考察发现，桂林市东南亚风味的主题餐厅的菜品大多是相似的，如冬阴功汤、菠萝饭、咖喱类等一些著名的东南亚菜品；通过菜单的对比发现，各餐厅的菜品比较单一。通过桂林市东南亚主题风味餐厅满意度调查得到的菜品创新和菜品数量满意度调查结果如图5至图6所示。其中，顾客对菜品创新度的满意度仅为5%，而不满意度则达到了72%。通过对菜品创新度的满意度与不满意度的数据对比发现，桂林市东南亚风味主题餐厅的菜品创新能力差。在餐饮业中，菜品口味的保证是餐厅持续经营的重要因素，就算是主题餐厅也不能忘记这一重要因素。人们在享受特定的文化氛围的同时对菜品质量同样关注，要想餐厅能够长久经营，必须对菜品质量严格把关，进而才能打造出地域特色浓郁、菜品质量高的东南亚风味主题餐厅。

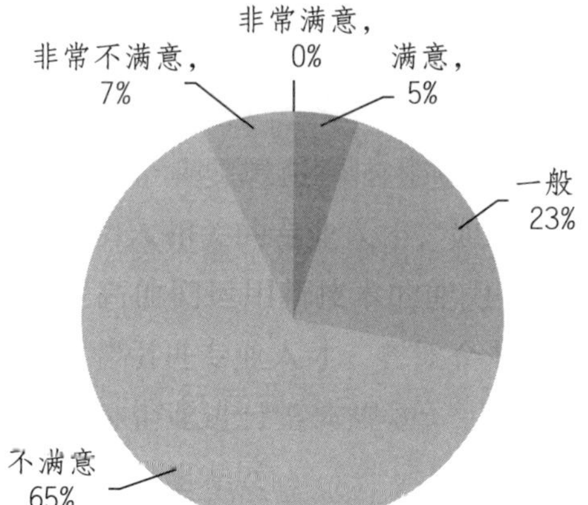


图5 菜品创新满意度调查结果

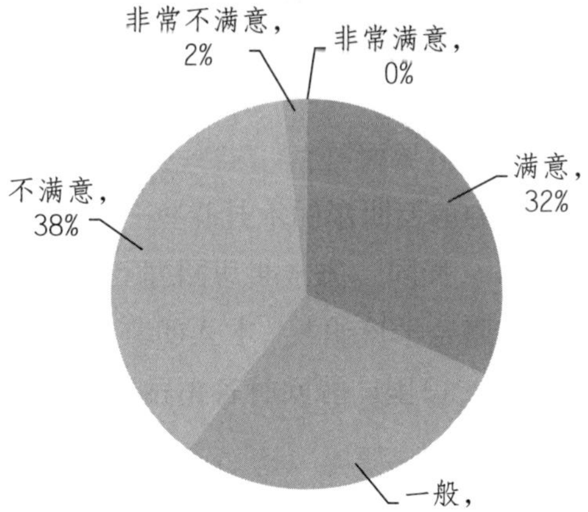


图6 菜品数量满意度调查结果

## （三）服务水平差，顾客忠诚度低，生命周期短

关于服务质量方面的满意度调查结果如图7至图8所示。其中，顾客对桂林市东南亚风味主题餐厅服务水平的满意度为23%，不满意度则有52%。由此可知，顾客对餐厅的服务质量总体上是不满意的，从侧面也反映出桂林市东南亚风味主题餐厅的服务水平较差。服务水平主要是由餐饮服务人员态度和行为表现出来的服务状态和水准，而桂林市东南亚风味主题餐厅大多数服务人员的表现是上菜速度慢，服务态度差、敷衍，与顾客交流时没有热情。服务员的服务水平差，没有满足顾客的服务需要，会使得顾客的感知价值低，没有再次消费的欲望。而这个结论在“满意度调查”中可以得出，顾客选择再去消费的比例占样本的24%，而不愿意再去消费的人数为74%。由此可知：桂林市东南亚风味主题餐厅的顾客忠诚度低，留不住客人，客流量的流失，导致餐厅的营业额降低，长此以往可能会面临倒闭的风险，生命周期缩短。所有主题餐厅都有一个共同的现象，那就是刚开业时红红火火、热热闹闹，但是由于价值体验没有达到顾客的预期效果，没过多久顾客便会越来越少。主题餐厅对顾客的吸引力不大，顾客的满意度低，难以形成顾客忠诚度，没有让顾客有回头再次消费的欲望。

如果主题餐厅不进行创新改革，一直保持着原有的形象，随着时间的推移，顾客对餐厅的新鲜感会越来越低，再加上同行业的竞争，最终可能会出现主题餐厅生命周期短暂的局面。

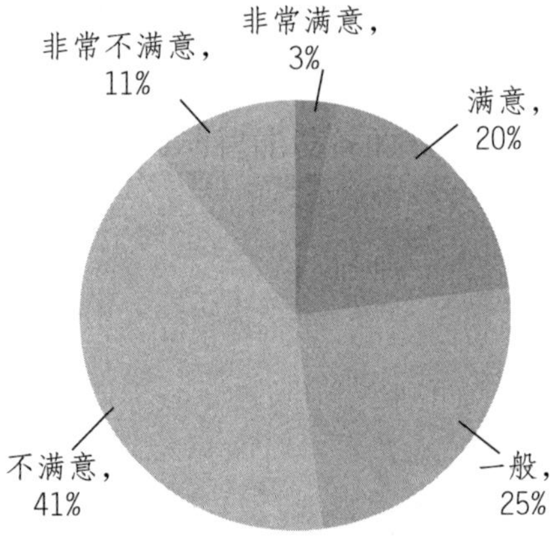

图7　服务水平满意度调查结果

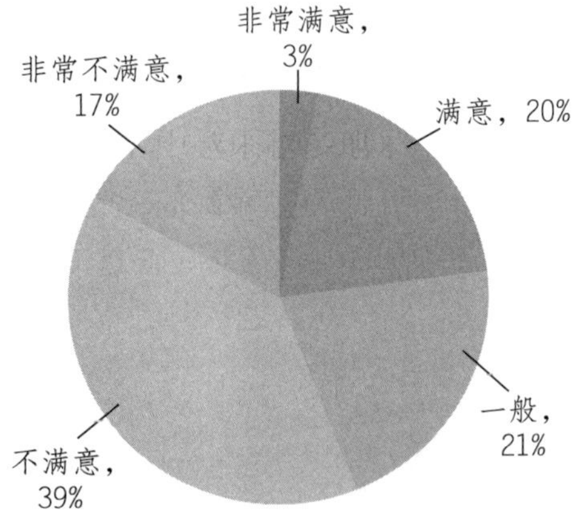

图8　员工解决问题提供帮助满意度调查结果

## 二、桂林市东南亚风味主题餐厅发展对策与建议

### （一）营造优良环境，提升情境体验

为营造优良环境，提升情境体验，餐厅经营者应前往东南亚国家亲身感受当地的风土人情，探索提升餐厅用餐环境的设计。根据问卷调查的顾客喜好，营造令顾客满意的主题餐厅的环境氛围。在装修风格方面不仅要做到形似，还要做到神似；在装饰品的选择方面要能与顾客产生情感上的共鸣，通过符合主题的装饰品刺激顾客的感知器官，以此来满足顾客精神层面的需求。在服务人员方面，除了统一穿戴具有东南亚民族特色的服装及配饰外，还应在服务过程中加入东南亚的习俗文化特征，营造浓郁的东南亚环境氛围。根据问卷调查的结果显示，到餐厅消费的大部分都是年轻人，因此，在装修风格和氛围营造方面不仅要紧扣主题，还要尽可能地迎合年轻人的品味。但同时也要注意尊重当地的风俗习惯，这样才能给顾客带来良好的消费体验。灯光的选择也是有讲究的，在不同位置的就餐区应选择与其相符合的灯光效果。不同的灯光效果会对顾客的心情和食欲有不同的影响效果，如冷色调区和暖色调区的区别，以此来满足顾客在视觉感知上的需求。背景音乐也是营造优良环境氛围的重要方面，可从听觉感知方面来满足各种需求。东南亚风味主题餐厅的背景音乐应具有东南亚特色，但音量不要太大；音乐风格要符合就餐环境氛围，使顾客在就餐过程中能够享受优雅、平缓的音乐，身心放松。用“五感”感知营造环境氛围，从而满足顾客精神层面的需求。

### （二）完善主题产品，打造有深度的主题环境

#### 1. 调整菜品，避免单一

菜品单一相似，是整个餐饮业普遍存在的问题，这便要求桂林市东南亚风味主题餐厅做到“人无我有，人有我精”，形成自己的核心产品竞争力。但是，对于这个餐饮业所存在的普遍问题，目前为止并没有很好的解决措施。要想弥补菜品单一这方面的缺点，可以从菜品味道及创意方面来吸引顾客。万变不离其宗，做出符合顾客要求的菜肴，是满足顾客的基础要求。在东南亚风味主题餐厅的发展过程中，不要忽视菜肴口感，并积极开发主题文化，创新主题菜肴。

#### 2. 选择合适的餐厅名字

一个优秀并具有特色的餐厅，它的名字只有符合目标顾客的需求，符合餐厅的

营销目标、消费水平、菜单内涵，才能有营销力度[3]。主题餐厅名字的选取可以参考东南亚的文化并进行理解和分析，找到最适合的名词作为餐厅的名字，可以使用南洋文化的俗语或者东南亚语言的音译，给顾客以亲切感。

### 3. 设计具有个性的菜单

菜单是餐厅餐饮营销的重要工具。与顾客的信息沟通主要通过菜单来实现[3]，主题餐厅的菜单需要与餐厅所体现的主题氛围相一致，让顾客从菜单上也能感受到东南亚风味。因此可设计具有明显东南亚文化的菜单，并在菜单上对菜肴做出一定的解释。菜肴排版应简洁明了、分门别类，根据不同的主题进行排版，如按季节排版、按口味排版等，以吸引顾客注意，符合顾客心理，提高顾客对东南亚文化的感知；还可以通过顾客对菜品的选择来调节菜单的排版，以提高销量。菜单的制定和餐具、服饰的选择等方面应相得益彰并符合主题文化。

### （三）提高服务质量，提升顾客忠诚度

顾客在满足了生理上的需求后会关注到服务方面，问卷调查数据显示，在就餐方面注重服务质量的顾客占46%，由此可见，人们对于服务质量方面还是很注重的。提高服务质量要做到在顾客用餐时密切关注顾客的用餐情况，以便能够及时地解决顾客所遇到的问题。时刻注意上菜速度，确保顾客能够在合理的时间范围内吃到所点的菜。尽可能满足顾客的要求，解决顾客的问题。根据马斯洛的需要层次论，在服务上要尽可能地满足顾客自尊的需要和自我实现的需要，增强顾客感知价值体验。与顾客沟通交流要保持微笑，使顾客感受到服务人员的热情；尊敬顾客，让顾客感觉到自我价值和社会地位能够得到尊重。通过提高服务质量，提升顾客的满意度，“留住”顾客，提升顾客忠诚度。

## 三、讨论

本文以桂林市东南亚风味主题餐厅为研究对象，通过实地调查和问卷调查相结合的方式研究桂林市东南亚风味主题餐厅的发展现状，发现目前桂林市东南亚风味主题餐厅存在的主要问题有主题餐厅环境氛围的营造流于表面，缺乏深度；菜品单一相似，创新能力差；服务水平差，顾客忠诚度低，生命周期短。针对这些问题，本文提出桂林市东南亚风味主题餐厅应该通过营造优良环境，提升情景体验；完善主题产品，打造有深度的主题环境；提高服务质量，提升顾客忠诚度等方式，来推动桂林

市东南亚风味主题餐厅的发展。

主题餐厅是我国餐饮业未来发展的一个重要方向，本文通过对桂林市东南亚风味主题餐厅的研究，期望为我国主题餐厅的发展提供实证。本文的样本有一定局限性，同时不同类型的主题餐厅还可能存在其他的问题，因此更深入地研究不同类型主题餐厅的发展状态有利于促进我国主题餐厅的发展。

## 参考文献


[1] 黄浏英．主题餐厅设计与管理 [M]. 沈阳：辽宁科学技术出版社，2001.

[2] 李仉辉，康海燕．基于顾客体验的零售企业竞争力体系探讨 [J]. 华东经济管理，2014（1）：143-146.

[3] 王天佑．酒店市场营销 [M]. 天津：天津大学出版社，2018.


【作者】**秦宇**，桂林旅游学院，酒店管理专业2015级学生；**孙卉**（通讯作者），桂林旅游学院，副教授。

# 特色专题篇

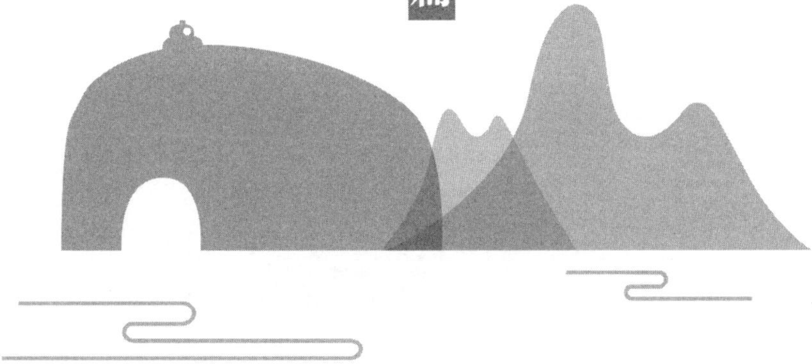

# 桂林市艺术主题餐厅设计与开发研究

张海彬

**摘要：** 文化主题与餐饮空间设计开发相辅相成，借助桂林丰富的艺术文化资源，开发不落俗套，具有独特桂林艺术气息的主题餐厅，将在当前众多风格迥异的主题餐厅中脱颖而出。准确定位、确定主题，然后从桂林本土出发梳理和提炼文化符号，再通过空间布局、造型设计、装饰陈设、色彩搭配、材质肌理等环境要素设计开发，打造具有鲜明桂林艺术特色的主题餐厅，可为经济新常态下进一步增强桂林餐饮业的个性和吸引力，传播和推介桂林地域文化艺术起到独特作用。

**关键词：** 桂林艺术文化；地域性；主题餐厅；文化符号；环境氛围

饮食，不仅是味觉享受，在社会经济高速发展的今天更是独特文化的品位和体验。一个环境优美的餐饮空间，它的每一个细节和功能都体现出灵动的设计艺术元素，带给人们美的享受。独特的文化主题与餐饮空间设计开发相辅相成，有助于增强餐饮空间的文化底蕴以及食客的认同感、归属感。作为享誉天下的历史文化名城，桂林拥有丰富的艺术文化资源。将桂林艺术文化元素融入主题餐厅的设计开发，让食客在独具桂林艺术气息的餐饮空间中品尝美食的同时，极尽视觉的艺术享受，将为经济新常态下进一步增强桂林餐饮业的个性和吸引力，传播和推介桂林地域文化艺术资源起到独特的推动作用。

## 一、桂林具有丰富而独特的艺术文化资源

### （一）传统艺术文化源远流长

“山、水、洞”被称为桂林三绝，这得益于桂林典型的喀斯特地貌和大自然的鬼斧神工，为艺术创作提供了极其丰富的素材资源，自古就受到众多艺术大家、文人骚客的青睐。譬如，中国传统绘画艺术高峰的宋代，山水画从选材到技法高度成熟。桂林成为岭南重镇，并于南宋绍兴三年（公元1133年）升格为静江府，许多俊彦之士来到桂林，其中不乏丹青圣手。如米芾，北宋神宗熙宁年间在桂林地区担任临桂尉，任满后寓居桂林西山资庆寺。米芾曾作《阳朔山图》，并凭借此画成为有文献记载的第一个描绘桂林山水的画家。其他的再如北宋文人画先驱燕肃、善画山水的季友直，以及擅长人物画的施进之、方信孺等，均在桂林山水间留下精彩的画作。桂林山清水秀人杰地灵，提出“笔墨当随时代”“搜尽奇峰打草稿”等重要画论的“清初四僧”之一的石涛就是桂林人，他堪称中国绘画史上屈指可数的伟大人物之一。吴冠中先生曾说，“中国现代美术始于何时，我认为石涛是起点”。摩崖石刻也是桂林传统艺术中的一朵奇葩。桂林石刻始于东晋，兴于唐，盛于宋明清，现存唐至清代石刻近两千件，如唐刻《张浚刘崇龟杜鹃花唱和诗》、宋刻《元祐党籍》、清刻《贯休画十六尊者像》等均为具有重要艺术及文献价值的著名石刻。清人叶昌炽《卧游访碑记》云：“（桂林）诸山，无一处无摩崖。唐宋刻石，莫多于此。”桂林摩崖石刻中书体篆、隶、行、草俱全，艺术水平极高，素有“北有西安碑林，南有桂海碑林”和“汉碑看山东，唐碑看西安，宋碑看桂林”之说。

### （二）近代艺术文化峥嵘恢宏

许多中国近现代画家曾涉足桂林，并被甲天下的山水所吸引而挥毫创作，包括齐白石、黄宾虹、徐悲鸿、何香凝、关山月、丰子恺、李可染等。而抗战时期，桂林的抗战文化艺术无疑是一座峥嵘巍峨的高峰。当时三座著名的抗战文化城，人们给它们的定位是，昆明集中的是教育人士，重庆是政治上的指挥部，而桂林是文化和艺术抗战的主战场。这一时期，徐悲鸿、关山月、黄宾虹、傅抱石、李可染、张大千、张安治、陆其清、曹墨侣、赵少昂、黄新波、余所亚、廖冰兄、陈树人、陈海鹰、帅础坚、阳太阳、陆田等云集桂林，多达两百余人。他们年轻有为，受过良好的教育，如曾留学日本的丰子恺、曾留学法国的徐悲鸿、曾留学英国的李铁夫、曾留学苏联的刘思慕等，他们构成了抗战时期桂林美术活动的主体。此期间桂林出版的不同类型的美术杂志就达26种，出版画册、画集、连环画107种，共举办画展89场（不

完全统计）。桂林还成立了国防艺术社，属第五路军司令部政训处直辖组织，它被认为是八路军以外任何军队中所看不到的“艺术的突击队”，设有总务、宣传、戏剧、电影、美术、音乐、游艺等七部，几乎囊括艺术领域的门类。同一时期，许多剧作家、音乐家也纷纷聚集到桂林，夏衍、欧阳予倩、田汉、茅盾等无疑是其中响当当的代表人物。据不完全统计，当时在桂林开展活动的专业和业余音乐团体有70多个。这些团体围绕抗战的时代主题，开展歌咏活动，举办音乐、歌舞晚会和街头宣传公演活动290多场。1944年2月至5月在桂林举办的“西南剧展”，造就了中国现代戏剧史上的空前盛举。

### （三）现代艺术文化异彩纷呈

历史是城市之根，文化是城市之魂。近年来桂林坚持文化立市，着力打造文化精品，全面提升自身的城市文化软实力，在艺术领域取得累累硕果。如以桂林漓江命名的“漓江画派”，是当代中国最活跃的绘画流派之一，也是广西对外交流的文化名片和21世纪中国画坛的重要画派代表，在国内画坛独树一帜，引人瞩目。桂林愚自乐园艺术园、桂林智慧谷、桂林瓦窑公社、桂林建设印刷厂艺术园区、申画廊、桂林手工艺文创市集、桂林华夏艺术大观园、桂林美术馆、桂林国际旅游工艺品投发城、桂林根雕奇石市场等的建设发展，承托起桂林现代艺术文化方兴未艾的一片天地。而当前桂林的艺术教育资源也十分丰厚，广西师范大学、广西艺术学院（桂林校区）、桂林理工大学、桂林旅游学院等本土十余所高等院校均开设了诸如美术、音乐、设计、表演等艺术类的专业，每年培养出大量出类拔萃的专业艺术人才。用艺术展示城市文化，用艺术留住乡愁，在新时代“甲天下”的桂林山水气质，仍然离不开艺术文化的不断传播与弘扬。

## 二、艺术文化资源与餐饮产业联姻的意义价值

古语云：“食不厌精，脍不厌细。”“精”“细”二字很好地反映了自古以来人们对于餐饮的高标准和高追求，在餐饮文化快速发展的今天，高标准、精细化、个性化的餐饮活动离不开能高度满足人们精神需求的就餐环境和氛围。随着生活水平的整体提高，人们早就将口腹之欲转移到对美食的精神体验和感受之中，对餐厅的要求不再仅仅停留在食品的色香味上，而对用餐的主题、环境、氛围等精神层面的选择更加挑剔。

地域文化指特定区域源远流长、独具特色，传承至今仍发挥作用的文化传统，

是特定区域的生态、民俗、传统、习惯等文明的表现。它在一定的地域范围内与环境相融合，具有独特性[1]。餐饮空间设计与地域文化是密不可分的，在继承传统文化的同时也需要加入时代元素，注重传统文化元素与现代生活的结合，运用现代室内设计理论、材料等进行创新，不仅突破了传统思想的束缚，也可以让人感受到地域文化的生命力[2]。在主题餐厅的设计开发过程中，将地域文化恰到好处地融入其中，不但可以营造整体空间的环境氛围，而且能给食客留下深刻的印象和与众不同的就餐体验。换言之，地域文化是主题餐厅设计开发的重要文化根基，为餐饮空间的设计主题提供了取之不尽、用之不竭的源泉。譬如许多川菜馆的设计就运用了大量的川剧脸谱、青铜纹饰等元素来展现巴蜀文化的艺术魅力，东北主题餐厅则融入东北民俗文化及当地物件陈设来表达东北人的豪放和热情。地域文化使餐饮空间摆脱沉闷感，散发文化魅力。其次，在挖掘地域文化精髓并将其注入餐厅时，这种文化已于空间中得到继承和发扬[3]。桂林地域文化丰富多元，而艺术文化资源无疑是其中最亮丽的部分。以桂林地域文化为主题的餐厅目前在市场上已有不少成功的案例，但具体运用到桂林本土艺术文化资源的尚未真正出现。可以预见，借助桂林丰富的有形和无形艺术文化资源，开发不落俗套，具有独特桂林艺术气息的主题餐厅，将在当前桂林众多风格迥异的主题餐厅中脱颖而出，也有助于利用桂林这张靓丽的名片向中、外游客展现桂林的餐饮文化和艺术文化，让人们徜徉在美食与艺术之间流连忘返。

## 三、桂林地域艺术文化在主题餐厅开发中的设计表达

### （一）艺术主题的确定

主题餐厅，就是以一个或多个文化主题为吸引标志，向顾客提供满足其需要、需求的餐饮及相关产品的体验场所，应具备三方面本质特性：特色差异、文化核心、消费者体验[4]。餐饮空间的主题性设计，首先应该明确以什么为主题。在这里，除了要考虑业主的要求，更重要的是对市场进行可行性研究论证。在设计时既要重视对使用功能的满足、对就餐者的关怀，又要重视对氛围的营建[5]。同时也需要综合考虑餐厅的运作模式与定位，结合不同群体的需求对餐厅内部及外部环境进行设计规划，充分展现餐厅的文化特色韵味，满足目标人群的消费需求。主题学理论认为，人对环境的感知是通过特定信息进行传递的，可以利用人们对主题的联想和移情，传达深层次的文化信息，如当食客进入主题餐厅，餐饮空间的视觉形象会直接启发人们对该意境的情感反应和联想。赋予餐饮空间以某一种或多种特定的文化主题，结合一

定的艺术设计手法和物质技术手段来完成对于空间的塑造，强化空间的主题思想，带给顾客独特的就餐体验和文化体验，使人们在视、听、触、味、嗅觉得到充分的享受，产生某种情感共鸣，最终成为餐厅的特色标签，进而刺激和推动消费者的消费行为，提高餐厅的经济效益[6]。桂林的艺术文化资源丰富，在主题餐厅开发时首先要准确定位并确定主题，如桂林山水画主题、桂林摩崖石刻主题、桂林民间美术主题、桂林民间戏剧主题、桂林现代艺术主题等；然后通过餐厅的命名、主题内涵、布局陈设、设计符号等整体彰显主题魅力；再充分利用桂林本土的艺术文化资源，将主题和立意融入餐饮空间中去，通过整体的视觉形态和氛围格调共同完成对主题的演绎。

### （二）文化符号的选择

文化符号是经过时间洗涤之后沉淀下来的精华，是某种意义和理念的载体，这种意义和理念是通过一系列外在特征表现出来的。一方水土养一方人，一方水土形成一方的文化，每个区域都有自身独特的文化符号，包括一些客观存在的有形和无形的符号形态。文化符号要素包括展示元素（presented elements）和暗示元素（suggested elements），展示元素是呈现事实的显性手段，暗示元素是传递主题理念和倾向性的隐性要素。主题离不开符号，符号的意义在主题表达中产生，其生成流变规律构成人类意义生产和文化建构的基本法则。餐厅主题的确定为设计开发方向奠定了基础，而最终需要落实到文化符号的选择之上。这就需要从本土出发，广泛收集文化素材，时间上梳理城市的历史脉络，从空间上深入城市的大街小巷，通过全面深入的调查、访谈、梳理、归纳和提取，生成餐饮相应主题下的文化符号。这个符号是象征性、典型性及概括性的整合，既要体现出城市地域文化的内核，也需要充分考虑和体察食客对于餐厅空间文化氛围的需求。提炼桂林艺术主题餐厅的文化符号，可以先收集查阅桂林本土的民俗风情、故事传说、名人轶事、地方日志、文化档案等，然后通过网络问卷、深度访谈、大数据检索等方式对桂林现代艺术文化符号进行提取和定位，再找到恰当的符号载体和视觉形式，并植入和渗透到桂林艺术主题餐厅当中。对于桂林艺术文化符号的开发和利用须加强美学、符号学、设计学、视觉心理学等的联系，挖掘其典型而独特的视觉特征、艺术特征和文化特征，使之成为桂林艺术主题餐厅形象和内涵最直接而生动的诠释者，让广大食客产生认同感和归属感。

### （三）空间环境的营造

餐厅中的空间环境氛围对于主题内涵的表达起着关键性作用，体现着餐饮整体的风格特征，其中包括餐厅的空间布局、造型设计、装饰陈设、色彩搭配、材质肌理等环境要素。如，陈设的功能是建筑空间功能的延展和深化，应具备适用、舒适、高效、美观的特点，整个设计应该充分注意到人在餐饮环境中的心理特征，并利用陈设的空间组织段来表达出某种设计文化意念。这就需要设计师利用室内设计中的软环境进行设计，如收藏品、植物、家具、纺织品等。利用这些陈设品的不同摆放、样式、色彩，不仅给人美的享受，更能在瞬间内让顾客在这种就餐的环境中产生丰富的联想。陈设品的组合所构成的整体美感，大都来自形式美法则的理论引导与支撑。同时，成功的陈设布局中每一个落地陈设元素的出现，都应与餐厅的主题相吻合，从而更清楚地解释餐厅运营理念[7]。另外，灯光照明也是营造主题餐饮光环境及主题性的重要手段。不同的灯光能对食客情绪产生不同的影响，明亮辉煌的地方使人情绪高涨，欢快跳跃的灯光能使人心情愉悦，幽暗隐秘的地方能使人放下戒备、慵懒放松……作为重要的照明工具，灯具在空间装饰中占据很重要的地位。灯具的安置作为重要装饰手段，不仅可以提供丰富灯光环境，还能作为独立存在的、效果范围朦胧的“虚拟”陈设。造型多变的灯具，连接着上下左右无法给定范围的空间，除非是有实体遮挡物阻止灯光的延伸，否则设计师可以让光线恰如其分地伸展[8]。桂林市艺术主题餐厅设计开发应最大限度地利用光影变化，如利用光的色彩、光的格调、光的层次、光的造型等构成有层次及结构的光影效果，使环境气氛丰富起来，并利用照明的形式以及灯饰的造型来展现餐厅的主题内涵。

## 参考文献

[1] 丁明清，姚佐英．地域文化对餐饮空间艺术设计的影响 [J]. 新丝路，2015（14）：82–83.

[2] 谢科．巴蜀地域文化视角下的餐饮空间设计研究 [J]. 美与时代，2016（8）：31–33.

[3] 蒋卫平．地域文化元素在餐饮空间设计中的运用：以湘西侗乡人家餐厅的室内装饰设计为例 [J]. 艺术百家，2012（7）：31–33.

[4] 李智，王鹤．主题餐饮空间艺术文化内涵的设计方法 [J]. 现代装饰（理论），2014（9）：74–75.

[5] 唐建，宋季蓉．主题餐厅设计艺术与技巧探讨 [J]. 美术大观，2009（12）：215.

[6] 李红妍．艺术设计与餐饮文化：餐饮空间的“主体体验性设计”[J]. 现代装饰（理论），2013（5）：88.

[7] 薄云辉．探析主题餐厅中陈设艺术设计的作用与意义 [J]. 美术教育研究，2014（4）：60.

[8] 刘田添，赵思毅. 现代餐厅陈设艺术的综合表达[J]. 建筑与文化，2017（3）：77–78.

【基金项目】本文系广西科技基地和人才专项项目“中国—东盟旅游合作研究协同创新中心”（2017AD19030）的成果。

【作者】张海彬，桂林理工大学艺术学院，硕士，教授，硕士生导师。

# 新技术背景下的桂林市餐饮产业的发展研究

杨成

**摘要：** 餐饮产业不仅是旅游产业的重要组成部分，也是城市的一项基本功能。桂林作为一座旅游城市，其餐饮产业的发展对当地经济的发展有着重要的意义。在现代技术飞速发展的情况下，餐饮产业的发展也呈现出了新特点、新变化，人们在餐饮方面的观念逐渐由“吃什么”更多地变为“怎么吃”，餐饮企业之间的竞争方式也逐渐从食物、价格转变为服务技术与渠道。在此背景下，餐饮产业的格局逐渐革新，其中知名度、口碑等互联网因素的作用日趋明显。桂林市作为著名的旅游胜地，其旅游产业、城市经济的发展与餐饮产业息息相关，本文结合新技术的背景，对桂林市餐饮产业的发展情况进行分析，并对其与新技术的结合提出一定的建议。

**关键词：** 新技术；桂林市餐饮产业；发展

## 一、桂林市餐饮产业的发展意义

### （一）推动桂林市经济发展

随着现代社会经济的发展和生活水平的不断提高，人们对于饮食也有了更高的追求。在这一需求下，餐饮产业成为经济发展的一个新的增长点，不仅是重要的生活与投资产业，还是扩大内需、带动就业的有效途径之一。餐饮产业的发展不是一个独立成长的过程，其与种植业、畜牧业、食品加工业、旅游业等都有着极为紧密的联系。特别是在新技术的背景下，餐饮业逐渐向着现代化、信息化和产业化的方向发展，这将会进一步提升人民的生活品质，促进生产、流通以及外向型经济的发展。首先，餐饮产业是桂林市经济发展的重要组成部分，能够带来巨大的经济效益。其次，餐饮产业的发展能够创造大量的就业岗位，有利于保障社会稳定发展，尽管餐饮产业的服务技术含量较低，在经济上的贡献难以与现代高新技术型产业相比，但其有着明显的劳动密集型优势，是安置就业的重要平台。

### （二）带动旅游产业的发展

旅游资源通常可分为两大类，第一类是自然资源，包括山水、动物、植物等。桂林山水远近驰名，有“桂林山水甲天下”之称，在自然资源上有着得天独厚的优势。第二类是人文资源，包括名胜古迹、地方舞蹈戏剧、民间工艺、风味美食等。每个地区都有乡土特产，可以用于制作各种特色美食，从这一角度来看，地方美食包含了自然资源与人文资源两种因素，是一种极具吸引力的旅游资源。地方美食不仅是独具地方特色的产品，而且可以成为特定地区的文化标识，这是因为对于许多人来说，品尝地方美食是旅游中不可缺少的活动。

### （三）拉动农畜牧业和食品加工业的发展

农畜业与食品加工业是餐饮产业的基础，而餐饮产业的发展可以构建起这些产业与消费者之间的桥梁，促进农业产品、畜牧业产品以及相关加工产品的销售，从而有效地拉动农牧业和食品加工业的发展。反过来说，农牧业和食品加工业的发展也会为餐饮业提供丰富、高质量的材料，推动餐饮产业的进步。桂林市的农业和畜牧业都有着较强的优势，而餐饮产业的发展能够拉动农牧业和食品加工业的发展，实现产业之间的良性循环发展。

## 二、新技术背景下桂林市餐饮产业发展现状

### （一）新技术背景下桂林市餐饮产业发展现状——企业视角

#### 1. 大部分企业都参与过团购活动

根据对50家桂林市餐饮企业的调查显示，有48家餐饮企业参加过线上的团购活动，且许多企业都是常年参加。在团购活动的网站的选择上，主要有美团网、窝窝网、大众点评等网站。在未来的团购活动参加意向中，所有的企业都表示会参加或继续参加。

### 2. 半数企业参与过微博活动

在接受调查的50家餐饮企业中，有26家表示曾经通过微博开展优惠活动。微博活动的方式与内容丰富多样，比如成为企业微博粉丝，或者转发活动微博，能够获得抽奖、现金券或消费打折等优惠。有的企业将自身的企业文化融入微博活动当中，通过微博来扩大自身的影响力，提高知名度。有的企业会采取“全民参与”的方式，通过线上的方式实现与广大群众的互动，从而为企业带来更多的顾客。在未来的企业发展计划中，有47家企业有开展微博活动的意向，只有3家企业没有开展微博活动的计划。

### 3. 大部分企业通过微信开展过活动

在接受调查的50家企业中，共有36家表示在微信上开展过活动。在活动方式上，主要是通过加好友来增进与消费者的互动，并通过朋友圈来宣传企业信息和各种优惠活动，有的餐饮企业在顾客订餐时会提出额外的优惠来吸引其关注企业的微信公众号，绝大部分餐饮企业都已经开通了微信支付。在将来的企业规划中，有48家企业表示会注册企业专用的微信公众号或使用现有公众号继续开展活动，只有2家企业不准备在这方面开展应用。

## （二）新技术背景下桂林市餐饮产业发展现状——消费者视角

### 1. 大部分消费者参加过餐饮团购活动

根据对150名消费者的调查显示，有98人表示通过网络参加过餐饮团购活动，另外52名消费者表示从未参加过团购活动。通过进一步的访谈得知，98名参加过团购活动的消费者中，有93人选择在以后继续参加，有5人表示不会再次参加，原因是团购活动中的菜品不够理想。在未参加过团购活动的人群中，有38人有尝试参加的意向，而另外一些人则表示不会参加。

### 2. 少数人在餐饮企业网站上直接订过餐

在接受调查的150名消费者中，有32人曾通过餐饮企业的网站订餐；而另外118人则从未在餐饮企业网站上订过餐，主要原因有不会操作和没听说过某些餐饮企业可通过网站订餐。在将来的打算中，32名有过订餐经验的消费者表示今后还会继续从网站上订餐，理由是方便、快捷、优惠多；而在从未参加过的消费者中，少部分人表示会在今后尝试从餐饮企业的网站订餐。

### 3. 半数消费者有通过电话叫外卖的习惯

在接受调查的150名消费者中，有81人通过订餐电话的方式订过外卖；另外69人则没有试过。在81名通过电话订外卖的消费者中，有的是员工订工作餐，有的是上班族下班后在家中订餐，主要集中在比较忙的时间段。同时，通过电话订外卖的消费者表示今后很可能还会这么做，理由是简单、快捷，符合现实需要；而没有通过电话订外卖的消费者表示有这样的意向，但对于外面出售的食品有着不放心的担忧。

## 三、新技术背景下的桂林市餐饮产业的发展建议

### （一）转变发展观念

作为餐饮企业的管理者，需要及时地转变观念，加强对新技术的认知。在一个企业的发展过程中，管理者就像是掌舵者，在很大程度上决定着企业发展的方向。因此，要想充分利用新技术的优势，促进桂林餐饮产业的发展，让新技术为餐饮企业带来更多的经济效益，管理者就必须要率先改变自己的经营观念，积极学习新技术背景下餐饮产业的发展变化以及消费者的需求变化，正确地认识新技术发展对餐饮企业的意义。在此基础上，从决策者的角度出发，将新技术与餐饮企业有机地结合起来，有效地开发和利用各种现代技术。一方面，管理者可以采用自学的方式，通过书籍或网络的方式来学习新技术知识，或者参加相关的专业培训，进入到成功应用新技术转型的餐饮企业进行参观学习等，不断提高自己对新技术的认知；另一方面，管理者可邀请相关的专业技术人员，对餐饮企业进行专业化的分析与诊断，从而明确发展的方向，制定正确的经营策略，充分发挥新技术的优势，促进餐饮企业的发展。

### （二）培养或引进新技术人才

餐饮企业要想在新技术应用方面获得明显、长期的效益，就必须要在企业内部培养或引入相关的专业人才，如组织现有的员工参加一些新技术的培训活动或专题讲座，提高他们运用新技术的能力，培养他们良好的互联网思维方式。同时，还要积极地招聘引进专业人才。餐饮企业只有自身有了专业化的人才，才能科学合理地运用新技术对企业进行整体规划，并从专业的角度出发，解决各种问题与阻碍，实现企业的健康快速发展。

### （三）丰富企业网站内容

在新技术背景下，网络是人们获取信息的重要途径，而企业网站相当于一个企业在网络上的名片。许多消费者在用餐时，都会选择通过网络搜索的方式来了解一家餐饮企业的情况。因此，餐饮企业要精心设计自身的网站内容，让消费者看到有价值、有吸引力的信息，使其成为企业与消费者之间的良好沟通渠道，及时发布最新活动、最新食品的信息，吸引消费者的注意力，并建立反馈渠道，构建出相应的评价机制，为消费者提供评价与交流的平台。有实力的企业还可以将企业网站打造成销售平台，尤其是快餐类的企业，可在网站上为消费者提供网络订单、送饭上门的服务，不仅能够丰富经营渠道，拓展业务范围，还能在一定程度上节省门店经营过程中的用工成本、房租以及水电费用等。

### （四）推出优质团购活动

实际调查结果表明，团购活动受到大量消费者的喜爱，并且已经成为许多消费者的生活习惯，因此，餐饮企业的发展也要利用好这一途径，积极地通过第三方平台来参加团购活动。在团购菜品的选择上，要将企业中富有特色、受欢迎度高的菜品放在主推位置，增强对消费者的吸引力，同时也让消费者获得实在的优惠，以此来提高企业的知名度和消费者的满足度，在扩大销售量的同时，吸引更多的消费者，获得更大的市场。此外，要重点关注和正确对待团购活动中消费者的留言，对于好的评价，要及时表达感谢，对于不好的评价，要进行追踪询问，并研究解决的办法。

### （五）重视移动互联网的应用

随着移动智能设备的发展与普及，人们在日常生活中越来越多地采用移动互联网来进行信息的搜索与传播，特别是电商的兴起，为餐饮企业的运营提供了一条崭新的途径，大大拉近了企业与消费者之间的距离。餐饮企业要充分利用智能移动终端，发掘潜在市场，通过微信、微博、二维码等方式，将产品送到消费者面前，以此来实现企业与消费者群体之间的无缝对接，使餐饮企业的销售环节与消费者的消费环节变得更加简单快捷。

## 四、结语

桂林市餐饮产业对于当地旅游业以及附近地区的农畜业、食品加工业等都有着积极的促进意义，是桂林市经济发展的重要推动力。在新技术背景下，人们的餐饮习惯逐渐发生变化，餐饮企业应当关注并顺应这种变化，积极地将新技术融入当前的运营模式中，充分满足消费者在餐饮方面的需求，提高服务技术，拓展销售渠道，充分利用新技术来提升餐饮企业的知名度，促进餐饮产业的革新与进步，从而促进桂林地区经济的整体发展。

## 参考文献

[1] 于干千，赵京桥．新时代中国餐饮业的特征与趋势 [J]. 商业经济研究，2019（3）：167–171.

[2] 黄淑娟，李启瑄，车磊．旅游城市餐饮业空间格局及影响因素：以桂林市为例 [J]. 华中建筑，2019，37（1）：57–60.

[3] 丁一．浅析互联网时代下的餐饮业经营行为 [J]. 现代营销（下旬刊），2018（6）：146.

[4] 李素曼．“互联网 +”环境下餐饮业“两微”营销模式 [J]. 新媒体研究，2017，3（21）：40–41.

**【作者】杨成**，广西桂林商贸旅游技工学校，硕士，讲师。

# 桂林市餐饮企业厨房厨具现状与发展态势分析

黄凤娇　黄傲（通讯作者）　李呈

**摘要：**厨房厨具是餐饮企业生产的物质保障，本文通过分析桂林市餐饮企业使用厨具中的厨具材料、厨房设备、特色菜品厨具、整体布局设计对厨具使用影响的现状，预测厨具未来的发展趋势，并在此基础上提出餐饮企业在厨具材料、厨房设备、特色菜品厨具及整体布局设计等方面的厨具选用建议，为餐饮企业提供厨具使用和选用的理论依据。

**关键词：**餐饮行业；厨房厨具；现状分析；选用建议

厨具按照用途来分，可分为以下五大类：第一类是储藏用具，第二类是洗涤用具，第三类是加工用具，第四类是烹调用具，第五类是进餐用具。其中，洗涤用具、加工用具和烹调用具等在制作工艺过程中需使用到的设备，这里统称为厨房设备。在厨具中，材料与烹调用具尤为重要，它们既影响投资的成本，也影响使用周期，更影响食品安全。调查显示，小型餐馆厨房厨具约占整个餐饮企业固定投资的四分之一，不同类型的餐饮企业，厨具占整个餐厅的固定投资有所不同。选好餐饮企业使用的厨具既可以节约成本，又可以提高生产效率，还可以确保食品安全。因此，厨具选用是确保餐饮企业保持良好运营的条件之一。本文主要以桂林市五个城区及五个县城的餐饮企业中的中餐厨房厨具为主要研究对象展开讨论。

## 一、桂林市餐饮企业厨具现状分析

### （一）厨具材料分析

桂林市大、中、小餐饮企业使用的厨具材料主要以塑料、树脂、PCU、陶瓷和不锈钢材料为主。瓷厨具中有一种类型为仿瓷厨具，仿瓷厨具学名叫密胺厨具，是用三聚氰胺甲醛树脂和纤维素为原料制造的。三聚氰胺和甲醛在一定条件下发生聚合反应产生的三聚氰胺甲醛树脂，具有耐用、耐腐蚀和低成本等优点，被全世界广泛使用于厨房用具和食品接触用品生产中。但有不法厂商利用脲醛树脂代替三聚氰胺甲醛树脂制造厨具，使用其盛装的食品存在安全风险。调查显示，不同来源餐具的质量也会存在差异，网上商城购买的样品不合格率最高达70%，批发市场购买的样品不合格率为18.2%，超市购买的样品不合格率为11.1%，可见，超市购买的样品不合格率较网上商城和批发市场购买的低[1]。餐饮企业在原料、半成品、成品保存过程中采用了大量的保鲜盒，这些盒子容量有大有小，通常对盛装原料的保鲜盒要求较低，而对盛装半成品或成品的保鲜盒要求较高。目前餐饮企业混合使用保鲜盒的现象较为普遍，如购买盛装原料的保鲜盒来盛装半成品或成品。

## （二）厨房设备分析

### 1. 烹调用具燃料分析

烹调用具的能源主要是燃料和电。其中，燃料主要包括燃气、燃油和传统的煤炭及其制品、生物质等。燃气包括煤气、天然气等；燃油包括柴油、生物醇油等。由于烹调用电受到价格与用电负荷影响，用电作为能源的厨房较少，只有一些较大型的企业少量使用。根据《桂林市人民政府关于加强高污染燃料禁燃区环境管理的通告》的要求，传统的煤炭及其制品、生物质等燃料在桂林市城区已被禁止使用。现在城区使用较为普遍的是液化气、天然气、生物醇油、柴油，郊区还有使用生物质燃料的。

液化气：桂林市使用历史最悠久的燃料之一，因其具有火力猛、清洁、价格便宜、方便运输配送等特点而被广泛应用到餐饮业中。液化气的主要成分是丙烷、丁烷，两种成分按照一定比例进行混合。液化气使用钢瓶来盛装，也就是大家所说的煤气罐子。瓶内储存时，液化气呈液态状，使用时通过减压阀呈现气态后燃烧。目前仍有很多的大、中、小餐饮企业在使用液化气。

柴油：早期餐饮企业主要使用的是纯柴油，随着技术的进步，目前使用最多的是利用地沟油、废轮胎、废机油等提炼出来的粗柴油。粗柴油成本只有纯柴油的一半，但燃烧效率可能连纯柴油的一半都不到。目前只有少部分的餐饮企业使用柴油。

天然气：国家大力推广的清洁燃料。它的主要成分是甲烷，通过管道加压将气态输送到千家万户。目前很多出租车、公共车辆也使用天然气，只不过是压缩的天然气。但目前很多的餐饮企业，特别是一些小型的餐饮企业，因条件的原因无法使用天然气，故只有8%～10%的餐饮企业使用天然气。

生物醇油：学名叫醇基燃料。醇基燃料是以醇类物质（如甲醇、乙醇、丁醇等）为主体配置的燃料，以液体或者固体形式存在。它也是一种生物质能，和核能、太阳能、风力能、水力能一样，是具有潜力的新型替代能源。因其是一种可再生的燃料，环保性较好，因而现在使用的餐饮企业也较多，约60%～70%的餐饮企业使用。

### 2. 厨房设备自动化程度分析

厨房设备以手工操作为主，自动化程度比较低，智能化就更少了。与菜肴烹调方面相比，面点方面稍好，使用了部分半自动化的制作厨具设备。面点的制作厨具设备自动化较高的原因：一是烹调方法主要是炸、烤、蒸、煎、炒等为主，这些烹调方法便于形成标准化操作；二是主料主要是大米和小麦或是其制品，与菜肴相比制作工艺更易于标准化。菜肴制作受到原料、工艺繁杂和保鲜等因素影响，目前菜肴烹调的厨具自动化程度仍然较低。因此，目前桂林市中餐的制作厨具设备与西餐的制作厨具设备相比，存在效率较低、工作量大、耗时长、不环保等问题，无法满足现代人对智能化设备的需求。

## （三）特色菜品厨具分析

桂林是世界著名的旅游城市，它有着许多代表桂林特色的菜品、点心，如阳朔啤酒鱼、恭城油茶、桂林米粉、马蹄糕等。这些菜品、点心深受当地人及游客的喜爱，但其制作仍然以传统的手工厨具为主，成品耗时长、产量低、需要的劳动力多。在市场需求日益扩大的情况下，须积极探索提高效率、降低劳动强度的办法，采用半自动化、自动化甚至是智能化的专用厨具对其进行加工，以便更好地将代表桂林特色的菜肴、点心推广到世界各地。

## （四）厨房布局设计对厨具使用影响分析

桂林大部分餐饮企业厨房里的厨具缺乏系统设计，凭经营者主观意愿配置厨具居多。在没有系统设计的情况下，可能会导致所购买的厨具只满足生产的要求，不但效率低下，而且存在安全隐患。效率低下可能由所购买的厨具的功能、尺寸、材质、款式、流程等与厨房生产不匹配所导致。安全隐患包括食品安全隐患和操作安全隐患。

## 二、现代厨具发展趋势

### （一）厨具材料发展趋势

#### 1. 金属材料

目前，各种材料的炊具满目琳琅，各种有色金属通过现代科技的处理几乎都可以作为炊具制作的材料[2]。统计数据显示，现代厨房设备使用的材料94%为不锈钢。2016年，全球大约23%的原镍用于食品和饮料加工行业，总量为45万吨，其中绝大部分用于生产食品接触用的300系列奥氏体不锈钢。因制作出的厨具具有耐用、方便清洁、硬度大和安全等特点，食品级不锈钢材料未来将成为厨具制作的主要材料。特别是精钢材料结实耐用，耐腐蚀性能十分好，硬度高。精钢材料主要用于切割厨具的制作，其中以316L精钢、904L精钢为主流。

#### 2. 陶瓷材料

瓷厨具分为瓷厨具和仿瓷厨具，瓷厨具的材料主要是天然原料和化工原料。中高档的瓷厨具以天然原料为主，低档的瓷厨具以化工原料为主，有些中高档的瓷厨具也会采用天然原料和化工原料混合制作而成。仿瓷材料目前主要是三聚氰胺甲醛树脂和纤维素。未来，仿瓷材料可能有所突破，以改善其质感、耐用性和安全性。

#### 3. 玻璃材料

玻璃材料制成的厨具具有清洁卫生、不含有毒物质、通透美观的优点，但易碎，使用不当很容易引起爆裂。目前很多玻璃材质的餐具使用钢化玻璃，钢化玻璃表面光亮、坚硬、耐蚀、耐热、易清洗、无毒。与普通玻璃相比，钢化玻璃餐具更耐冲击，因其不含对人体有害的铅、汞等物质，是目前最环保的餐具用品之一[3]。高硼硅玻璃因其良好的耐高温、抗压力特性，未来将广泛应用于破壁机、餐具等厨具的制作中。

#### 4. 木质材料

木质餐具是典型的可再生资源，具有安全性和环保性。优质的木质餐具会使用安全环保的高品质木材，不上漆，只使用食用级植物油或橄榄油上色，裸露自然的纹理，成为最为环保安全的餐具选择[4]。木质餐具质地细腻柔和，没有金属餐具的冰冷感，也没有陶瓷那么脆弱。木制餐具根据木材的不同可以分为桦木、枫木等多种多样的餐具。未来，木质厨具木材多以桦木、枫木等具有一定美观木纹的材料为主，在上色方面以食品级材料为主。

5. 新材料

随着科技的发展，一些高科技材料被广泛应用于厨具的制作中。目前主要有搪瓷、特氟龙和纳米银等材料。搪瓷以玻璃和金属在高温下烧制而成，具备良好的耐高温性能与耐摩擦性能，而且在表面形成了一层功能较好的氧化铁涂层，有防止氧化、腐蚀、风化等作用。搪瓷材质主要应用在陶瓷锅、金属锅的制作上，例如砂锅、烤箱内壁。特氟龙是不粘材料，目前广泛应用在炒锅、电饭锅等厨具的制作上。纳米银能呼吸，进而完成杀菌，而且利于清洁，方便打理。另外，由于纳米银元素排列细密，因此表面极其的光滑，也拥有了良好的反射能，纳米银较高。纳米银材料在材质加工的过程中利用十万伏特的高压静电吸附于材质表面形成，被广泛应用在微波炉、烤炉和烤箱的内壁材料上。

### （二）厨房设备的发展趋势

1. 厨房设备能源的发展趋势

随着绿色能源的发展，今后的厨房能源主要是以燃气和电为主。中餐菜品，讲究色香味形质，以味为核心，以营养为目的，因味道丰富多样而被世人所认同。形成各种味道的中餐菜品，需要有多样化加热方式。火能在极短时间内表达多样的变化，而且中餐菜品还讲究“锅气”，因此，燃气会成为未来中餐主要的厨具能源。多变的味道中，也有一部分菜肴的味道是纯、厚、浓的，这种菜肴需要慢火细烹，故采用电能也是较好的。除此之外，电能的出现，实现了由传统的加热高温烹调方式向既可以加热，也可以低温，甚至可以冷冻烹调的烹调方式转变。因此，未来厨具使用将走进以燃气与电为主的烹调时代。

2. 厨房设备发展趋势

自动化、智能化是中餐厨房设备的发展趋势。在厨房中加入检测仪和计算机芯片，并与所有的厨具相连，形成一个厨房控制网络，人们可以通过智能操作，实现厨房厨具使用、系统集成应用、生产数据管理、品质控制等功能和目的。厨房的智能化极大地方便了人们的生活。传统的厨具，如炒锅、汤锅、蒸锅等，繁重并且效率低，实现智能化之后，可以让厨师享受现代化科技带来的烹饪乐趣。

### （三）特色菜品厨具的发展趋势

广西地方特色菜品有恭城油茶、桂林米粉、阳朔啤酒鱼、武鸣柠檬鸭等。这些菜品中的一种就可以支撑一店运营，也就是掌握一道菜可以开一个店。但是传统的厨具是割裂式，核心工艺由多项人工操作完成，如果某一项操作出现问题，整体可能受到极大影响。未来，特色菜肴制作厨具设备将呈现系统集成的发展趋势，例如桂林米粉，鲜粉制作将可以实现从大米直接加工成鲜粉，厨房设备实现小型化、智能化、系统化的功能。

### （四）厨房布局设计对厨具选用的发展趋势

厨房布局设计服从于经营目标的需要，一要确保食品的安全，二要提高生产效率。食品安全对生产厨具的容量、功能具有一定的要求；高效率生产受到厨房空间的制约，如何满足生产需要厨具与厨房空间的有机融合是餐饮企业一大挑战。专业的厨房设计师，将布局、选址、规划、功能间的流程与厨具的材料、尺寸、功能、款式等恰到好处地搭配，做到既满足生产的需要，又能满足食品安全的需要，这是未来专业厨房的一大趋势。

## 三、桂林市餐饮企业厨具选用建议

### （一）桂林市餐饮企业厨具材料选用建议

#### 1. 按餐饮企业发展规模、发展年限、顾客群体选择适宜的材料

餐饮企业在选择厨具设备时，可根据本企业的规模大小来选择合适的厨具材料，如企业的规模较大，则选用耐用、利用率高、损耗相对较小的厨具材料，反之则选用实用、适用的厨具材料即可。中高消费额的群体，应选用耐用、质量上乘的厨具材料；低消费额的群体，应选用实用、适用的厨具材料。

#### 2. 不锈钢材质厨具的材料选用建议

厨房中使用不锈钢材料的厨具越来越多，因其在接触食物后能满足食品安全需求，同时耐用且便于清洁而被广泛运用。目前我国不锈钢厨具行业所采用的不锈钢主要种类有304、430、444、304J1、201等，不同的不锈钢具备的性能是不一样的。低档次的不锈钢厨具在使用时存在电解质发生化学反应后会有有害元素析出的情况。因此，有些不锈钢不可长时间盛放含有电解质的食物，如盐、酱油、热汤等；也不要长时间盛放强酸性食品（如瓜、果、蔬菜、大豆、薯类），以防铬、镍等金属元素溶出。此外，不应使用强碱性或强氧化性的化学药剂，如苏打粉、漂白粉、次氯酸钠等来洗涤不锈钢餐具。这些物质都是电解质，会与不锈钢发生化学反应，从而产生对人体

有害的物质。因此，在选用不锈钢餐具时，与食品接触，特别是与直接食用的食品接触的不锈钢餐具，应选最高级别的；与食品接触但食品后续还须经过清洗烹调的，可以选择中等级别的不锈钢餐具；不与食品接触的不锈钢餐具可以选择质量稍差的。

### （二）厨房设备选用建议

目前，在厨房设备方面已经有一些商用的自动化或是智能化厨具，这些厨具因操作简便、制作的菜品质量稳定而成为厨师的好帮手。下面介绍几款厨房设备供同行选用。

#### 1. 恒温燃气灶

恒温燃气灶彻底颠覆了传统的烹饪方式，整个锅底有电磁波进行精确的温度巡查。在火力方面，根据温控要求，该产品自适应智能调节火力，让食物在烹饪过程中保持最佳烹饪温度，均匀且合理。该产品配合精准定时，自动断火的功能可以实现智能烹饪，即使在无人监管的情况下也不会有让食物过度烹饪的情况出现[5]。恒温燃气灶因其无油烟，可保存更多食物营养，更节能环保、安全可靠、易清洁等优越性能，深受消费者的喜爱。

#### 2. 空气炸锅

油炸食物，由于其酥脆的口感，深受广大消费者的喜爱，但食用油炸食品会给人们的健康带来很多的危害，不符合现代人健康的饮食观念，而现在出现的空气炸炉就可以解决这个问题。空气炸锅是完全区别于传统烤箱的新品类，利用空气替代原本煎锅里的热油，用对流热风加热，以热风在密闭的腔体内形成急速循环热流，使食物变熟；同时内部循环系统可带走食物表层的水分，让食物口感更加酥脆[6]。

#### 3. 万能烤箱

现在很多的高档餐厅都在使用该产品，特别是西餐或是日餐。它可以烹调100～200多种菜肴，有蒸、煮、烤、风干等功能。万能烤箱可智能化控制干湿度，在使用的整个过程中温度及干湿度都不会变化。它的风力是风热型的，受热均匀，成品卖相及口感好，可以省时省电，节省劳动力，真正做到智能化烹调[7]。

### （三）特色菜品厨房设备的选用建议

特色菜品厨房设备系统化集成厨具处在起步阶段，这些厨具技术尚未成熟，在选用时可以与厂家开展产学研合作。即将新型厨具放到企业作为验证机试用，以采集数据、找问题为主，待技术成熟后再购买使用。一些专营店，例如油茶店、米粉店、啤酒鱼店，对于市场上的专用厨具，也可以采用先购买少量试用，待验证满足需要后再推广使用的方式。

### （四）厨房布局设计对厨具选用的建议

反复审核厨房布局设计图，再选制厨具是较好的办法。图纸可以修改，而厨具一旦选定制成就很难更改了，有些厨具更改比制作一个新的成本还高。确定厨房的布局后还涉及供水供电、排水排污、防鼠防苍蝇等食品安全设施。因此，建议在选用厨具前，由食品安全专家、工程施工专家、菜品生产（厨师）专家和厨具制造专家对厨房布局设计图进行审定，直到各方满意之后再组织厨具的采购。

## 四、结语

厨具是餐饮企业的重要物资，厨具的投入约占整个餐饮企业投入的四分之一，同时，厨具又是制作菜品的生产要素，关系到生产效率和食品安全，其功能、质量更加关系到厨师劳动的舒适性和愉悦性。这些厨具有些是易耗品，有些是设备，有些厨具的选择与厨房的设计布局密切相关。因此，探索厨具涉及的材料、能源、厨房设备、特色菜品厨房设备和厨房布局对厨具的影响颇有意义。但因时间紧，本文只选择桂林五城区和县城的中餐设备进行调查分析，其研究范围小、样本量少，因此对分析结果可能不够充分而感到遗憾。

## 参考文献

[1] 卞疆，孟禹彦等 . 市售密胺餐具的安全性研究 [J]. 食品安全质量检测学报，2019，10（23）：8157–8163.

[2] 徐飞 . 探讨炊具（厨具）的发展演变：以材料、价格、造型、工艺流程为线索 [J]. 工业设计 . 2012（3）：190.

[3] 李晶 . 黄桂香等 . 餐具选材影响因素及设计分析 [J]. 戏剧之家，2020（9）：123–124，130

[4] 牟一鸣 . 基于低碳生活的厨房人性化设计研究 [D]. 沈阳：沈阳航空航天大学，2011.

[5] 李志刚 . 艺术融合科技，尚尼厨具发布 IHC 智能恒温燃气灶 [J] 电器 . 2018（10）：61.

[6] 傅一元 . 换个方式告别“油腻”：海尔空气炸锅 KDK28–D1 体验 [J] 电器 . 2016（5）：76.

[7] 曹继桐 . 烘焙行业的新式武器：德国 RATIONAL 万能蒸烤箱 [J] 中国食品 . 2014（7）：32–33.

【作者】**黄凤娇**，桂林商贸旅游技工学校，本科，讲师；**黄傲**（通讯作者），广西民族大学相思湖学院，硕士，副教授；**李呈**，广西南宁美瓷酒店用品有限公司，总经理。

# HACCP 在桂林市星级酒店食品安全管理中的应用研究

赵浩然

**摘要：** HACCP 作为一种控制食品安全危害的预防性体系，适用于预防生物性、化学性及物理性等类型的食品危害，是国际认可的控制食源性疾病最为有效的措施。本文从 HACCP 管理体系的特点和原理入手，分析其对酒店食品安全管理的作用及应用。

**关键词：** HACCP；星级酒店；食品安全

随着国民收入水平的提高，人们的生活品位也在不断地提高，对于饮食消费的观念也发生了质的变化，在外用餐已然成为常态。人们在选择就餐地点的时候，不再只注重环境和服务，也逐渐开始关注食品安全的问题。因此，在酒店运营管理中，采用科学合理的食品安全管理方法就显得越发重要。危害分析与关键控制点（HACCP）作为一种控制食品安全危害的预防性体系，适用于预防生物性、化学性及物理性等类型的食品危害，是国际认可的控制食源性疾病最为有效的措施。经过多年的实践经验总结，HACCP 的应用已成为确保酒店食品安全的核心技术手段之一。笔者通过调查了解桂林市 12 家星级酒店食品安全管理的现状，并根据实践工作经验，将如何把 HACCP 食品安全管理体系应用于日常管理中的拙见进行分享，希望得到专家们的指点，以提高桂林市食品安全管理水平。

# 一、桂林市星级酒店食品安全管理现状

## （一）桂林市星级酒店食品原料的采购与储存管理

### 1. 食品原材料的采购管理

桂林市星级酒店食品原材料的采购通常采用三种形式：固定供应商供货、大型菜市场随机购买、随机购买小摊贩的产品。此三类采购方式中以第一种通过合法的固定供应商处进行采购为最佳，固定的供货商不仅可以较好地保证原材料的质量，并且一旦出现食品安全事故即可迅速找到事故根源。在这12家受访酒店中，85.50%都是采用固定供货商进行供货，8.15%的酒店采用去大型菜市场随机购买的方式，只有6.35%的酒店选择随机购买小摊贩的产品（图1）。由此可见，桂林市星级酒店原材料的采购方式还是存在一定的问题。

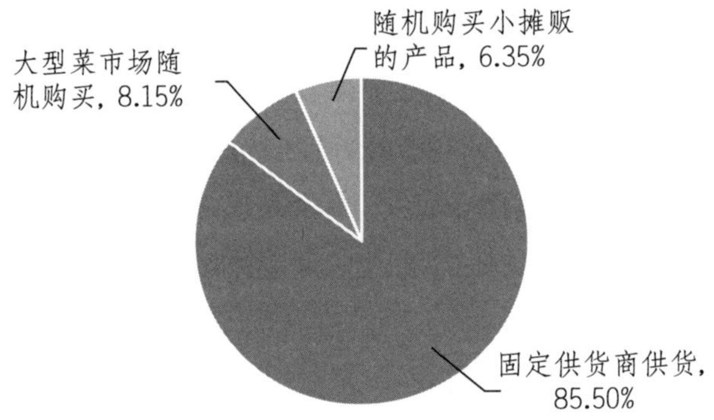


图1　食品原材料采购方式

### 2. 食品原材料的验收管理

食品原材料的采购验收必须符合国家相关的卫生标准和规定的有关要求，因此食品原料采购入库之前必须经过严格的检验把关，达到卫生标准后方可使用，对于不合格的原料，酒店必须拒绝接收。针对12家酒店的调查结果显示，72.75%的酒店会采取严格的验收措施，22.25%的酒店仅仅是形式上的检验，5.00%的酒店根本不进行检验（图2）。而对于不合格的原料，68.75%的酒店会予以拒收，31.25%的酒店则继续使用。由此可见，桂林市星级酒店对于原材料的验收管理还是存在一定的疏漏。

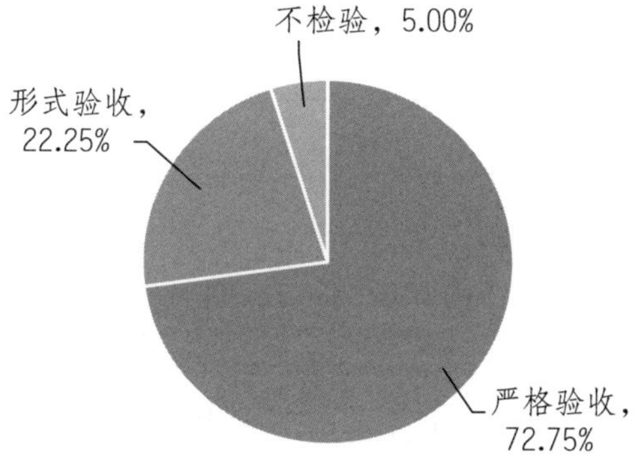


图2 食品原材料验收管理调查结果

### 3. 食品原材料的存放管理

食品原材料在存储过程中最需要注意的是防止交叉污染，为此，食品原料必须按照生熟分开、肉菜分开的原则分别存放，并且在存放的过程中，所有食品必须有明确的日期标签，以避免变质过期的原料仍被使用。对于变质原材料的处理，受访的12家酒店中81.25%的酒店会选择将已变质的食品材料报废处理，另有12.55%的酒店决定继续存放在仓库中，还有6.20%的酒店表示继续使用变质原材料（图3）。

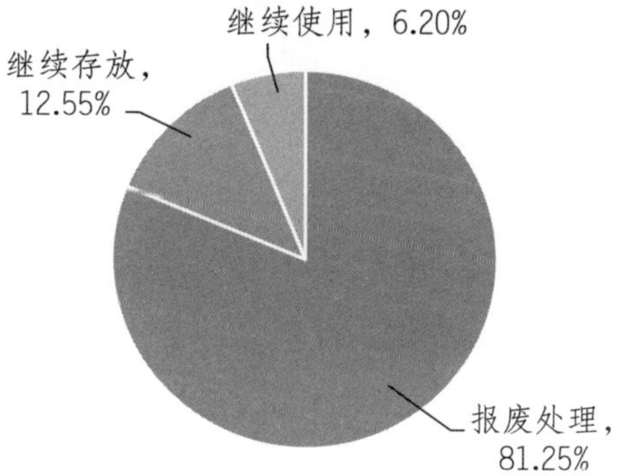


图3 变质食材处理方式调查结果

根据相关规定，对于变质的食品材料，必须采取报废处理的措施，继续使用会增加食物中毒的潜在风险，而继续存放在仓库中有可能污染其他的原料，造成更大的浪费，因此18.75%的酒店仍需要改变观念和制度。

菜品质量的好坏，50%以上取决于食品原材料的质量，食品安全的危害控制亦是如此。为降低发生食品安全事故的概率，必须从食品原材料的源头进行严格把关，通过采取严格的防控措施将有害物质（蔬菜中的农药残留、畜禽肉类的兽药残留等）通过食品原材料带入酒店的风险控制到最低。

### （二）桂林市星级酒店员工的卫生习惯

酒店业发生的食品安全事故中有相当部分是由于当事人卫生意识淡薄，人为造成的。酒店员工标准的卫生习惯包括正确的洗手程序、手套和器具的合理使用以及控制手直接与即食食品的接触等。在接受调查的12家酒店中，只有82.35%的酒店有严格的手部清洗程序和步骤，然而严格遵守洗手程序的员工仅占员工总数的26.00%，54.35%的员工会基本遵守要求，还有19.65%的员工极少会按照要求操作。这一数据说明，对于员工的食品安全培训以及卫生习惯的养成仍需要加强。

### （三）桂林市星级酒店食品安全体系

完善的食品安全预防体系的运用可以有效地提高酒店食品安全管理水平，最大限度地保障饮食安全，预防食物中毒的发生。同时，在日常的管理当中也应该由专职的食品安全管理人员对酒店食品安全管理制度的执行进行日常检查，以确保所设立的食品安全管理制度得以正常执行。

本次调查结果显示，12家酒店中83.33%的酒店设有食品安全专职责任人，并开展相应的日常检查，16.67%的酒店未设有专人负责。由此可见，桂林市星级酒店食品安全体系的完善以及执行仍然存在一定的疏漏。

## 二、HACCP的基本原理

HACCP是美国于20世纪五六十年代最先提出的一种食品安全管理体系，其最早应用于美国航天局航天食品质量管理体系之中，是一种控制食品安全危害的预防性体系，能够用于鉴别影响食品安全的生物性、化学性和物理性危害，是国际认可的控制食源性疾病最为有效的措施。经过近60年的发展，HACCP已广泛应用于社会各个食品生产领域，成为当前食品生产管理体系中不可缺少的一部分。从其管理体系的实施过程（图4）来看，HACCP由七部分构成：

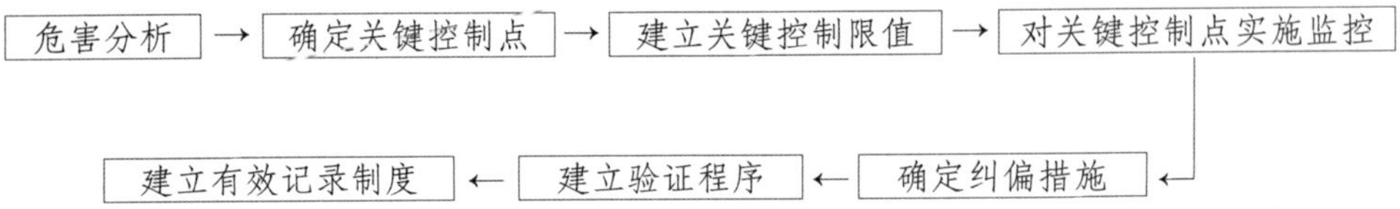


图4 HACCP实施过程

### （一）危害分析

对食品原料、生产、加工、销售直到消费所有步骤逐一进行分析，以确定有可能会有危害产生或介入的步骤。对于所罗列的潜在危害未必都要采取控制措施，但对于显著性的危害（所谓显著性危害，即指从原理上讲有可能发生，且一旦发生将会对消费者造成不可忽视伤害的危害）必须要加以控制，同时提出预防措施。

### （二）确定关键控制点

根据所提出的危害分析和防护措施，找出食品生产制作过程中可被控制的点、步骤或方法，通过控制这些关键点来防止、排除食品生产过程中的潜在危害，或使其减少到可接受的水平。

### （三）建立关键控制限值

衡量食品是否安全，必须有可靠的数据参数作为判断的依据，以确保每个关键点都在可控制的安全范围内。关键控制限值通常会参考温度、时间、压力、流速、水分活度等指标，也可以通过感官鉴定，利用食品的外观、色泽等变化进行判断。

### （四）对关键控制点实施监控

利用各种物理及化学方法对食品安全关键控制点有计划地、连续性地进行观察或测定，以监控判断关键点有没有超出关键限值，并作好准确的记录，作为进一步评价的基础。

### （五）建立纠偏措施

如果在监控过程中发现关键点已超出关键限值，应及时进行干预，对其加以纠正，使之恢复到可控制范围内，随后对未达控制标准的控制措施进行重新修订。

### （六）建立验证程序

验证审核的内容包括审核 HACCP 管理体系的文件和纪律，审核出现的偏差及相关产品的处理，确认关键点是否在控制范围之内。建立验证审核程序不仅可以确定 HACCP 管理体系是否能够正确地运行，必要时还可以重新验证执行该 HACCP 管理体系诸要素是否能够有效地监控食品安全。

### （七）建立有效记录制度

保持有效和准确的记录对于HACCP的应用也尤为重要。应用过程中必须建立有效的书面记录，对控制过程进行原始性记录，并保存档案。

## 三、HACCP管理体系在桂林市星级酒店食品安全管理中的作用

近年来，我国政府针对食品安全管理制定了相关安全管理制度和标准，也制定出一套系统全面的法律法规（例如餐饮卫生“五四”制、餐饮经营卫生许可证制度、《中华人民共和国食品卫生法》等），但这些管理制度均是着重于事故前或事故后的监督检查，以及事故发生后的问题处理，忽略了针对整个食品生产加工过程的监督控制，这也导致了食品安全事故依旧时有发生。而HACCP作为食品安全危害的预防性体系，恰恰弥补了众多管理制度的不足。

### （一）建立有效预防食物中毒的机制

HACCP的管理要点是以预测、防控为主，它的目的是在安全问题发生前就做好预防准备，形成一套有效的食品中毒预防机制，以确保食品安全的有效性。HACCP作为一种预防性的食品安全管理体系，主要针对食品加工过程中潜在的安全风险进行预测、监督、控制，并针对可能发生的安全问题采取有效的预防措施，避免食品安全事故的发生或避免同样的安全问题再次发生。

### （二）提高食物产品的安全可靠性

媒体对食品安全事故的频繁报道，导致到酒店就餐的消费者或多或少会产生食品是否安全可靠的心理担忧，尤其对于经常出入酒店就餐的消费者，在进餐时就显得更加小心谨慎。HACCP管理体系针对厨房工具、盛器的使用有着严格的要求，将食品被不洁器具污染的风险降到最低，从而大大提高食物产品的安全可靠性。

### （三）改变传统食品安全管理模式

虽然政府针对食品生产经营的管理已经形成了一套比较健全的管理制度，但仍然无法避免食物中毒事件的频繁发生，究其原因，还是与传统管理模式无法适应新形势的发展需求有很大关系。在全新的HACCP管理体系下，通过建立严格的食品生产管控制度以及专业的审核监督小组，对于解决传统管理模式所存在的问题必然有极大帮助。

# 四、HACCP 管理体系在桂林市星级酒店食品安全管理中的应用

## （一）完善食品原材料采购与存储制度

### 1. 建立统一采购验收管理制度

首先由酒店厨师长负责制定食品原材料的采购计划，再由厨房各部门主管对采购的食品原材料进行审核验收。每月由酒店采购部门进行市场询价，选择品质较高、价格相对较低的供货单位进行统一采购。

### 2. 建立采购索证制度

在采购过程中，要求供货商向酒店提供所有原材料具体的生产许可证以及单位内部的经营执照等，从而确保酒店所有采购的食品原材料都能够符合食品安全标准。酒店厨房必须保证生鲜原材料为当天用当天采购；对于所使用的冷冻食品，必须经过严格的验收程序后再及时进入冷库。

## （二）加强食品生产流程的控制与管理

酒店食品的生产销售需要经过采购、存储、生产、销售等流程，在这些流程中，很有可能会出现各种食品安全问题，例如包装食品超过保质期、冷藏食品受到人为污染等。因此，酒店内部的餐饮部门需要结合自身食品生产流程的特点，不断完善食品的安全管理工作，严格按照 HACCP 管理体系进行生产流程的控制工作。此外，还需要建立专门的消费者信息反馈体系，对消费者的各种反馈信息进行及时处理，保证食品的质量以及卫生能够满足消费者要求。

## （三）成立 HACCP 专职审核小组

组织接受过 HACCP 管理体系专业培训的工作人员成立专职审核小组，并且酒店的管理层必须赋予审核小组一定职责与权力，由专职小组成员对每日食品生产流程实行监督管理。

## （四）实行专业考核，完善奖惩制度

酒店的食品安全管理除了要加强员工自身的食品安全意识，还要制定科学合理的奖惩措施，对所有工作人员进行严格的考核管理。利用奖惩措施对工作人员进行充分的激励，可有效提高工作人员参与 HACCP 管理体系的积极性。

## 五、结语

食品生产过程的监督管理是否到位，会直接影响到食品质量及安全问题。随着近几年酒店业的大力发展，很多酒店都开始引入 HACCP 管理体系，并取得了良好的应用效果。通过在酒店内部的实践研究证明，HACCP 管理体系在我国的食品安全管理工作中必将发挥重要作用。

## 参考资料：

[1] 刘澜江 .HACCP 在酒店食品安全管理中的应用研究 [J]. 知识经济 .2013（3）：125.
[2] 任清华，林玉桓 . 基于 HACCP 的烹饪安全控制 . 江苏调味副食品 [J].2017（1）：37–41.
[3] 赵福建 . 论 HACCP 在酒店食品安全管理中的应用 . 食品安全导刊 [J].2015（27）：35–36.

【作者】**赵浩然**，桂林旅游学院，本科，讲师。

# 桂林市餐饮大事记

（2017年5月至2020年5月）

**2017年5月** 桂林市餐饮烹饪协会会长沈林杰带领餐饮行业人员，对桂林市米粉企业进行考察和调研，了解现桂林市米粉行业的生产与经营情况，并对存在的问题提出了建议。

**2017年5月** 广西商业技师学院到恭城县进行“恭城油茶民族风味探索与推广课题”实地采风和考察，进一步加强学校与地方、学校与企业的联系。

**2017年5月** 桂林市名师参加注册中国烹饪大师（名师）培训，最终通过考核认定注册中国烹饪大师9人、中国烹饪名师5人、广西烹饪大师4人。

**2017年8月** 桂林市餐饮烹饪协会会长沈林杰组织专家和米粉企业负责人到柳州市行业协会进行互动交流，并对柳州螺蛳粉发展模式进行调研，为桂林米粉产业化发展进行了有益的探索。

**2017年8月** 桂林市餐饮烹饪协会组织成立了由行业协会、企业及职业院校组成的专家验收团队，对《桂林米粉制作》和《恭城油茶制作》专项职业能力开发项目进行验收，2个项目均顺利完成验收，项目成果将用于培训桂林米粉和恭城油茶制作人才。

**2017年10月** 自治区总工会、自治区人力资源和社会保障厅等有关部门联合举办2017年广西职工职业技能大赛，桂林市餐饮烹饪协会受桂林市总工会的委托，培训并选拔推荐了3名西式面点选手参加自治区职工西式面点项目技能大赛，3名选手分别获得第二名、第九名、第十名的优秀成绩。

**2017年10月** 桂林市餐饮烹饪协会成立了星级酒店名厨专业委员会。

**2017年10月** 雁山区政府举办“美食特色评定”活动。

**2017年11月** 桂林市餐饮烹饪协会副会长单位广西商业技师学院和会员单位桂林碧玉国际大酒店组成代表队参加全国烹饪技能大赛，取得了1金、8银、1铜的佳绩，其中，广西商业技师学院获得中式烹调赛项团体季军。

**2017年11月** 荔浦县政府举办“荔浦芋文化节”。

**2017年11月** 桂林市餐饮烹饪协会协同2家餐饮企业与广西商业技师学院签订“校企行”合作技术服务协议书，为学校的办学模式增添了亮点，为企业的可持续发展提供了人才支撑，彰显了协会的服务功能。

**2017年12月** 桂林市餐饮烹饪协会成立了“餐饮服务及培训委员会”。

**2017年12月** 阳朔县政府举办第十八届漓江渔火节及漓江啤酒鱼烹饪大赛，桂林市餐饮烹饪协会负责派出专家参与啤酒鱼烹饪大赛评审工作。

**2018年4月** 桂林市秀峰区举办第八届“三月三”民族歌圩节暨桂林地方特色美食烹饪大赛。

**2018年8月** 桂林市餐饮烹饪协会与广西商业技师学院举办“桂林餐饮人才培育高峰论坛”，明确今后的工作重点应放在培养人才和餐饮品牌管理创新上，把服务的重点放在“贡献智慧”上，为桂林餐饮企业出“金点子”上。

**2018年9月** 在广西商业学院积极导入下，“一县一品”工程取得了较好的成果。在“一县一品”工程的作用下，拓展了“一企一策”、“手把手”传艺和“技术研发服务”等工作方法，这些工作方法深受桂林市餐饮企业的认可，至此，申报加入“一县一品”的企业更加积极主动。

**2018年9月** “中餐新模式探究的实践”专题讲座在漓江壹号成功举办，参加企业有20多家，在桂林餐饮忙于“务实”的时候，积极从理论上厘清对2018年“不确定性”市场的困惑，为桂林餐饮企业发展答疑解惑。

**2018年11月** 通过近2年的努力，桂林市餐饮烹饪协会完成了桂林市质监局委托的桂林美食《阳朔田螺酿烹饪工艺规范化》等8个美食地理标准，并通过评审正式发布在市质监局标准化网站上，这对桂林餐饮标准化建设和传统美食的传承有着重要的意义。

**2018年11月** 桂林市餐饮烹饪协会建立协会内部“议事平台”，并制定了相关制度，对议题进行民主决策。

**2019年3月** 桂林市餐饮烹饪协会组织专家走进阳朔，对旅游胜地之下的桂林餐饮的地位和作用进行调研，发现阳朔旅游餐饮呈现出品牌化的转型。

**2019年3月** 杨铭铎教授到广西商业技师学院开展“食品美学”主题讲座。

**2019年4月** 桂林市餐饮烹饪协会会长沈林杰走访中国餐饮第三大品牌——成都“小龙坎”总部，学习了解成都餐饮品牌的发展模式、发展理念和品牌打造经验。

**2019年4月** 桂林市秀峰区“三月三”民族歌圩节“湘山杯”桂林特色豆腐美食烹饪大赛成功举办。

**2019年4月** 桂林市秀峰区政府成功举办第四届鲁家村“三月三”歌圩节和地

方美食大赛。

**2019年5月** 桂林市餐饮烹饪协会与桂林月兴调料公司联合举办“才华杯”2019第一届月兴调料节暨厨师烹饪技能大赛，通过厨艺交流提高厨师的技能水平，也扩大了桂林餐饮上下游产业链的配合发展。

**2019年6月** 为了扩大桂林餐饮的横向交流，桂林市餐饮烹饪协会积极与贵州餐饮方面联系，组织桂林餐饮团队一行12人到贵州遵义进行实地学习交流。

**2019年7月** 桂林市餐饮烹饪协会组织桂林市餐饮企业团队到梧州各地进行互动交流学习。

**2019年8月** 桂林市餐饮烹饪协会与全州湘山酒业历时2个月开展并完成“湘山老坛，寻味漓江”系列菜品推荐活动，14家桂林市餐饮品牌企业与《今日头条》栏目全程跟踪桂林菜“山水调味，师法自然”的味道，获得了2019年菜品74万次点击率的宣传效果。

**2019年10月** 桂林市举行“同吃国庆面，欢度国庆节”大型活动，活动充分展示了桂林餐饮和桂林米粉的品牌形象。

**2019年10月** 2019年全州县美食文化活动周顺利开展，推动了全州地方菜品的创新升级。

**2019年10月** 桂林市餐饮烹饪协会协助灵川县政府成功举办“西江杯”2019灵川地方烹饪美食大赛。

**2019年11月** 第二届广西桂林平乐十八酿美食节暨粤菜美食专场评比活动成功开展，提升了平乐菜品的拓展空间和发展平台。

**2019年11月** 广西职业教育自治区级教学成果等次评定结果公示：桂林市餐饮烹饪协会与桂林市旅游职业中等专业学校、桂林喜来登饭店等单位共同完成的《基于企业课堂的“岗位递进式”中职西餐烹饪专业现代学徒制人才培养模式研究与实践》课题获得职业教育教学成果一等等次。

**2019年12月** 桂林市餐饮企业团队参加2019“一带一路”粤菜产业发展论坛暨珠港澳美食旅游文化节，将桂林餐饮纳入泛珠江三角洲的发展平台。活动期间，桂林厨艺高手练勋慧、杨发全的雕刻作品受到了广泛好评。

**2020年3月** 桂林市餐饮烹饪协会积极号召桂林市餐饮企业自觉使用“公筷公勺”，印制防疫宣传海报赠送给桂林市餐饮企业，并发布公筷公勺使用相关行业标准，宣传防疫相关注意事项，指导桂林市餐饮企业加强防疫工作。

**2020年3月** 在疫情最艰难的恢复期，桂林市餐饮烹饪协会会长沈林杰与协会工作人员一起走访了曾三家味馆、澳门酒家和阿甘酒家等企业，分析探讨市场变化、餐饮结构调整和后疫情时代桂林餐饮爆发点。

**2020年4月** 桂林市餐饮烹饪协会积极向市政府反映桂林市餐饮业的诉求，发出桂林市餐饮业疫情防控期间免租减租相关倡议书，配合市政府开展桂林市餐饮业的纾困计划，并落实到桂林市餐饮企业。

**2020年5月** 桂林市餐饮烹饪协会协助中国工商银行广西分行、广西桂柳牧业集团举办了线上美食活动，通过烹饪大师“手把手”传艺，让1200名活动参与者“一招变大师”，活动深受大家喜爱。通过线上“手把手”传艺服务新方式拓展了桂林市餐饮宣传推广的新渠道。